HONGGUAN JINGJIXUE

宏观经济学

杨丽彬　刘成刚　主　编

電子工業出版社
Publishing House of Electronics Industry
北京 · BEIJING

图书在版编目（CIP）数据

宏观经济学/杨丽彬，刘成刚主编．—北京：电子工业出版社，2013.9

ISBN 978-7-121-20780-8

Ⅰ．①宏…　Ⅱ．①杨…　②刘…　Ⅲ．①宏观经济学－高等学校－教材　Ⅳ．①F015

中国版本图书馆 CIP 数据核字（2013）第 137078 号

策划编辑：晋　晶

责任编辑：刘淑敏

印　　刷：三河市鑫金马印装有限公司

装　　订：三河市鑫金马印装有限公司

出版发行：电子工业出版社

北京市海淀区万寿路 173 信箱　邮编　100036

开　　本：787×980　1/16　印张：16　字数：317 千字

印　　次：2013 年 9 月第 1 次印刷

定　　价：35.00 元

凡所购买电子工业出版社图书有缺损问题，请向购买书店调换。若书店售缺，请与本社发行部联系，联系及邮购电话：（010）88254888。

质量投诉请发邮件至 zlts@phei.com.cn，盗版侵权举报请发邮件至 dbqq@phei.com.cn。

服务热线：（010）88258888。

前　　言

宏观经济学是经济学专业的核心课程和主要专业基础课。经济理论的传播很重要。但是经济学理论的实践应用，应该更重要。毕竟只有少数学生考研，大多数学生毕业后是参加工作。无论考研深造的学生还是参加工作的学生，学习宏观经济学和学习微观经济学一样重要，最重要的是学会经济学的一些基本范式，系统地掌握现代西方宏观经济学的基本原理和主要方法，学会经济学的一些思考方法，培育经济学的思维，了解现代经济学发展的最新动态，能够联系实际运用所学理论和方法分析当前国际经济和中国经济发展的重大问题，分析出这些经济现象的产生根源及其后续后果，把经济学理论应用于日常工作实际，这种经济学应用于实际的能力培养，才应该是大学经济学教学的根本。同时为继续学习其他经济学专业基础课和专业课打下良好的基础，并为将来从事经济理论和政策研究或经济管理实际工作提供必要的经济学基础知识和经济分析的基本方法。

传统的教学和教材偏重于经济学理论的灌输与讲解，导致的不利后果是：复杂经济学工具太多，教师授课很累，学生学习很累，难以抓住经济学理论的灵魂——这些理论背后的简单的经济学思想。但是这种传统教学和传统教材却很受市场欢迎，这种教学方式教出的学生，参加考研等应试教育，会取得较高的分数，学生课本知识掌握得比较扎实，给学生的感觉是学到了好多东西。这种教学方式抓住了问题的末节，把教师和学生的大部分精力都用于这些末节，而在经济学教学的根本上，却只用了极少的精力，导致学生学完该课程后，头脑里知识很多，看似学富五车，实则对经济学的基本概念、经济学的基本理论可能毫不理解。

本教材的特点就是注重经济学思想的讲授及经济学思想的应用。国民收入核算、国民收入决定、总需求–总供给模型、宏观经济政策，这些东西难度大，比较难掌握，但是它们只是枝节。它们背后的经济学思想很简单，这却是根本。我们在本教材中力争抓住问题的根本——经济学思想，这些经济学思想是极其简单的，抓住这个重点，把这个重点描述清楚了，学生都深刻理解了，才能把描述的重点转向经济学这些复杂工具的学习，而绝不能舍本逐末。本教材就是为了适应这种新的教学思想而诞生的。

本教材参考了很多类似的教材，尤其国内经济学教材的楷模——高鸿业老师的《西方经济学（宏观部分）》，引用各种教材的内容虽然比较多，但是里边的框架是我们的创新，里边的不少具体内容，也进行了较大的创新性描述。

本教材由杨丽彬（山东建筑大学）、刘成刚（山东建筑大学）担任主编。

在本书的编写和出版工作中，电子工业出版社提供了极大的帮助，本书的出版也离不开你们的辛苦，再次感谢。

编　者

目　录

第一章 国内生产总值概述

1

本章主要知识点

1. 宏观经济学的概念
2. 国内生产总值的含义
3. 支出法核算国民收入
4. 收入法核算国民收入
5. 国民收入核算的其他指标
6. 实际经济增长

考核要求

1. 识记：最终产品、国内生产总值、实际 GDP、GDP 折算数、潜在产出。

2. 领会：熟悉宏观经济学研究对象，了解节约悖论和 GDP 与 GNP 的区别，掌握支出法核算 GDP 及 GDP 与 NDP、NI、PI、DPI 关系的计算。

3. 应用：结合实际理解如何使用国内生产总值来衡量经济的发展。

第一节 绪 论

一、. 宏观经济学的研究对象

宏观经济学的研究对象是一个国家的国民经济整体，包括国民经济运行方式、运行状况、运行规律及政府运用经济政策来影响国民经济的运行。

从宏观的角度研究经济问题由来已久。古典经济学研究了一些宏观的问题。比如，威廉·配第在历史上第一次估算了国民收入的数量，亚当·斯密提出了与现代经济学“国民生产总值”十分相近的“国民财富”的概念，布阿吉尔贝尔对国民财富的来源作了分析，萨伊的“生产三要素理论”实际上成为国民收入核算理论与方法的出发点。再如，魁奈的《经济表》对社会总资本再生产与流通的分析，实际上要把经济中的许多变量归结为总收入、总消费、总投资等经济总量，这是古典经济学宏观分析的典范。又如，配第、斯密、休谟、李嘉图、洛克等对货币的交易作用、货币数量、利率等有关的问题进行了分析。另外，古典经济学对国家的防务、救助贫困的职能也做过分析，特别对财政政策做了论述。在 19 世纪 70 年代至 20 世纪 30 年代的时间里，新古典经济学的古典宏观经济模型分析了整个经济的产量、就业、消费、储蓄、利率、工资等经济总量的决定，瑞典学派对储蓄与投资不一致问题的分析涉及了整个经济的总量分析。这个时期，许多经济学家都研究了属于宏观经济范围的国民收入核算、经济周期、经济政策实践等内容。

二、现代宏观经济学理论体系的建立与发展

1936 年，英国经济学家约翰·梅纳德·凯恩斯出版了《就业利息与货币通论》，建立了现代宏观经济学理论体系的基础。古典经济学与新古典经济学对宏观经济问题的研究是支离破碎的，并没有形成一个完整的体系，只是到了 1936 年，凯恩斯在对 1929—1933 年资本主义世界经济危机分析的基础上写出了《就业利息与货币通论》，才标志着初步建立了现代宏观经济学理论体系。此后，凯恩斯的追随者如哈罗德、希克斯、汉森、莫迪利安尼、索洛、奥肯等人又进一步发展了凯恩斯的宏观经济理论，比如，希克斯提出了 IS-LM 模型，哈罗德与多马建立了经济增长模型，托宾发展了凯恩斯的货币理论。另外，在消费函数、投资函数、总供给理论、通货膨胀理论、开放经济理论、宏观经济计量模型、宏观经济政

策等方面，宏观经济理论都得到了发展。20 世纪 70 年代以后，西方国家“滞胀”现象的出现，使凯恩斯主义遭受到了重大打击。以凯恩斯主义反对者面目出现的货币主义、理性预期学派、供给学派等所谓的新保守主义，大力抨击凯恩斯主义的政府干预理论，极力坚持自由放任的经济主张。此后，另一学派——新凯恩斯主义重新对凯恩斯主义进行了解释，并不断吸收经济自由主义的合理部分。这样，随着各国与世界经济的变化与发展，在新保守主义与新凯恩斯主义的争论中，宏观经济学在货币、经济周期、经济增长等方面得到了许多重要的进展，宏观经济学处于不断发展之中。

三、宏观经济学研究的基本内容

宏观经济学研究的基本内容包括以下几个部分的理论和政策。

一是国民收入决定理论。国民收入是衡量一个社会国民经济状况的基本指标，国民收入决定理论从总供求关系来分析国民收入决定因素、国民收入决定过程、国民收入量的多少及其变动规律。

二是通货膨胀与失业理论。市场经济国家都会出现通货膨胀与失业现象，通货膨胀与失业伴随着一个国家的经济发展，一些宏观经济理论的建立与发展都与通货膨胀及失业有关。通货膨胀与失业理论就是分别研究通货膨胀与失业的性质、分类、原因与对策等问题。

三是经济增长与经济周期理论。一个国家的经济增长会出现正增长、零增长甚至负增长，经济增长理论就是要研究经济增长的影响因素或源泉、经济增长过程与结果及经济增长的长期趋势。经济周期理论就是通过对有关经济波动统计资料的分析，探寻经济周期的特点、形成原因、影响后果，探讨政府反经济周期的应对措施，以实现经济的长期、稳定、均衡增长。

四是开放经济理论。各国之间存在着日益密切的经济联系，每个国家的经济运行状况都会受到世界经济的影响，开放经济理论就是在世界经济的框架内研究国民收入的决定、通货膨胀与失业、经济增长与经济周期等，进而说明一个国家的经济政策如何对国民收入进行调整。

五是宏观经济政策。经济理论是经济政策的基础与依据，经济政策是经济理论的运用与实践，在国民收入决定理论、通货膨胀与失业理论等宏观经济学主要理论的基础上，宏观经济政策研究的是政府宏观经济政策的目标、政策工具、政策机制、政策效果等内容。

对以上所述宏观经济理论，各个经济学流派表现出不同的观点；对具体宏观经济问题的分析，各个经济学流派所运用的方法也不尽相同；对解决国民经济运行中出现的问题，各个经济学流派的政策主张也不同，甚至是对立的。西方宏观经济理论并没有形成一个内容上完整、逻辑上一致、方法上统一的体系，而是多种宏观经济理论并存。

同时宏观经济学是以国民收入与就业分析为中心的。由于凯恩斯主义的宏观经济理论认为，由消费、投资、政府购买、净出口组成的社会总购买如果小于整个经济社会所能提供的商品总供给，将会导致社会生产下降，国民收入减少，失业增多。反之，当社会总购买大于社会总供给时，则会出现通货膨胀，社会生产水平将上升，国民收入增多，就业增加。由于国民收入的决定是分析其他宏观经济问题的基础，或者说其他宏观经济问题都是运用国民收入决定理论来分析、解释的，因此，国民收入决定理论是宏观经济学的中心内容。又由于就业状况是伴随国民收入变化而变化的，与国民收入相联系的就业量的变化也反映在经济周期、经济增长乃至政府的经济政策方面，因而，宏观经济学也就以国民收入与就业分析为中心。

四、宏观经济学的研究方法

宏观经济学的研究方法主要是总量分析方法。经济总量是指反映国民经济整体运行状况的经济变量。经济总量包括两类，一类是个量之和，如国民收入、总消费、总投资、总储蓄、总供给、总需求、财政盈余与赤字等。当然，这类总量中有的总量并非个量的简单相加，而是根据需要，运用数学或统计学中的各种方法所得出的总量。另一类经济总量是平均量，如价格总水平、失业率、利率、经济增长率等。总量分析方法是研究经济总量的决定、变动及其相互关系，以及以此为基础说明国民经济运行状况和宏观经济政策选择的方法。另外，宏观经济学的研究方法还有短期与长期分析方法、静态和比较静态与动态分析方法、均衡分析方法、边际分析方法等。需要说明的是，在宏观经济分析中，这些方法中运用的经济变量大多是经济总量。

第二节　国内生产总值的概念

一、国内生产总值的概念

弄清国内生产总值这一概念，需要先了解中间产品和最终产品这两个概念。现举例说明，煤用于家庭取暖与做饭时是最终产品，作为发电与炼钢的原料时又是中间产品。但是，实际区分最终产品与中间产品非常困难。所谓最终产品，是指在一定时期内生产的可供人们直接消费或使用的物品和服务。这部分产品已经到达生产的最后阶段，不能再作为原料或半成品投入其他产品和劳务的生产过程中去，如消费品、资本品等。中间产品是指为了再加工或转卖用于供别种产品生产使用的物品和劳务，如原材料、燃料等。

国内生产总值（Gross Domestic Product，GDP）是指在一定时期内（一个季度或一年），一个国家或地区的经济中所生产出的全部最终产品和劳务的市场价值。常被公认为衡量国家经济状况的最佳指标。它不但可反映一个国家的经济表现，还可反映一国的国力与财富。

二、国内生产总值的内涵

理解国内生产总值这一概念时，应注意国内生产总值的内涵。

第一，国内生产总值是用最终产品来计量的，即最终产品在该时期的最终出售价值。一般根据产品的实际用途，可以把产品分为中间产品和最终产品。最终产品的形式之一就是各种商品。GDP 必须按当期最终产品计算，中间产品不能计入，否则会造成重复计算。

第二，国内生产总值是一个市场价值的概念。各种最终产品的市场价值是在市场上达成交换的价值，都是用货币来加以衡量的，通过市场交换体现出来。一种产品的市场价值就是用这种最终产品的单价乘以其产量获得的。

第三，国内生产总值一般仅指市场活动导致的价值。那些非生产性活动及地下交易、黑市交易等不计入 GDP 中，如家务劳动、自给自足性生产、赌博和毒品的非法交易等。

第四，GDP 是一定时期内所生产而不是所售出的最终产品的价值。生产出来而未售出的部分可以看做企业自己买下来的部分，因而是存货投资，也计入 GDP。从量上来看，生产出的产品价值与售出的产品价值可能相等，也可能不相等。

第五，GDP 一般仅指市场活动导致的价值。不经过市场销售的最终产品不计入 GDP 中。例如，家务劳动、自给性生产等非市场活动不计入 GDP 中。

第六，GDP 中的最终产品不仅包括有形的最终产品，而且包括无形的最终产品——劳务。例如，旅游、服务、卫生、教育等行业提供的劳务，按其所获得的报酬计入国内生产总值中。

第三节 国民收入的核算方法与体系

一、国民收入的核算方法

GDP 核算有三种方法，即生产法、收入法和支出法，三种方法从不同的角度反映国民经济生产活动成果。生产法是从生产的角度衡量常驻单位在核算期内新创造价值的一种方法，即从国民经济各个部门在核算期内生产的总产品价值中，扣除生产过程中投入的中间产品价值，得到增加值。核算公式为：增加值=总产出−中间投入。收入法是从生产过程创造收入的角度，根据生产要素在生产过程中应得的收入份额反映最终成果的一种核算方法。按照这种核算方法，增加值由劳动者报酬、生产税净额、固定资产折旧和营业盈余四部分相加得到。支出法是从最终使用的角度衡量核算期内产品和服务的最终去向，包括最终消费支出、资本形成总额和货物与服务净出口三个部分。

（一）生产法

生产法核算 GDP，是指按提供物质产品与劳务的各个部门的产值来计算国内生产总值。生产法又叫部门法。这种计算方法反映了国内生产总值的来源。

运用这种方法进行计算时，各生产部门要把使用的中间产品的产值扣除，只计算所增加的价值。商业和服务等部门也按增值法计算。卫生、教育、行政、家庭服务等部门无法计算其增值，就按工资收入来计算其服务的价值。

按生产法核算国内生产总值，可以分为下列部门：农林渔业，矿业，建筑业，制造业，运输业，邮电和公用事业，电、煤气、自来水业，批发、零售商业，金融、保险、不动产，服务业，政府服务和政府企业。把以上部门生产的国内生产总值加总，再与国外要素净收入相加，考虑统计误差项，就可以得到用生产法计算的 GDP 了。

（二）收入法

收入法核算 GDP，就是从收入的角度，把生产要素在生产中所得到的各种收入相加来计算的 GDP，即把劳动所得到的工资、土地所有者得到的地租、资本所得到的利息及企业家才能得到的利润相加来计算 GDP。这种方法又叫要素支付法、要素成本法。

在没有政府的简单经济中，企业的增加值即其创造的国内生产总值，就等于要素收入加上折旧，但当政府介入后，政府往往征收间接税，这时的 GDP 还应包括间接税和企业转移支付。间接税是对产品销售征收的税，它包括货物税、周转税。这种税收名义上是对企业征收的，但企业可以把它打入生产成本之中，最终转嫁到消费者身上，故也应视为成本。同样，还有企业转移支付（企业对非营利组织的社会慈善捐款和消费者呆账），它也不是生产要素创造的收入，但要通过产品价格转移给消费者，故也应看做成本。资本折旧也应计入 GDP。因为它虽不是要素收入，但包括在总投资中。还有，非公司企业主收入也应计入 GDP 中。非公司企业主收入，是指医生、律师、小店铺主、农民等的收入。他们使用自己的资金，自我雇用，其工资、利息、租金很难像公司的账目那样，分成其自己经营应得的工资、自有资金的利息、自有房子的租金等，其工资、利息、利润、租金常混在一起作为非公司企业主收入。

这样，按收入法计算的公式就是：

GDP=工资+利息+利润+租金+间接税和企业转移支付+折旧

也可看成

GDP=生产要素的收入+非生产要素的收入

（三）支出法

从理论上讲，用收入法计算出的 GDP 与用支出法计算出的 GDP 在量上是相等的。但实际核算中常有误差，因而要加上一个统计误差项来进行调整，使其达到一致。实际统计中，一般以国民经济核算体系的支出法为基本方法，即以支出法所计算出的国内生产总值为标准。

支出法核算 GDP，就是从产品的使用出发，把一年内购买的各项最终产品的支出加总计算出的该年内生产的最终产品的市场价值。这种方法又称最终产品法、产品流动法。从支出法来看，国内生产总值包括一个国家（或地区）所有常驻单位在一定时期内用于最终消费、资本形成总额，以及货物和服务的净出口总额，它反映本期生产的国内生产总值的使用及构成。

如果用 Q_1、$Q_2\cdots Q_n$ 代表各种最终产品的产量，P_1、$P_2\cdots P_n$ 代表各种最终产品的价格，则使用支出法核算 GDP 的公式是：

$$\text{GDP}=Q_1P_1+Q_2P_2+\cdots+Q_nP_n$$

在现实生活中，产品和劳务的最后使用，主要是居民消费、企业投资、政府购买和出口。因此，用支出法核算 GDP，就是核算一个国家或地区在一定时期内居民消费、企业投资、政府购买和净出口这几方面支出的总和。

（1）居民消费（用字母 C 表示），包括购买冰箱、彩电、洗衣机、小汽车等耐用消费品和支出、服装、食品等非耐用消费品的支出，以及用于医疗保健、旅游、理发等劳务的支出。建造住宅的支出不属于消费。

（2）企业投资（用字母 I 表示），是指增加或更新资本资产（包括厂房、机器设备、住宅及存货）的支出。投资包括固定资产投资和存货投资两大类。固定资产投资指新造厂房、购买新设备、建筑新住宅的投资。为什么住宅建筑属于投资而不属于消费呢？因为住宅像别的固定资产一样是长期使用、慢慢地被消耗的。存货投资是企业掌握的存货（或称库存）的增加或减少。如果年初全国企业存货为 2000 亿美元而年末为 2200 亿美元，则存货投资为 200 亿美元。存货投资可能是正值，也可能是负值，因为年末存货价值可能大于也可能小于年初存货。企业存货之所以被视为投资，是因为它能产生收入。从国民经济统计的角度看，生产出来但没有卖出去的产品只能作为企业的存货投资处理，这样使从生产角度统计的 GDP 和从支出角度统计的 GDP 相一致。

计入 GDP 中的投资是指总投资，即重置投资与净投资之和，重置投资也就是折旧。

投资和消费的划分不是绝对的，具体的分类则取决于实际统计中的规定。

（3）政府购买（用字母 G 来表示），是指各级政府购买物品和劳务的支出，它包括政府购买军火、军队和警察的服务、政府机关办公用品与办公设施、举办如道路等公共工程、开办学校等方面的支出。政府支付给政府雇员的工资也属于政府购买。政府购买是一种实质性的支出，表现出商品、劳务与货币的双向运动，直接形成社会需求，成为国内生产总值的组成部分。政府购买只是政府支出的一部分，政府支出的另一部分如政府转移支付、公债利息等都不计入 GDP。政府转移支付是政府不以取得本年生产出来的商品与劳务作为报偿的支出，包括政府在社会福利、社会保险、失业救济、贫困补助、老年保障、卫生保健、对农业的补贴等方面的支出。政府转移支付是政府通过其职能将收入在不同的社会成员间进行转移和重新分配，将一部分人的收入转移到另一部分人手中，其实质是一种财富的再分配。有政府转移支付发生时，即政府付出这些支出时，并不相应得到什么商品与劳务，政府转移支付是一种货币性支出，整个社会的总收入并没有发生改变。因此，政府转移支付不计入国内生产总值中。

（4）净出口（用字母 $X\text{–}M$ 表示，X 表示出口，M 表示进口）是指进出口的差额。进口应从本国总购买中减去，因为进口表示收入流到国外，同时，也不是用于购买本国产品的支出；出口则应加进本国总购买量之中，因为出口表示收入从外国流入，是用于购买本国产品的支出，因此，净出口应计入总支出。净出口可能是正值，也可能是负值。

把上述四个项目加起来，就是用支出法计算 GDP 的公式：

$$\mathrm{GDP} = C + I + G + (X - M)$$

在中国的统计实践中，支出法计算的是国内生产总值划分为最终消费、资本形成总额及货物和服务的净出口总额，它反映了本期生产的国内生产总值的使用及构成。

最终消费分为居民消费和政府消费。居民消费除了直接以货币形式购买货物和服务的消费外，还包括以其他方式获得的货物和服务的消费支出，即所谓的虚拟消费支出。居民虚拟消费支出包括以下几种类型：单位以实物报酬及实物转移的形式提供给劳动者的货物和服务；金融机构提供的金融媒介服务；保险公司提供的保险服务。

通过支出法计算的 GDP，我们可以计算出消费率和投资率。所谓消费率，是最终消费占 GDP 的比率。所谓投资率，是资本形成总额占 GDP 的比率。按照有关统计资料，最近几年以来，中国的消费率出现了比较明显的下降趋势，2005 年中国的消费率为 52.1%，投资率为 43.4%。同世界水平相比，中国的消费率明显偏低。因此，当前和今后一段时期，宏观经济调控的一个重要内容就是要调整投资和消费的比例关系，扩大消费需求是扩大内需的重点。

二、两种国民收入核算体系

国民经济核算体系，广义上指关于国民经济核算的理论、方法、指标体系。世界各国主要采用的核算体系分为两大类：国民核算体系和物质产品平衡体系。狭义上专指国民核算体系，又称国民账户体系，是从国民经济总体出发，按照借贷必相等的原则，对社会产品的生产、分配、流通和使用进行综合考察和统一核算的制度。广义上指关于国民经济核算的理论、方法、指标体系。

（一）国民收入核算体系

国民收入核算体系（System of National Accounts，SNA）以西方经济理论为依据，认为创造物质产品和提供服务的劳务活动都是创造价值的生产活动，将国内生产总值作为核算国民经济活动的核心指标。它适用于市场经济条件下的国民经济核算，首创于英国，继而在经济发达国家推行，西方国民收入核算体系是目前大多数国家所采取的一种核算国民经济的方法，是一种比较合理和科学的核算体系。它以全面生产的概念为基础，把国民经济各行各业都纳入核算范围，将社会产品分为货物和服务两种形态，完整地反映全社会生产活动成果及其分配和使用的过程，并注重社会再生产过程中资金流量和资产负债的核算。

它运用复式记账法的原理，建立一系列宏观经济循环账户和核算表，组成结构严谨、逻辑严密的体系。

在核算范围上，SNA 的核算范围覆盖整个国民经济各部门，不受物质生产领域的局限，因而能完整地反映全社会的经济活动。

（二）物质产品平衡体系

物质产品平衡体系（System of Materal Product Balance，MPS）是为适应对国民经济实行高度集中的计划管理的需要，经互会组织根据会员国的实践经验，制定的适用于计划经济国家的国民经济核算方法。由苏联首先建立起来，以后逐渐为东欧各国、古巴、蒙古等国所采用。制定 MPS 的基本依据是马克思主义的再生产理论，它根据劳动的性质，将国民经济划分为物质生产领域和非物质生产领域，而在非物质生产领域投入的社会劳动，不增加供社会支配使用的物质产品总量，所以不创造国民收入。物质产品平衡体系形成以后，在很长时间内没有得到联合国的承认。直到 1971 年，联合国统计处出版了名为《国民经济平衡表体系的基本原理》后，才承认了这套体系。在这个体系中，社会总产品和国民收入只限于物质产品，故又称《物质产品平衡表体系》。随着世界政治经济的发展，一方面，经互会已不复存在；另一方面，采取中央计划经济的国家基本上都在向市场经济过渡，或者已完成了过渡，所以 MPS 体系在当前世界各国的国民经济核算中已基本不再使用。

该体系的特点是：它以物质产品的生产、分配、交换和使用为主线来核算物质产品再生产过程，核算范围只包括农业、工业、建筑业、货物运输及邮电业、商业五大物质生产部门的物质产品生产，不核算非物质生产部门的服务性生产。核算方法主要采用平衡法，由一系列平衡表所组成。

（三）两种核算体系的比较

第一，在核算范围上，MPS 仅限于物质产品的核算，而非物质生产性的服务活动排除在生产领域之外；SNA 的核算范围覆盖整个国民经济各部门，不受物质生产领域的局限，因而能完整地反映全社会的经济活动。

第二，在核算内容上，MPS 主要反映物质产品的生产、交换和使用的实物运动，SNA 除了核算货物和服务的实物流量外，还注重收入支出和金融交易等资金流量和资产负债存量的核算，能更好地反映社会再生产中实物运动与价值运动交织在一起的复杂的运动过程。

第三，在核算方法上，MPS 主要采用平衡表法，侧重每个平衡表内部的平衡，但平衡表之间的联系不够严谨，SNA 主要采取复式记账法，把国民经济各部门紧密衔接起来，能反映国民经济运行中的内在联系，提高了国民经济核算的科学水平。

三、我国的国民收入核算情况

我国原来实行的基本上是计划经济条件下的国民经济平衡体系。1984 年年底在国务院领导下开始了建立我国国民经济核算体系的各项工作。组织专门机构从事我国国民经济核算体系理论研究、方案设计和试点试算等工作。经过数年的努力，于 1992 年提出了我国国民经济核算体系的试行方案，并确定在 1992—1995 年分两步实施。这标志着我国国民经济核算体系工作正式步入国际一体化的 SNA 体系行列。1998 年国家统计局在总结多年实践的基础上，制定了新的国民经济核算体系，并于 1998 年在《中国统计年鉴》中正式定期公布国民经济核算体系统计数据。2002 年国家统计局进一步完善国民经济核算体系方案，追求新的发展。

我国的国民收入核算的分类体系参照《国民经济行业分类》（GB/T 4754—2002）和中国的实际情况，季度 GDP 核算的行业划分采用三级分类。

第一级分类直接采用国家统计局 2003 年制定的《三次产业划分规定》，分为第一产业、第二产业和第三产业，但在第三产业中剔除国际组织部分。第二级分类基本上采用国民经济行业分类中的门类，分为农林牧渔业，工业，建筑业，交通运输、仓储和邮政业，批发和零售业，住宿和餐饮业，金融业，房地产业，其他服务业 9 个行业。其中工业包含采矿业，制造业，电力、燃气及水的生产和供应业 3 个门类行业；其他服务业包含信息传输、计算机服务和软件业，租赁和商务服务业，科学研究、技术服务和地质勘查业，水利、环境和公共设施管理业，居民服务和其他服务业，教育，卫生、社会保障和社会福利业，文化、体育和娱乐业，公共管理与社会组织 9 个门类行业。第三级分类在第二级分类的基础上，将第三产业中国民经济行业分类中的一部分门类，细化为行业大类。

核算的资料，在季度 GDP 核算时，将所有可以在核算时获得的、适用的经济统计调查数据都用于 GDP 核算。资料来源主要包括两部分：一是国家统计调查资料，指由国家统计系统实施的统计调查获得的各种统计资料，如农林牧渔业、工业、建筑业、批发和零售业、住宿和餐饮业、房地产业等统计调查资料、服务业抽样调查资料、人口与劳动工资统计资料、价格统计资料等。二是行政管理部门的行政记录资料，主要包括财政部、中国人民银行、国家税务总局、保监会、证监会等行政管理部门的相关数据，如中国人民银行的金融机构本外币信贷收支情况、国家税务总局分行业的税收资料等。

第四节 国民收入核算的其他指标

一、国民生产总值

国民生产总值（Gross National Product，GNP）是一个国民概念，是指某国国民所拥有的全部生产要素在一定时期内所生产的最终产品的市场价值。因此，一个在日本工作的美国公民的收入要计入美国的 GNP 中，不计入美国的 GDP 中，而计入日本的 GDP 中。在 1991 年之前，美国均是采用 GNP 作为经济总产出的基本测量指标，后来因为大多数国家都采用 GDP，加之国外净收入数据不足，GDP 相对于 GNP 来说是衡量国内就业潜力的更好指标，易于测量，所以美国才改用 GDP。

GDP 是国内生产总值，是以地域划分的，就是中国特定时间境内生产总和，包括在华投资的国外个人和机构，如通用投资建厂生产值。GNP 是国民生产总值，是以国籍划分的，指中国人特定时间生产总和，包括国内在外投资，如联想在美国建厂生产值。

GDP 是一个经济体地域范围内一定时期产出最终商品和服务价值总额；GNP 是属于一个经济体的居民在一定时期内产出最终商品和服务价值总额。从支出分析的角度，二者关系可以表述为：GDP 等于境内需求+商品和服务贸易收支净额（贸易顺差）；GNP 等于境内需求+经常项目差额（经常项目顺差）。GNP 与 GDP 的关系为：GNP 和 GDP 的差等于经常项目差额减去商品和服务贸易收支净额，GNP 与 GDP 的差也可以是私人境外要素收入净额或私人境外投资净收入+私人境外单边转移支付净额，其中境内需求是指消费需求和投资需求和政府支出之和。

二、国内生产净值

国内生产净值（Net Domestic Product，NDP）指一个国家（或地区）在一定时期内在本国领土上生产的最终产品按市场价值计算的净值及新增加的产值。按市场价格计算的国内生产净值的简称，等于国内生产总值减去所有常驻单位的固定资产折旧。

$$NDP=GDP-折旧$$

最终产品价值并未扣去资本设备消耗的价值，如把消耗的资本设备价值扣除了，就得到净增价值，即从 GDP 中扣除资本折旧，就得 NDP。

净投资是总投资中扣除了资本消耗或重置投资部分。例如，某企业某年购置 10 台机器，其中 2 台用来更换报废的旧机器，则总投资 10 台机器，净投资为 8 台机器。

从经济学和社会学的双重角度来看，NDP 的价值要远远大于 GDP，即衡量一国经济总量用国内生产净值指标要比国内生产总值指标优越得多。GDP 是衡量一定时期一国范围内生产的最终产品的市场价值，是一个地域概念，但 NDP 考虑到了“消耗”或者说“折旧”在经济增长中的重要因素，是一个不折不扣的经济概念，也是一个国民概念——它真正诠释了生产、增长及总价值与消耗、效率、净价值之间的关系。

三、国民收入

国民收入（National Income，NI）指一个国家（或地区）在一定时期内在本国领土上各种生产要素（包括土地、劳动、资本、企业家才能等）所有者得到的实际收入，即工资、利息、地租和利润的总和。

国民收入是物质生产部门劳动者在一定时期所创造的价值。从社会总产值中扣除物质消耗后的剩余部分就是国民收入，国民收入（价值形态）=社会总产值-已消耗生产资料价值或国民收入（实物形态）=社会总产品-已消耗生产资料。在使用价值上，国民收入是由体现新创造价值的生产资料和消费资料所构成的。创造国民收入的物质生产部门，有农业、工业、建筑业和作为生产过程在流通过程内继续的运输业、邮电业及商业等。间接税和企业转移支付虽然构成产品价格，但不成为要素收入，所以应扣除；相反，政府给企业的补助虽不列入产品价格，但为要素收入，所以应加入。

NI=工资+利息+地租+利润=NDP-（间接税-政府对企业的补贴）-企业转移支付

四、个人收入

个人收入（Personal Income，PI）指一个国家一年内个人年得到的全部收入。个人从各种途径所获得的收入的总和，包括工资、租金收入、股利股息及社会福利等所收取得来的收入，反映了该国个人的实际购买力水平，预示了未来消费者对于商品、服务等需求的变化。个人收入指标是预测个人的消费能力、未来消费者的购买动向及评估经济情况好坏的一个有效指标。

一个国家或地区之内的个人实际就是该国家或地区的居民。一个国家或地区之内所有个人收入的总和与该国家或地区之内所有居民的收入总和，也就是国民收入应当是一致的。

但是，实际经济运行中存在的一些因素导致了个人收入与国民收入数量上的不同。这些因素同时也是个人收入构成中的重要因素，具体包括：

（1）企业未分配利润的存在。企业未分配利润是企业为了未来发展的需要而保留在企业的本应分配给生产要素所有者的利润。

（2）公司所得税的存在。公司所得税是因为存在利润而向政府缴纳的税收，而缴纳给政府就意味着无法分配给个人。

（3）各种社会保险费的存在。生产要素所有者的收入必须有一部分以社会保险税费的形式上交给有关机构，因此必须进行扣除。

（4）转移支付的存在。在现实经济中，个人还会得到政府发放的以失业救济金、退休金等形式体现的转移支付。

因此，个人收入的构成实际上是国民收入减去一部分应当作为生产要素报酬支付给个人而没有支付的部分，再加上个人实际获得的不属于生产要素报酬的收入。

综上，个人收入的公式为：

PI（个人收入）=NI（国民收入）−企业未分配利润−公司所得税−社会保险税费
+转移支付+个人利息和红利收入

五、个人可支配收入

个人可支配收入（Personal Disposable Income，PDI）是指一个国家一定时期内可以由个人支配的全部收入。个人可支配收入等于个人收入扣除向政府缴纳的所得税、遗产税和赠予税、不动产税、人头税、汽车使用税及交给政府的非商业性费用等（统称非税支付）以后的余额。个人可支配收入被认为是消费开支的最重要的决定性因素。因而，常被用来衡量一国生活水平的变化情况。

第五节 实际国内生产总值与潜在国内生产总值

一、实际国内生产总值

实际国内生产总值也称为实际 GDP。要弄清楚实际 GDP，必须要把名义 GDP 与实际 GDP 联系在一起来说。名义 GDP 也称货币 GDP，是用生产物品和劳务的当年价格计算的全部最终产品的市场价值。名义 GDP 的变动可以有两种原因：一种是实际产量的变动，另一种是价格的变动。也就是说，名义 GDP 的变动既反映了实际产量变动的情况，又反映了价格变动的情况。实际 GDP 是指用从前某一年作为基期的价格计算出来的全部最终产品的市场价值。实际 GDP 的变动仅仅是由于实际产量的变动所引起的。这也就是说，实际 GDP 的变动仅仅反映了实际产量变动的情况。实际 GDP 是国际上公认的反映一国一定时期（通常指一年）国民产品总量的最好的综合指标。用绝对值表述时，一般用名义 GDP；反映增长速度时，一般用实际 GDP。

实际 GDP 和名义 GDP 通常是不等的，只有计算实际 GDP 的固定价格的基数年时二者会相等。如果用 P_t 表示第 t 年（计算年份）的价格水平，Q_t 表示第 t 年（计算年份）的产量水平，用 P_0 表示基年（提前选定某年为基年）的价格水平，Q_0 表示基年（提前选定某年为基年）的产量水平，则实际 GDP 和名义 GDP 之间的关系是：

$$\text{GDP折算指数} = \frac{\text{某年名义GDP}}{\text{某年实际GDP}} = \frac{\sum P_t Q_t}{\sum P_0 Q_t} \times 100\%$$

二、潜在国内生产总值

潜在国内生产总值也称潜在 GDP、潜在产出或潜在国民收入，是指一国在一定时期内可供利用的经济资源在充分利用的条件下所能生产的最大产量，也就是该国在充分就业状态下所能生产的国内生产总值。这里的 GDP 就反映了在该时期内的最大产出能力。潜在 GDP 是一个国家在正常强度下，充分利用其生产资源能够生产出的 GDP，所以也叫“充分就业的 GDP”，反映一个国家经济的潜力。

潜在 GDP 与实际 GDP 的联系：在均衡就业的水平上，经济系统达到充分就业，而在充分就业时的实际 GDP 水平就是潜在 GDP。因此，充分就业的劳动量生产就是潜在 GDP。潜在 GDP 不是一个经济系统所能生产出来的实际 GDP 的最高水平，而是一个均衡产量。

潜在 GDP 与实际 GDP 的区别：实际 GDP 是用基年价格计算的某一年的 GDP；名义 GDP 是用当年价格计算的 GDP；人均 GDP 是指平均每个人的 GDP；潜在 GDP 的增加就是经济增长；潜在 GDP 与实际 GDP 的差别反映了经济周期的情况，如果实际 GDP 大于潜在 GDP，则经济高涨，有通货膨胀的压力；如果实际 GDP 小于潜在 GDP，则经济衰退，有失业的压力。潜在 GDP 是由资本投入和技术水平决定的，增长的趋势比较稳定，实际 GDP 则随商业周期波动。当实际 GDP 偏离潜在 GDP 的程度较大时，就出现经济波动。实际 GDP 反映一国的经济实力和市场规模，而人均 GDP 反映一国的富裕程度。正因为如此，我们把 GDP 作为反映一国宏观经济的最基本指标。

在经济运行过程中，实际产出和潜在产出经常会出现不一致，这种不一致被称做产出缺口或 GDP 缺口。产出缺口可以用下式表示：

$$\text{GDP 缺口} = Yc - Y$$

式中，Y 为实际国民收入或实际产出；Yc 为潜在国民收入或潜在产出。

因此，如果实际 GDP 高于潜在 GDP，也就是 GDP 缺口为正值，则称为产出正缺口或 GDP 正缺口；反之，如果实际 GDP 小于潜在 GDP，即 GDP 缺口为负值，则称为产出负缺口或 GDP 负缺口。

潜在 GDP，是当经济社会达到充分就业时的 GDP。名义 GDP，是指按当年价格计算的 GDP。实际 GDP，是以以前某年为基期价格计算的 GDP。潜在 GDP 是一个国家资源得到充分利用时能实现的 GDP，它表明一个国家经济的潜力。实际 GDP 是实际上所生产出来的 GDP。如果潜在 GDP 与实际 GDP 相等，表明一个国家经济的潜力得到了充分发挥，经济处于理想的正常运行状态。如果潜在 GDP 大于实际 GDP，经济潜力没有发挥出来，资源处于闲置状态，那就是经济紧缩。但如果潜在 GDP 小于实际 GDP，经济的发展超出了潜力，资源超利用，就会引发经济过热，判断中国经济是否过热，首先要确定中国的潜在 GDP，即中国经济增长的潜力有多大。

上面分析了实际 GDP 与潜在 GDP，但是这两个指标的大小仅能够代表国家的经济实力与市场规模，要衡量一个国家富裕程度与生活水平必须就要用人均国内生产总值（人均 GDP）指标来衡量。人均 GDP 代表了国家的富裕程度，尤其是人均国民收入（人均 NI）代表了一个国家或地区切实的富裕程度。

$$\text{人均GDP} = \frac{\text{某年的GDP}}{\text{某年的人口总数}}$$

$$\text{人均NI} = \frac{\text{某年的NI}}{\text{某年的人口总数}}$$

课后习题

一、名词解释

国民生产总值　个人可支配收入　实际国内生产总值　国内生产总值折算系数　最终产品

二、简答题

1．在统计中，社会保险税增加对 GDP、NDP、NI、PI 和 DPI 这五个总量中哪个总量有影响？为什么？

2．如果甲乙两国合并成一个国家，对 GDP 总和会有什么影响（假定两国产出不变）？

3．说明为什么在证券市场买债券和股票不能看做经济学意义上的投资活动。

4．为什么从公司债券得到的利息应计入 GNP，而人们从政府得到的公债利息不计入 GNP？

5．假定一国有下列国民收入统计资料：（单位：万美元）

国民生产总值：4800。总投资：800。净投资：300。消费：3000。政府购买：960。政府预算盈余：30。试计算：

（1）国内生产净值；（2）净出口；（3）政府税收减去转移支付后的收入；（4）个人可支配收入；（5）个人储蓄。

6．假设国内生产总值是 5000，个人可支配收入是 4100，政府预算赤字是 200，消费是 3800，贸易赤字是 100（单位：万元），试计算：

（1）储蓄；（2）投资；（3）政府支出。

7．假设一经济社会生产以下产品：羊肉和青菜。它们在 2000 年和 2006 年的产量和价格分别如表所示。试计算：

	2000 年		2006 年	
	数量（千克）	价格（美元）	数量（千克）	价格（美元）
羊肉	200	4	200	6
青菜	500	0.2	450	0.5

（1）2000 年和 2006 年的名义国内生产总值。

（2）如果以 2000 年作为基期，则 2000 年和 2006 年的实际国内生产总值为多少？这两年实际国内生产总值变化多少？

8．根据上题数据，用 2000 年作为基期：

（1）计算 2000 年和 2006 年的 GDP 折算系数；

（2）计算这段时间的通胀率。

第二章 均衡产出

本章主要知识点

1. 投资–储蓄恒等式
2. 两部门国民收入核算公式
3. 三部门国民收入核算公式
4. 均衡产出的概念及计算
5. 经济达到均衡时，计划投资必须要等于计划储蓄
6. 凯恩斯定律

考核要求

1. 识记：均衡产出、凯恩斯定律。

2. 领会：理解投资–储蓄恒等式及投资储蓄恒等并不意味着计划投资必须要等于计划储蓄，掌握两部门国民收入核算公式和三部门国民收入核算公式，掌握均衡产出的计算的分析。

3. 应用：结合实际掌握经济均衡的条件及均衡产出的计算。

第一节　投资-储蓄恒等式

从支出法、收入法与生产法所得出的国内生产总值的一致性，可以说明国民经济中的一个基本平衡关系。总支出代表了社会对最终产品的总需求，而总收入和总产量代表了社会对最终产品的总供给。因此，从国内生产总值的核算方法中可以得出这样一个恒等式：

总需求=总供给

这种恒等关系在宏观经济学中是十分重要的。我们可以从国民经济的运行，即国民经济的收入流量循环模型，来分析这个恒等式。理论研究是从简单到复杂、从抽象到具体的，所以，我们从两部门经济入手研究国民经济的收入流量循环模型与国民经济中的恒等关系，进而研究三部门经济与四部门经济。

一、两部门经济中的投资-储蓄恒等式

在两部门经济中，假设一个社会只有消费者（居民）和企业两个部门，没有政府部门和进出口部门，所以就没有企业间接税等税收项目，也没有政府购买和进出口贸易，这是一种最简单的经济。两部门经济中，国内生产总值等于国民总收入。

在两部门经济中，居民户向厂商提供各种生产要素、得到相应的收入，并用这些收入购买与消费各种产品与劳务；厂商购买居民户提供的各种生产要素进行生产，并向居民户提供各种产品与劳务。在包括居民户与厂商的两部门经济中，总需求分为居民户的消费需求与厂商的投资需求。消费需求与投资需求可以分别用消费支出与投资支出来代表，消费支出即为消费，投资支出即为投资。所以：

总需求=消费+投资

如果以AD代表总需求，以C代表消费，以I代表投资，则可以把上式写为：

$$\text{AD} = C + I$$

总供给是全部产品与劳务供给的总和，产品与劳务是由各种生产要素生产出来的，所以，总供给是各种生产要素供给的总和，即劳动、资本、土地和企业家才能供给的总和。生产要素供给的总和可以用各种生产要素相应得到收入的总和来表示，即用工资、利息、地租和利润的总和来表示。工资、利息、地租和利润是居民户所得到的收入，这些收入分为消费与储蓄两部分。所以：

总供给=消费+储蓄

如果以 AS 代表总供给，以 C 代表消费，以 S 代表储蓄，则可以把上式写为：

$$\mathrm{AS} = C + S$$

总需求与总供给的恒等式就是：

$$\mathrm{AD} = \mathrm{AS}$$

即

$$C + I = C + S$$

如果两边同时消去 C，则可以写为：

$$I = S$$

储蓄–投资恒等式 $I=S$ 不意味着计划的储蓄恒等于计划的投资。这是因为储蓄–投资恒等是根据定义得出来的。根据定义，国内生产总值等于消费加投资（$C+I$），国民收入等于消费加储蓄（$C+S$）。国内生产总值等于国民收入。这样才有了储蓄–投资的恒等关系。这种恒等关系就是经济中的总供给（$C + S$）和总需求（$C + I$）。只要遵循这些定义，储蓄和投资的恒等关系就一定存在，而不管经济是处于充分就业，还是处于通货膨胀，或者处于经济均衡。然而投资储蓄的恒等关系并不意味着人们计划的储蓄总会等于企业的计划投资。现实经济中，储蓄主要由居民户进行，投资主要由企业进行，居民户的储蓄动机和企业的投资动机是不一样的，就会使得计划储蓄和计划投资是不一样的。计划储蓄和计划投资的不等就会使得经济处于总供给和总需求的不均衡状态，当投资大于储蓄会使经济扩张，投资小于储蓄会使经济收缩，投资等于储蓄的时候经济才是均衡的。

二、三部门经济中的储蓄–投资恒等式

在两部门经济消费者（居民）、企业的基础上加上政府部门的活动，就构成了三部门经济。政府支出主要包括政府购买和转移支付。用 g 表示政府购买，用 t 表示政府税收。

从支出角度看 GDP。消费支出、投资支出和政府购买支出的总和，政府转移支付不在内，因为，政府的转移支付给予后，无非是归入个人消费和投资（主要是消费）。即

$$\mathrm{GDP}=Y=C+I+G=\text{消费}+\text{投资}+\text{政府购买}$$

从收入角度看 GDP：T 表示政府净收入，政府的净收入=政府的全部税收收入–政府的转移支付。国民收入：

$$Y=C+S+T$$

T 是政府净收入（净税金）$=T_0-T_r=$全部税金–转移支付。居民要缴纳税收，又要得到政府的转移支付（忽略掉转移支付也可以）。

储蓄–投资恒等式：

$$GDP=Y=C+I+G=C+S+T$$

$$I=S+(T-G)$$

$I=S+(T-G)$表示整个社会的储蓄（私人储蓄与政府储蓄之和）和整个社会的投资恒等关系。其中，$(T-G)$为政府部门的储蓄，S 为家庭储蓄和企业储蓄之和，可以通称为私人储蓄。

三、四部门经济中的储蓄–投资恒等式

四部门经济就是在三部门经济中引入一个国外部门，即经济是指由厂商、居民户、政府和国外部门这四种经济单位所组成的经济社会。

在四部门经济中，国外部门的作用是：作为国外生产要素的供给者，向国内各部门提供产品与劳务，对国内来说，这就是进口；作为国外产品与劳务的需求者，向国内进行购买，对国内来说，这就是出口。

在四部门经济中，总需求不仅包括居民户的消费需求、厂商的投资需求与政府的需求，而且还包括国外的需求。国外的需求对国内来说就是出口，所以可以用出口来代表国外的需求。这样：

总需求=消费+投资+政府支出+出口

如果以 X 代表出口，则可以把上式写为：

$$Y=C+I+G+X$$

四部门经济的总供给中，除了居民户供给的各种生产要素和政府的供给外，还有国外的供给。国外的供给对国内来说就是进口，所以可以用进口来代表国外的供给。这样，

总供给=消费+储蓄+政府税收+进口

如果以 M 代表进口，则可以把上式写为：

$$Y=C+S+T+M$$

四部门经济中总需求与总供给的恒等式就是：

$$C+I+G+X=C+S+T+M$$

两边同时消去 C，就得到：

$$I+G+(X-M)=S+T$$

可以简化为：

$$I=S+(T-G)+(M-X)$$

其中，($M-X$) 可以代表外国在本国的储蓄。

在国民收入核算中，这种恒等式是一种事后的恒等关系，即在一年的生产与消费之后，从国民收入核算表中所反映出来的恒等关系。这种恒等关系，也是国民收入决定理论的出发点。但是，在一年的生产活动过程中，总需求与总供给并不总是相等的。有时总需求大于总供给，有时总供给大于总需求。

从两部门经济的投资-储蓄恒等式到三部门的又到四部门的投资-储蓄恒等式，我们可以得出这样的结论，即不管经济是否处于充分就业，是否处于通货膨胀，是否处于均衡状态，储蓄和投资一定相等。如表 2-1 所示，对部门投资-储蓄恒等式的推导进行了对比。

表 2-1　二、三、四部门经济中的储蓄-投资恒等式对比

	两部门	三部门	四部门
参与部门	消费者、厂商	消费者、厂商、政府	消费者、厂商、政府、国外
支出角度	$Y=C+I$	$Y=C+I+G$	$Y=C+I+G+(X-M)$
收入角度	$Y=C+S$	$Y=C+S+T$（T：总税收-转移支付，表示政府的净收入）	$Y=C+S+T+K_r$（K_r：本国居民对外国人的转移支付）
公式	$C+I=Y=C+S$ 即 $I=S$	$C+I+G=Y=C+S+T$ 即 $I=S+(T-G)$	$C+I+G+(X-M)=Y=C+S+T+K_r$ 即 $I=S+(T-G)+(M-X+K_r)$
结论	两部门储蓄-投资恒等	政府储蓄=$T-G$，三部门经济中储蓄（私人储蓄和政府储蓄的总和）和投资恒等	S=居民私人储蓄，$T-G$=政府储蓄，$M-X+K_r$=本国用于对外国消费和投资的那部分储蓄，表示四部门经济中储蓄和投资恒等

第二节　均衡产出的计算

一、假设条件

最简单的经济关系的四点假设。

（1）只有居民和厂商，不存在政府、外贸。在一个只有居民户部门与厂商部门的两部门经济也就是经济关系最简单的经济社会中，居民户部门的经济行为是消费与储蓄，厂商部门的经济行为是投资与生产，厂商的投资是不随利率与产量变动的自主投资。

（2）投资不随利率和产量而变动，投资是固定值。

（3）折旧和未分配利润都是零，从而使得 GDP、NDP、NI、PI 在数量上都相等，即 GDP=NDP=NI=PI。

（4）社会需求变动，只会引起产量变动，使供求均衡，而不会引起价格变动。不论需求量是多少，经济制度均能以不变价格提供供给，在西方经济学中被称为凯恩斯定律。凯恩斯提出此定律是在 1929—1930 年的经济大萧条时期，工人大量失业，资源大量闲置，在这种状况下，社会总需求增加只会使闲置的资源得到充分利用，生产增加，而不会使价格上升，从而产品成本的价格保持不变。凯恩斯定律被认为只适用于短期分析，即价格不易变化，即具有黏性，需求变动，厂商首先考虑调整产量，而不是改变价格。例如，如 3 000 元一部的 iPhone 手机，只要你想买，可以买无数部，而价格不变。

二、两部门均衡产出

均衡产出是和总需求相一致的产出，这里的总需求是指整个社会意愿的有效需求，而不是国民经济统计中的现实总需求。均衡产出，也就是经济社会的收入正好等于全体居民和企业想要有的产出，即总需求与总供给相等（AD=AS）时的产出水平。

经济社会的产量或国民收入决定于总需求，和总需求相等的收入称为均衡收入。

均衡产出条件下，经济社会总收入刚好等于所有居民和全体厂商想要有的消费支出与投资支出。这就是说，企业的产量以至于整个社会的产量一定稳定在社会对产品的需求的水平上。由于两部门经济中的总需求只包括居民的消费需求和厂商的投资需求，因此，均衡产出用公式就表示为：$y = c + i$。

小写的 y、c、i 分别表示实际产出、实际消费与实际投资。同时，c 和 i 分别代表居民、厂商实际想要有的消费与投资，即意愿消费和意愿投资的数量，而不是国民收入构成公式中实际发生的消费与投资。因为企业的产量如果比市场的需求量多出一部分价值，多出来的这部分价值就成为企业的非意愿存货投资或非计划存货投资。在国民收入核算中，这部分存货投资是投资支出的一部分，但不是计划投资，故国民收入核算中的实际产出就等于计划支出与非计划存货投资之和，但在国民收入决定理论中，由于均衡产出是指与计划支出相等的产出，故在均衡产出水平上，计划支出和计划产出正好相等，非计划存货投资也就等于零。当国民经济处于均衡收入水平上时，实际收入一定与计划支出量相等。若用 E 代表总支出，y 代表总收入，则经济均衡条件就是 $E = y$。$E = y$ 也表示总支出即总需求决定总收入。这一关系可以用图 2-1 来表示。

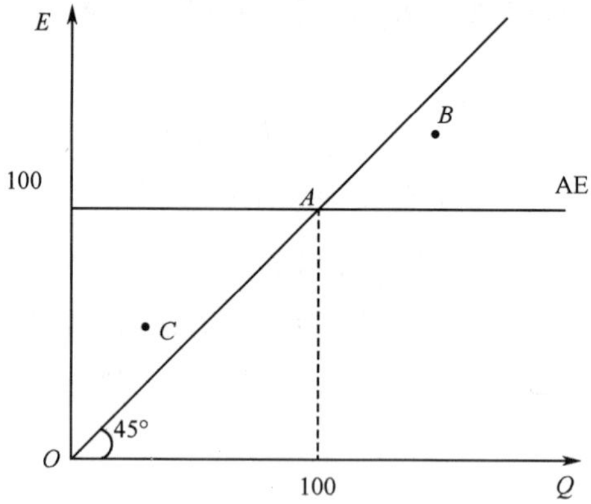

图 2-1 均衡产出的决定

图中的横轴表示总收入，纵轴表示总支出。45°线上的任何一点都表示总支出与总收入相等。假定总支出即包括总消费与总投资的总需求为 100，图中的 A 点表示总支出与总收入相等，都是 100，A 点也就是均衡点，表明生产总额正好等于总需求；B 点表示总收入大于总支出，非计划存货投资大于零，产生库存，企业就要削减生产，直到总供求相等的 A 点表示的 100 为止，实现总供求相等。反之，C 点表示总收入小于总支出，社会生产额小于社会需求量，企业就要增加生产，也是到总供求相等的 A 点表示的 100 为止，实现总供求相等。当然，总支出即总需求变化了，总收入也就相应发生变化。总之，企业根据总需求（产品销路）来安排生产，当企业产出大于总需求时，企业非计划（非意愿）存货增加，则减少生产；当企业产出小于总需求时，企业库存减少，则增加生产；当企业产出=总需求时，企业生产稳定下来，此时的产出叫做均衡产出。简单地说，就是和总需求相等的产出或收入。

由于计划支出用 $E = c + i$ 表示，生产创造的总收入等于计划消费与计划储蓄之和，即 $y = c + s$，所以均衡产出的条件就是 $E = y$，即 $i = s$，这表示计划投资等于计划储蓄。当计划投资与计划储蓄相等时，国民收入就达到均衡状态。

三、经济均衡的条件

均衡产出或收入的条件 $E=y$，也可以用 $i=s$ 来表示，因为：

计划支出等于计划消费加投资，即 $E=c+I$；生产所创造的收入等于计划消费加计划储蓄，即 $y=c+s$；因此 $E=y$ 可写成 $c+i=c+s$，等式两边消去 c，即可得 $i=s$。

需要再次说明的是，这里的投资等于储蓄，是指经济要达到均衡，计划投资必须等于计划储蓄，而国民收入核算中的 $I=S$，则是指实际发生的投资（包括计划和非计划存货投资在内）始终等于储蓄。前者为均衡的条件，即计划投资不一定等于计划储蓄，只有二者相等时，收入才处于均衡状态；而后者所指的是实际投资和实际储蓄是根据定义而得到的实际数字，从而必然相等。

在图 2-1 中，A 点为均衡产出，总需求等于总产出。国民收入恒等式：$\mathrm{AD}=Y=\mathrm{C}+I+G+\mathrm{NX}$，总需求和总产出的差为非计划存货增加量 $\mathrm{IU}=Y-\mathrm{AD}$

均衡时，非计划的存货变化等于 0。

（1）$Y>\mathrm{AD}$，存在非计划的库存投资，厂商减少生产直到产出与总需求再度均衡为止。

（2）$Y<\mathrm{AD}$，库存减少直至均衡再度恢复为止。

（3）总需求决定均衡产出。

举例说明，假定企业由于错误估计了形势，生产了 120 万美元的产品，但市场实际需要的只是 100 万美元的产品，于是就有 20 万美元产品成为企业中非意愿存货投资或称非计划存货投资。这部分存货投资在国民收入核算中是投资支出的一部分，但不是计划投资的一部分。因此，在国民收入核算中，实际产出总等于计划支出（或称计划需求）加非计划存货投资。但是均衡产出是指和计划需求相一致的产出。因此，在均衡产出水平上，非计划存货投资等于零。

课后习题

一、名词解释

均衡产出、凯恩斯定律

二、简答题

1．简述投资–储蓄恒等式的含义。

2．在均衡产出水平上，是否计划存货投资和非计划存货投资都必然为零？

第三章 消费理论

3

本章主要知识点

1. 消费函数的概念
2. 边际消费倾向和平均消费倾向
3. 储蓄函数的概念
4. 边际储蓄倾向和平均储蓄倾向
5. APC 和 APS 的关系
6. MPC 和 MPS 的关系
7. 相对收入消费理论
8. 生命周期消费理论
9. 永久收入消费理论
10. 家户消费函数和社会消费函数

考核要求

1. 识记：消费函数、平均消费倾向、边际消费倾向、储蓄函数、平均储蓄倾向、边际储蓄倾向。

2. 领会：掌握消费函数与储蓄函数的关系，了解其他的消费理论，了解社会消费函数和家庭消费函数的关系。

3. 应用：结合实际理解消费的变动原因。

第一节 凯恩斯消费理论

一、消费函数

凯恩斯的消费函数理论是他在《就业利息和货币通论》（1936）一书中提出的，即总消费是总收入的函数。

消费是指一个国家（或地区），一定时期内，居民个人（或家庭），为满足消费欲望，而用于购买消费品和劳务的所有支出。消费函数是指反映消费支出与影响消费支出的因素之间的函数关系式。影响消费的因素很多，如收入、消费品价格、消费者偏好、消费者预期、消费信贷、利率水平等。其中最重要的是个人收入。宏观经济学假定消费与收入水平存在着稳定函数关系。但凯恩斯理论假定，在影响消费的各种因素中，收入是消费的唯一的决定因素，收入的变化决定消费的变化。凯恩斯消费函数又被直接称为消费倾向，是指消费和收入之间的关系，随着收入增加，消费也会增加，但是消费的增加不如收入增加得多。收入和消费两个经济变量之间的这种关系叫做消费函数或消费倾向。消费函数就是消费与收入的依存关系。用 c 代表消费，用 y 代表收入，并且 $\mathrm{d}c / \mathrm{d}y>0$，则消费函数可以表示为：

$$c = f(y)$$

消费与收入的比率称为消费倾向。消费倾向包括边际消费倾向和平均消费倾向。

边际消费倾向（Marginal Propensity to Consume，MPC）是指每增减 1 单位国民收入所引起的消费变化。边际消费倾向可以用公式表示为：

$$\mathrm{MPC} = \frac{\Delta c}{\Delta y}$$

由于边际消费倾向会被经常用到，为书写方便，就用 β 代替 MPC，于是，边际消费倾向可以表达为另一种方式：

$$\beta = \frac{\Delta c}{\Delta y}$$

当消费增量 Δc 与收入增量 Δy 趋于无穷小时，边际消费倾向又可以表达为：

$$\text{MPC}=\frac{\mathrm{d}c}{\mathrm{d}y}\text{或}\beta=\frac{\mathrm{d}c}{\mathrm{d}y}$$

MPC 是消费曲线上任一点切线的斜率。不论 MPC 是常数还是变数，总是一个小于 1 的正数，即 1 > MPC > 0。消费随着收入的增加而增加，但消费的增加不如收入增加得多，这就是边际消费倾向递减规律。凯恩斯认为，边际消费倾向递减规律是引起总需求不足的三个基本心理规律之一。

平均消费倾向（Average Propensity to Consume，APC）是指平均每单位收入中消费所占比例，即总消费在总收入中所占比例，平均消费倾向等于消费总量除以收入总量，即：

$$\text{APC}=\frac{c}{y}$$

APC 的值有三种情况，APC<1，表明消费总量<收入总量（产生储蓄）；APC＝1，表明把全部收入都用于消费（储蓄为零）；APC>1，表明消费总量大于收入总量（负债消费，即产生负储蓄）。

表 3-1 是某居民户消费和收入变动的关系。通过此表我们来分析边际消费倾向和平均消费倾向的关系。

表 3-1 某家庭的消费函数

	收入（元）	消费（元）	MPC	APC
1	9000	9110		1.01
2	10000	10000	0.89	1.00
3	11000	10885	0.85	0.99
4	12000	11600	0.75	0.97
5	13000	12240	0.64	0.94
6	14000	12830	0.59	0.92
7	15000	13360	0.53	0.89

通过表 3-1 我们可以看出，随着收入的等额增加，消费是增量，是递减的，边际消费倾向和平均消费倾向也是递减的。

图 3-1 为非线性消费曲线。同样，横轴表示收入 y，纵轴表示消费 c，45° 线上任何一点都表示消费等于收入。$c = f(y)$曲线是消费曲线，表示消费和收入之间的函数关系。消费曲线上某一段或某一点的斜率，也就是边际消费倾向；消费函数为非线性状态，边际消费倾

向递减，边际消费倾向随着收入增加而呈现递减趋势，被称为边际消费倾向递减规律。消费曲线上的任一点与原点连线的斜率，也是与该点相对应的平均消费倾向。E 点是消费曲线与 45° 线的交点，表示此时的消费等于收入。消费曲线上的点，如 A 点表示消费大于收入，B 点表示消费小于收入。从图中也可以看到，随着非线性消费曲线向右上方延伸，曲线上各点与原点连线的斜率越来越小，即随着收入增加，消费占收入的绝对比例也呈递减状态，即平均消费倾向也是递减的。但是消费曲线上任意一点与原点连线的斜率都比消费曲线的斜率大，说明平均消费倾向总是大于边际消费倾向的，即 APC>MPC。

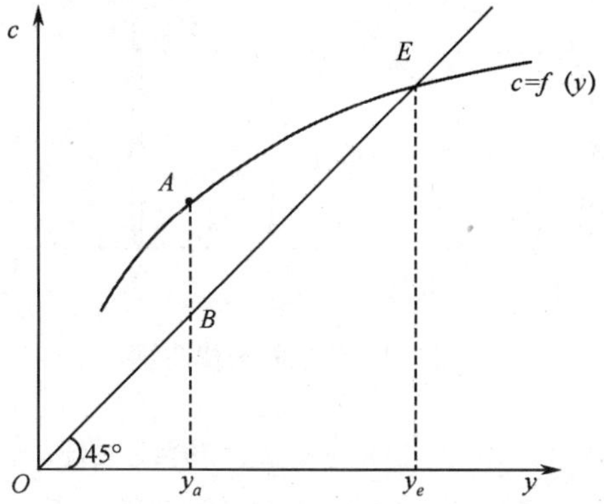

图 3-1 非线性的消费曲线

总之，非线性消费曲线的特殊性在于：随着收入的增加，非线性消费曲线的斜率越来越小，即非线性消费曲线上各点的切线越来越平缓，各点的切线的斜率越来越小，非线性消费曲线越来越以递减的速率向右上方倾斜，这表现出边际消费倾向的递减。这一点在图上也能看得出来：随着收入增加，非线性消费曲线在 E 点和 45°线相交之前，与 45°线的距离越来越小，而在相交之后，与 45°线的距离越来越大，表示消费增加的幅度越来越小于收入增加的幅度——边际消费倾向递减。

消费与收入的关系也可以用线性的消费曲线表示。消费与收入存在线性关系的消费函数可表示为：

$$c = \alpha + \beta y$$

α 为生活中必不可少的消费部分，被称为自发消费，即与收入没有关系的消费，即使收入为 0 时借债或动用过去的储蓄也要必须进行的基本生活消费支出；β 为边际消费倾向，边际消费倾向为常数；β 与 y 之积是引致消费，这是边际消费倾向既定条件下与收入相联系的消费。$c=\alpha+\beta y$ 的经济含义是：消费等于自发消费加上引致消费。如果 $\alpha=200$，$\beta=0.8$，则 $c=200+0.8y$，即收入增加 1 单位，其中的 80%就被用于消费，只要知道了收入 y，就可以计算出消费者的全部消费量了。图 3-2 为线性消费曲线图。

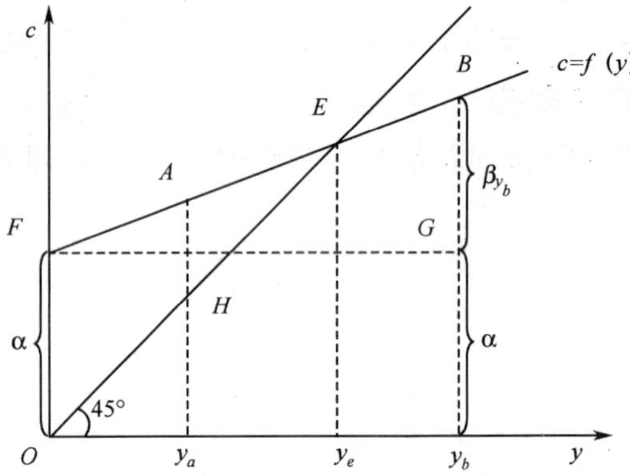

图 3-2 线性的消费曲线

在图中，横轴表示收入 y，纵轴表示消费 c，45°线上任何一点都表示消费等于收入。$c=f(y)$ 曲线是消费曲线，表示消费和收入之间的函数关系。E 点是消费曲线与 45°线的交点，表示此时的消费等于收入。位于消费曲线上 E 点左下方的点如 A 点表示消费大于收入，而位于 E 点右上方的点如 B 点则表示消费小于收入。消费曲线向右上方倾斜，表示消费随收入的增加而增加。OF 或 G_{y_b} 为自发消费 α，BG 为引致消费 β_{y_b}，B_{y_b} 为消费总量即自发消费与引致消费之和。

显然，消费曲线上某一段或某一点的斜率，就是边际消费倾向，所以，线性的消费曲线上任意一段或一点的斜率都相等，都等于数值不变的边际消费倾向。消费曲线上任一点与原点连线的斜率，是与该点相对应的平均消费倾向。随着消费曲线向右上方延长，曲线上各点与原点连线的斜率越来越小，即平均消费倾向是递减的。

从图中还可看到，消费曲线上任意一点与原点连线的斜率都比线性的消费曲线的斜率大，说明平均消费倾向总是大于边际消费倾向，即 APC>MPC。即使从公式看，APC>MPC 也是成立的。因为：$\text{APC}=\frac{c}{y}=\frac{\alpha+\beta y}{y}=\frac{\alpha}{y}+\beta$，由于 α 和 y 都是正数，因而 $\frac{\alpha}{y}>0$，所以 APC>MPC。当然，随着收入的增加，$\frac{\alpha}{y}$ 会越来越小，表明 APC 逐渐接近于 MPC。

在线性消费函数中，边际消费倾向是常数。若自发消费为零 $a=0$，则消费函数 $c=by$，那么平均消费倾向和边际消费倾向相等，即 APC＝MPC。此时平均消费倾向和边际消费倾向不再随收入增加而递减。

二、储蓄函数

储蓄与决定储蓄的各种因素之间的依存关系，是现代西方经济学的基本分析工具之一。影响储蓄的因素很多，如收入、分配状况、消费习惯、社会保障体系、利率水平等，其中最重要的是收入水平。由于在研究国民收入决定时，假定储蓄只受收入的影响，故储蓄函数又可定义为储蓄与收入之间的依存关系。一般来说，在其他条件不变的情况下，储蓄随收入的变化而同方向变化，即收入增加，储蓄也增加；收入减少，储蓄也减少。但二者之间并不按同一比例变动，这就是凯恩斯储蓄函数，又被直接称为储蓄倾向。由于 $y=c+s$，所以 $s=y-c$，故储蓄是收入减去消费后的剩余部分。储蓄函数表示的是储蓄与收入的关系，其公式是：

$$s=f(y)$$

边际储蓄倾向是指储蓄增量与收入增量之比，可用公式表示为：

$$\text{MPC}=\frac{\Delta c}{\Delta y}$$

如果收入增量为极小时，边际储蓄倾向又可以表达为：

$$\text{MPC}=\frac{\text{d}c}{\text{d}y}$$

平均储蓄倾向是指任一收入水平上储蓄在收入中的比例，用公式表示为：

$$\text{APS}=\frac{s}{y}$$

表 3-2 是某居民户储蓄和收入变动的关系。通过此表我们来分析边际储蓄倾向和平均储蓄倾向的关系。

表 3-2　某家户储蓄表

	收入（元）	消费（元）	储蓄（元）	MPS	APS
1	9000	9110	−110		−0.01
2	10000	10000	0	0.11	0

续表

	收入（元）	消费（元）	储蓄（元）	MPS	APS
3	11000	10885	150	0.15	0.01
4	12000	11600	400	0.25	0.03
5	13000	12240	760	0.36	0.06
6	14000	12830	1170	0.41	0.08
7	15000	13360	1640	0.47	0.11

图 3-3 为非线性的储蓄曲线。与线性的储蓄曲线相比，非线性储蓄曲线有自己的特殊性。随着收入的增加，非线性储蓄曲线的斜率越来越大，即非线性储蓄曲线上各点的切线越来越陡峭，各点的切线的斜率越来越大，非线性消费曲线越来越以递增的速率向右上方倾斜，这表现出边际储蓄倾向递增的状况。图 3-3 中，随着收入的增加，非线性储蓄曲线向右上方延伸，在与横轴相交后，与横轴的距离越来越大，表示储蓄增加的幅度越来越大，边际储蓄倾向是递增的。

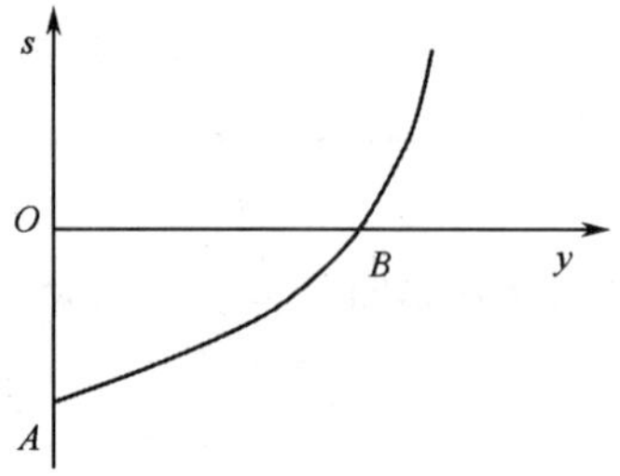

图 3-3 非线性的储蓄曲线

MPS 是储蓄曲线上任一点的斜率，随收入增加而递增，因为储蓄是收入中未被消费的部分，既然消费随收入增加的比率是递减的，则可知储蓄随收入增加的比率递增。0<MPS<1，因为 $\Delta y=\Delta c+\Delta s$，$\Delta c/\Delta y+\Delta s/\Delta y=1$ 即 MPC+MPS=1，而 1>MPC>0，所以 0<MPS<1。

与消费函数一样，储蓄与收入的关系也可以用线性的储蓄曲线表示。线性的储蓄函数如图 3-4 所示。

储蓄与收入存在线性关系的储蓄函数可表示为：

$$s=-\alpha+(1-\beta)y$$

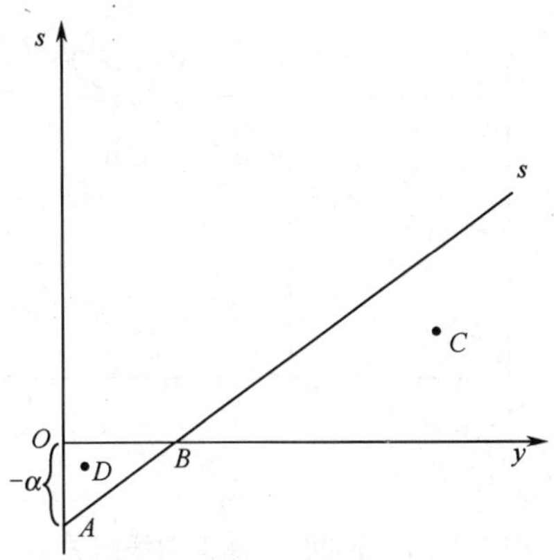

图 3-4　线性的储蓄曲线

这是因为 $s=y-c$，$c=\alpha+\beta y$，故：

$$s=y-c=y-(\alpha+\beta y)=-\alpha+(1-\beta)y$$

图 3-4 表示了线性的储蓄曲线。横轴表示收入，纵轴表示储蓄，储蓄曲线向右上方倾斜，表明储蓄随收入的增加而增加。*OA* 为$-\alpha$，表示收入为 0 时储蓄的减少量，即储蓄是自发消费的来源。*B* 点是储蓄曲线与横轴的交点，表示收入为 *OB* 时全部的收入都用于消费，此时的储蓄为 0；位于储蓄曲线上横轴以上的点如 *C* 点表示存在正储蓄，而位于储蓄曲线上横轴以下的点如 *D* 点表示存在负储蓄。

储蓄曲线上任意一段弧或任一点的斜率，就是边际储蓄倾向，所以，线性的储蓄曲线上任意一段弧或任一点的斜率都相等，都等于数值不变的边际储蓄倾向。储蓄曲线上任何一点与原点连线的斜率，就是平均储蓄倾向。MPS 和 APS 都递增，但是 MPS>APS。

三、消费函数与储蓄函数的关系

西方经济学家认为，储蓄函数不是单独存在的，而是依赖于消费函数。从 $y=c+s$、$s=y-c$ 中可以看到消费函数与储蓄函数的关系。

第一，消费函数与储蓄函数互为补数，消费与储蓄之和总是等于收入。

由于 $c=\alpha+\beta y, s=-\alpha+(1-\beta)y$，故而

$$c+s=(\alpha+\beta y)+[-\alpha+(1-\beta)y]=y$$

消费与储蓄的这一关系还可用图 3-5 表示。

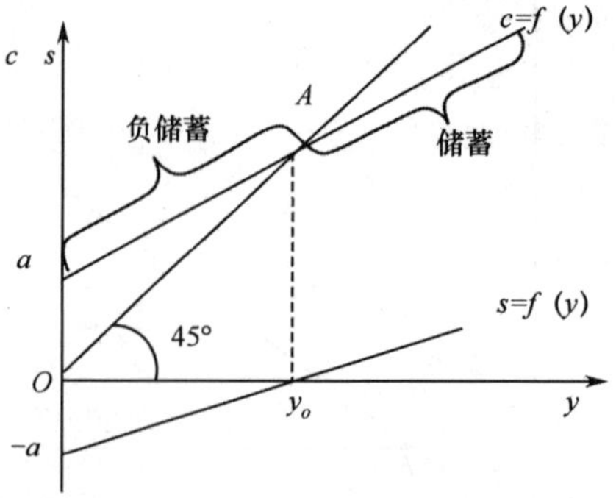

图 3-5 消费曲线与储蓄曲线的关系

图 3-5 中，消费者的收入等于 y_0 时，消费曲线与 45° 线相交于 *A* 点，储蓄曲线与横轴相交于此点，此时消费等于收入，储蓄等于 0；*A* 点左下方、在 45° 线以上的消费曲线上的各点，表示消费大于收入，相应的储蓄曲线位于横轴以下，有负储蓄；*A* 点右上方、位于 45° 线下方的消费曲线上的各点，表示消费小于收入，相应的储蓄曲线位于横轴以上，有正储蓄。

第二，由于 APC、MPC 都随着收入的增加而递减，但 APC>MPC，相应地，APS、MPS 都随着收入的增加而递增，但 APS<MPS。这一点在图 3-5 上表现为：消费曲线上任何一点与原点连线的斜率都大于消费曲线上该点的斜率，同时，y_0 点右上方的储蓄曲线上任何一点与原点连线的斜率都小于消费曲线上该点的斜率。

第三，APC 与 APS 之和恒等于 1，MPC 与 MPS 之和也恒等于 1。这两个恒等式可以证明如下：

$y = c + s$，等式两边都除以 y，得 $\frac{y}{y}=\frac{c}{y}+\frac{s}{y}$，即：

$$\text{APC} + \text{APS} = 1$$

由此可得：1−APC = APS，1−APS = APC

同样，由于 $\Delta y=\Delta c+\Delta s$，等式两边都除以 Δy，得：

$$\frac{\Delta y}{\Delta y}=\frac{\Delta c}{\Delta y}+\frac{\Delta s}{\Delta y}$$

即

$$\text{MPC} + \text{MPS} = 1$$

由此可得：1−MPC = MPS，1−MPS = MPC

根据以上消费函数与储蓄函数的关系，只要知道其中的一个，另一个就可以推算出来。

第二节　其他消费理论

一、相对收入消费理论

相对收入消费理论由美国经济学家杜森贝利创立，这一理论因认为消费习惯和消费者周围的消费水平决定消费者的消费、当期消费是相对地被决定的而得名。这一理论的基本观点是：长期内，消费与收入保持较为固定的比率，故而长期消费曲线是从原点出发的直线；短期内，消费随收入的增加而增加，但难以随收入的减少而减少，故短期消费曲线是具有正截距的曲线。

对保持高水平收入的人来说，消费水平会随着自己收入的增加而增加，增加消费是容易的；当收入减少时，因较高的消费水平所形成的消费习惯使得消费具有惯性，降低消费水平就有一定的难度，不太容易把消费水平降下来，消费者几乎会继续在原有的消费水平上进行消费。这就是说，消费容易随着收入的增加而增加，但难以随收入的减少而减少。仅就短期而言，在经济波动的过程中，低收入者收入水平提高时，其消费会增加至高收入者的消费水平，但收入减少时，消费的减少则相当有限。因而，短期消费曲线与长期消费曲线是不同的。这一理论可以用图 3-6 来说明。

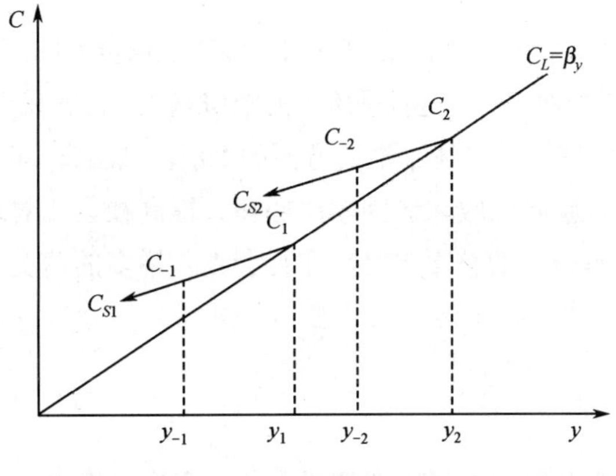

图 3-6　相对收入消费理论

图 3-6 中，横轴为收入，纵轴为消费。当收入逐步增加时，消费在收入中的比例较为固定，长期消费函数表示为 $C_L=\beta_y$，C_L 是长期消费曲线。当经济发生周期性波动时，短期消费函数与长期消费函数具有不同的变化状况。例如，当收入为 y_1 时，消费为 C_1。当经济

因衰退或萧条而使收入由 y_1 减少到 y_{-1} 时，消费不会沿着 C_L 曲线减少，而是循 C_{S1} 的路径减少，即消费不是沿 C_L 曲线向左下方移动，而是沿 C_{S1} 曲线向左下方移动——移动到 C_{-1} 的水平。显然，C_{S1} 曲线表现出的平均消费倾向大于 C_L 曲线表现出的平均消费倾向，即 $\frac{C_{-1}}{y_{-1}} > \frac{C_1}{y_1}$，这说明相对于收入的减少，消费减少得不是太多。如果经济逐步复苏，收入由 y_{-1} 恢复至原来的 y_1 水平，消费就由 C_{-1} 沿 C_{S1} 路径向右上方移至 C_1 的水平。经济由 y_1 再继续增长时，消费就沿着 C_L 曲线增加。如果经济在收入为 y_2 的水平上又发生衰退或萧条，收入由 y_2 减少时（如减少到 y_{-2}），消费沿 C_{S2} 路径向左下方移动（如移动到 C_{-2}），消费仍然表现出减少得不是太多（$\frac{C_{-2}}{y_{-2}} > \frac{C_2}{y_2}$）。如此反复的结果，实际上表现出两种不同的长期消费函数与短期消费函数。长期消费函数就是 $C_L = \beta_y$，短期消费函数可以表达为：

$$C_s = C_0 + \frac{G_{Dt}}{y_t} \cdot y_t$$

式中，C_S 为短期消费；C_0 为短期消费路径在纵轴的正截距；C_D 为短期消费与 C_0 的差额；t 表示时期，t=1，2，…，n。

短期消费函数的正截距的产生，是因为消费者决定当期消费特别是决定经济衰退或萧条时期的消费时，相当大程度上受到经济景气时期消费习惯（或消费支出水平）及当期收入的影响。

从以上叙述可以看到，相对收入消费理论的核心在于消费者的消费容易随收入的增加而增加，但不易随收入的减少而减少，这就是所谓的消费量“上去容易下来难”的“棘轮效应”。

另外，相对收入消费理论还论述了消费方面的“示范效应”，即消费者的消费受到周围人们消费水平的影响，特别是低收入者因攀比心理、提高社会相对地位的愿望等因素而使自身的消费处于和收入不相称的较高水平，在社会收入增多的情况下自然就提高了短期消费水平。

二、生命周期消费理论

生命周期消费理论由美国经济学家弗朗科·莫迪利安尼提出。

生命周期消费理论认为，人们会在相当长时期的跨度内计划自己的消费开支，以便于在整个生命周期内实现消费的最佳配置。从个人一生的时间发展顺序看，一个人年轻时的收入较少，但具有消费的冲动、消费的精力等消费条件，此时的消费会超过收入；进入中年后，收入会逐步增加，收入大于消费，其收入实力既可以偿还年轻时的债务，又可以为今后的老年时代进行积累；退休之后步入老年，收入减少，消费又会超过收入，形成负储蓄。下面的例子可以说明生命周期消费理论。

假定一个人 20 岁开始工作，60 岁退休，预期寿命 80 岁。这样，这个人的工作时期 T_W= 60−20 = 40（年），生活年数 N_L = 80−20=60（年），人生前 20 年受父母抚养的时期不算入生活年数中；如果每年工作收入 y_W= 24000 元，则终生收入 y_H= 24000×40 = 960000（元）。一生安稳生活的心理与追求，使得人们在 60 年的生活年数中有计划地、均匀地消费终生收入 960 000 元，则每年的消费额

$$c=\frac{960000}{60}=16000=\frac{T_W}{N_L}\times y_W=\frac{40}{60}\times 24000=\frac{2}{3}\times 24000\text{（元）}$$

以上例子表明，该人在生活年数（60 年）内每年消费年工作收入 y_W（24000 元）的 $\frac{2}{3}$，$\frac{2}{3}$ 正好也是其工作时期 T_W（40 年）占生活年数 N_L（60 年）的比例；另 $\frac{1}{3}$ 的年工作收入 y_W 用于储蓄，年储蓄额等于 $\frac{1}{3}y_W=\frac{1}{3}\times 24000 = 8000$（元），40 年的工作时期累计的储蓄额达到 8000×40 = 320000（元），320 000 元储蓄用于退休后的 20 年的消费，按照工作时期年消费 16 000 元计，320 000 元储蓄可以使用 20 年，在预期生命结束时正好花完。

以上例子暗含一些假定，如工作时期的年收入保持不变、人生前 20 年没有积累、年储蓄没有利息、不给后代留遗产、人的一生不经历大的社会动荡等。即使加进更符合现实的因素如储蓄有利息、给后代留遗产等，生命周期消费理论也是成立的。

考虑到更多的现实因素后，生命周期消费理论可以用公式表示为：

$$c=\beta_W\cdot W_r+\beta_{y_M}\cdot y_W$$

式中，c 仍然为年消费额；β_W 为财富的消费倾向即每年消费的财富的比例；W_r 为实际财富；β_{y_M} 为工作收入的消费倾向即每年消费的工作收入的比例；y_W 为年工作收入。

生命周期消费理论还得出另一个结论：整个社会不同年龄段人群的比例会影响总消费与总储蓄。比如，社会中的年轻人与老年人所占比例大，则社会的消费倾向就较高、储蓄倾向就较低；中年人比例大，则社会的储蓄倾向较高、消费倾向较低。

生命周期消费理论也分析了其他一些影响消费与储蓄的因素，如高遗产税率会促使人们减少欲留给后代的遗产从而增加消费，而低的遗产税率则对人们的储蓄产生激励、对消费产生抑制，健全的社会保障体系等会使储蓄减少等。

显然，生命周期消费理论与凯恩斯的消费理论是不一样的，生命周期消费理论强调或

注重长时期甚至是一生的生活消费，人们对自己一生的消费做出计划，以达到整个生命周期的最大满足；凯恩斯的消费理论则把一定时期的消费与该时期的可支配收入联系起来，是短期分析。

三、持久收入消费理论

美国经济学家米尔顿·弗里德曼的持久收入消费理论认为，消费者的现期收入不是消费的主要决定因素，消费的主要决定因素是消费者的持久收入。持久收入是指消费者能够预计到的、较为固定的长期收入。可以运用加权平均方法来计算出持久收入，所用权数的大小由时间的久远性决定，离现在越近，权数越大，离现在越远，权数越小。可用下面的公式表达某消费者的持久收入：

$$\text{yp} = \phi y + (1-\phi) y_{-1}$$

式中，yp 为持久收入；ϕ 为权数；y 为当前收入；y_{-1} 为持久收入。

假定 $\phi = 0.8$，y=25000 元，y_{-1}=20000 元，则：

$$\text{yp} = 0.8 \times 25000 + (1-0.8) \times 20000 = 24000 \text{（元）}$$

消费取决于持久收入，如 $c = \beta_p \cdot \text{yp}$，$\beta_p$ 为持久收入的边际消费倾向，则当前收入的边际消费倾向仅为 $\beta_p \cdot \phi$，低于持久收入的边际消费倾向 β_p。当前收入的短期边际消费倾向低的原因是，在短期内，如果消费者的收入增多，消费者不能确信收入的增加会一直持续下去，故而不会立即增加消费；相反，如果消费者的收入减少，消费者也不能断定收入会持续减少，故消费者也不会马上减少消费。当然，如果消费者能够判定收入的增多或减少的变动是持久的，其消费最终就会调整到与变化后的收入相对应的水平上。

如果一个人认为自己的事业很有前途，这项事业将来会有更大发展，今后他会挣到更多的钱，他就会在当前不多的暂时收入之外借债消费。又如，经济繁荣时期，居民的收入水平提高，由于不能断定今后的收入会持续增长，故居民基本上按照持久收入来消费，消费不会增加太多，所以，经济繁荣时期的消费倾向低于长期平均消费倾向。反之，经济萧条时期，消费者不会减少太多的消费，此时消费倾向是高的，高于长期平均消费倾向。

弗里德曼认为，消费者的消费支出不是由他的现期收入决定的，而是由他的持久收入决定的。也就是说，理性的消费者为了实现效应最大化，不是根据现期的暂时性收入，而是根据长期中能保持的收入水平即永久收入水平来做出消费决策的。这一理论将人们的收入分为暂时性收入和持久性收入，并认为消费是持久收入的稳定的函数。

弗里德曼认为，所谓持久收入，是指消费者可以预期到的长期收入，即预期在较长时期中（3 年以上）可以维持的稳定的收入流量。永久收入大致可以根据所观察到的若干年收入的数值的加权平均数来计算。现期的持久收入等于前期收入和两个时期收入变动的一定比率，或者说，等于现期收入和前期收入的加权平均数。加权数的大小取决于人们对未来收入的预期。这种预期要根据过去的经验进行修改，称为适应性预期。人们认为，前期和后期收入变动的时间较长，就大；反之，前期和后期收入变动的时间较短，就小。

弗里德曼认为，持久收入不仅包括劳动收入，而且还包括财产收入，因此，持久收入假说理论认为，消费不仅取决于收入，而且还取决于财产，这一点与生命周期假说理论相同。

把收入分为永久性收入和暂时性收入，从而把收入变动分为永久性收入变动和暂时性收入变动是持久收入函数理论假说的贡献。这一区别既解释了短期消费函数的波动，又解释了长期消费函数的稳定性。这一理论认为，在长期中，永久性收入是稳定的，所以消费函数是稳定的。暂时性收入变动通过对永久性收入变动的影响而影响消费，所以短期中暂时性收入的变动会引起消费波动。

以上所述的持久收入消费理论与生命周期消费理论既有区别又有相同之处。二者的区别在于分析的侧重点不同，持久收入消费理论主要从消费者个人对自己收入的预测方面来分析消费，生命周期消费理论偏重对储蓄动机的分析，并在此基础上分析了包括工作收入与储蓄在内的财富对消费的影响。由于都认为单个消费者是前向预期决策者，即单个消费者对今后的收入状况进行预测，从而决定自己的消费，因此，这两个理论在以下三个方面是相同的。

第一，消费既与当期收入有关，又主要与一生的收入或持久收入相联系，当期收入特别是持久收入是消费者消费决策的依据。

第二，经济繁荣时期或经济萧条时期的暂时性收入变化，只对消费产生较小的影响，暂时性收入的边际消费倾向很小甚至接近于零，而持久收入的边际消费倾向则接近于 1。

第三，如果政府的税收政策是临时性的，就不会对消费产生什么影响，消费变化就很小；持久性的税收政策才会影响持久收入，从而影响个人消费。

第三节　社会消费函数

在以上分析的单个消费者的消费函数基础之上，可以得出整个社会的消费函数，也就是总消费与总收入之间的函数关系。毫无疑问，社会消费函数是单个消费者消费函数之和，但社会消费函数并不是单个消费者消费函数的简单加总，社会消费函数的形成除了受消费者消费函数影响之外，还受到其他因素的影响。

一、国民收入的分配平等程度

社会成员因拥有的财富数量不同，便具有不同的消费能力与储蓄能力。国民收入分配越不平等，富有者拥有的社会财富越多，其储蓄能力越强，但其边际消费倾向较低，社会消费曲线的位置就较低。反之，国民收入分配较为平等，社会成员的边际消费倾向就较高，社会消费曲线的位置也就较高。

二、政府的税收政策

如果实行的是累进个人所得税制，富有者一些可能的储蓄就会转化成政府税收，政府将这部分税收以政府购买支出和政府转移支付的方式花费掉，会直接或间接增加消费，最终使得社会消费总量增加。这样，社会消费曲线就较高。

三、公司未分配利润的数量

公司利润中未分配的数量较少，意味着股东得到了更多的红利，从而消费就多，社会消费曲线位置就较高。反之，公司利润中未分配的数量较多，社会消费数量就少，社会消费曲线就靠下。

尽管社会消费曲线并非个人消费曲线的简单相加，但社会消费曲线与个人消费曲线的形状是相似的。

课后习题

一、名词解释

消费函数、平均消费倾向、边际消费倾向、储蓄函数、平均储蓄倾向、边际储蓄倾向

二、简答题

1. 一些西方经济学家常断言，将一部分国民收入从富者转给贫者，将会提高总收入水平，你认为他们的理由是什么？

2．按照凯恩斯主义观点，增加储蓄对均衡收入会有什么影响？

3．加入某人的边际消费倾向恒等于 0.7，他的收支平衡点是 5 000 美元，若他的收入为 8 000 美元的时候，计算他的消费和储蓄各是多少？

4．假设消费函数为 $C=300+0.9Y_P$，其中 Y_P 是持久可支配收入，同时假设消费者的持久收入是当年和以前两年的加权平均，$Y_P=0.6Y_d+0.3Y_{d-1}+0.1Y_{d-2}$，其中 Y_d 是当年可支配收入。求：

（1）假设第一、二、三年的可支配收入都是 8 000 元，则第三年的消费是多少？

（2）假设第四年的可支配收入增至 9 000 元，并将在将来一直保持这个收入，则第四、五、六年及以后每年的消费为多少？

（3）短期边际消费倾向和长期边际消费倾向各为多少？

5．社会消费函数是否可以看做居民消费函数的简单加总？

4

第四章 国民收入的决定理论

本章主要知识点

1. 两部门经济中国民收入的构成
2. 三部门经济中国民收入的决定
3. 乘数原理
4. 三部门政府购买乘数、税收乘数、投资乘数、转移支付乘数的概念及计算
5. 乘数作用的条件
6. 政府购买乘数的绝对值大于税收乘数的绝对值
7. 四部门经济中国民收入的决定及乘数

考核要求

1. 识记：乘数、投资乘数、税收乘数、政府购买乘数、转移支付乘数。

2. 领会：熟悉乘数的原理、乘数发挥作用的条件、三部门经济中国民收入决定个人可支配收入与两部门经济中的个人可支配收入的不同。

3. 应用：结合实际掌握三部门均衡国民收入的计算及三部门中的各种乘数的计算。

第一节　两部门经济的国民收入的决定

一、两部门经济中国民收入的构成

如前所述，国民收入可以从收入、支出等不同的角度加以分析。收入代表总供给、支出代表总需求。因此，我们可以从总供给和总需求两个角度来分析国民收入的构成。

从供给方面看，国民收入是一定时期内各种生产要素（劳动、资本、其他及企业家才能等）生产出来的，也可以说是各种生产要素供给的总和。这个总和又可用各种生产要素相应得到的收入（工资、利息、地租和利润）总和来表示。这些收入不是用于消费就是用于储蓄，因而又可用消费与储蓄加以表示。

总供给=各种生产要素供给的总和
=各种生产要素收入的总和
=工资+利息+地租+利润
=消费+储蓄

即　$$Y=C+S$$

从需求方面看，国民收入是一定时期内用于消费支出和投资支出的总和，也就是对消费品的需求和对投资品需求的总和。因此，

总需求=消费需求+投资需求
=消费支出+投资支出
=消费+投资

即　$$Y=C+I$$

在两部门经济中，国民收入的均衡条件是：

$$C+I=C+S$$

两边同时消去 C，即得 $I=S$

这就是储蓄–投资恒等式。这种恒等关系就是两部门经济中的总需求($C+I$)和总供给($C+S$)的恒等关系。

需要说明的是，这里的投资是计划的投资而不是实际的投资，储蓄是计划的储蓄而不是实际的储蓄。此处 $I=S$，是指经济要达到均衡，计划投资必须等于计划储蓄，如果 $I\neq S$，即计划投资不等于计划储蓄，经济将处于非均衡状态，所以，计划投资等于计划储蓄是国

民收入的均衡条件。而在国民收入核算中的储蓄等于投资，是指实际发生的投资（包括计划和非计划存货投资在内）始终等于储蓄，由于实际投资和实际储蓄是根据定义而得到的实际数字，因而必然相等。

二、消费函数决定国民收入

凯恩斯在分析宏观经济均衡和国民收入决定时，有一个非常重要的假定，即不论社会总需求为多少，经济制度都能以不变的价格提供相应的供应量，也就是说，社会总需求的变动，只会影响产量或国民收入的变动，使总供给与总需求均衡，而不会引起相应的价格变动，这就是西方经济学所谓的凯恩斯定律。凯恩斯认为，在经济萧条时期，存在大量失业，资源大量闲置，因而社会总需求的增加只会使闲置资源得到利用和生产增加，而不会引起资源和要素价格的上升，从而不会引起产品成本和价格的上升。因此，凯恩斯的基本理论是，在短期内，价格水平从而社会总供给是不变的，均衡的国民收入决定于总需求，即均衡的国民收入等于总需求，由于总需求又可以用总支出来表示，所以，均衡的国民收入是指与总支出相等的收入。下面运用消费函数来说明均衡国民收入的决定。

由于均衡的国民收入等于总支出（计划的总支出），在两部门经济中，计划的总支出等于消费支出加投资支出，即 $Y=C+I$。为使分析简化，在国民收入决定的简单模型中，我们假定投资是一个固定的量，不随国民收入水平而变化，即投资为自发的计划投资，为一常数。根据这一假定，把国民收入恒等式与消费函数结合起来，建立联立方程组，就可求得均衡的国民收入。

由于收入恒等式为 $y=c+i$，$c=\alpha+\beta y$，将这两个方程联立并求解，就得到均衡收入：

$$y=\frac{\alpha+i}{1-\beta}$$

根据公式，如果已知消费函数与投资，便可求出均衡的国民收入。例如，消费函数为 $c=600+0.8y$，自发投资为 200 亿美元，则均衡收入：

$$y=\frac{600+200}{1-0.8}=4000\text{（亿美元）}$$

用表 4-1 来说明，当消费函数 $c=600+0.8y$，自发投资为 200 亿美元时的均衡收入决定情况。

表 4-1　均衡国民收入的决定　　单位：亿美元

（1）收入 y	（2）消费 c	（3）储蓄	（4）投资 i
1 000	1400	-400	200
2000	2200	-200	200
3000	3000	0	200
4000	3800	200	200
5000	4600	400	200
6000	5400	600	200
7000	6200	800	200

表 4-1 数据表明，y=4000 亿美元时，c=3800 亿美元，i=200 亿美元，$y=c+i$=3800+200=4000（亿美元），说明 4000 亿美元是均衡收入。在收入小于 4000 亿美元时，c 与 i 之和都大于相应的总供给，这意味着企业的产量小于市场需求。于是，企业增加雇用工人的数量，增加生产，使均衡收入增加。相反，收入大于 4000 亿美元时，c 与 i 之和都小于相应的总供给，这意味着企业的产量比市场需求多，产生了存货投资，这会迫使企业解雇一部分工人，减少生产，使均衡收入减少。两种不同情况变化的结果都是产量正好等于需求量，即总供求相等，收入达到均衡水平。

均衡收入的决定还可用图 4-1 表示。

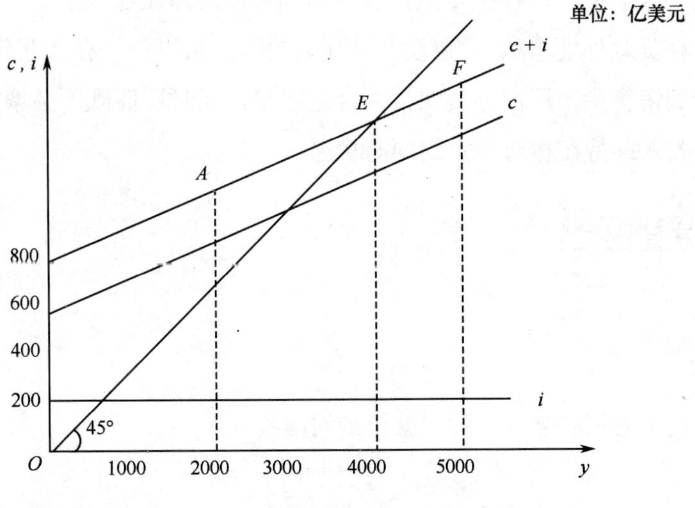

图 4-1　消费加投资决定国民收入

图中的横轴表示收入，纵轴表示消费、投资。消费曲线 c 加投资曲线 i 就得到总支出曲线 $c+i$，因投资为自发投资，自发投资总等于 200 亿美元，故总支出曲线 $c+i$ 与消费曲线 c 是平行的，两条曲线在任何收入水平上的垂直距离都等于自发投资 200 亿美元。总支出曲线与 45° 线相交于 E 点，E 点为均衡点，E 点决定的收入是均衡收入 4 000 亿美元。如果经济处于总支出曲线 E 点之外的其他点上，就出现了总供求不相等的情况，这会引起生产的扩大与收缩，直至回到均衡点。比如，A 点的总需求为 2400 亿美元，比总供给 2 000 亿美元多出 400 亿美元，这会使得国民收入增加，直到达到均衡的 4 000 亿美元为止。F 点的总需求为 4 800 亿美元，比总供给 5 000 亿美元少 200 亿美元，国民收入就会减少，直到达到均衡的 4 000 亿美元为止。

总之，在均衡点 E 之左，收入小于均衡的国民收入，总支出（或总需求）大于总供给，这意味着厂商销售出去的产量大于它生产出来的产量，厂商存货出现意外减少，合意存货不足，此时扩大生产是有利可图的。于是厂商为使存货达到合意存货水平，就会增雇工人，增加投资，增加产量，从而引起国民收入的扩张，并最终达到均衡的国民收入水平。如果在均衡点 E 之右，收入大于均衡的国民收入，总支出（或总需求）小于总供给，这意味着厂商生产出来的产量大于它销售出去的产量，厂商存货出现意外增加，非合意存货增加，此时厂商为使存货达到合意存货水平，就会减少产量，从而引起国民收入的收缩，并最终达到均衡的国民收入水平。只有在 E 点，收入达到均衡的国民收入水平时，则既没有非计划的存货投资（存货意外地增加），也没有非计划的存货负投资（存货意外地减少），厂商的产量正好等于其销售量，厂商存货保持在合意水平，此时厂商既不会增加产量，也不会减少产量，国民收入维持在相对稳定的均衡状态。

三、储蓄函数决定国民收入

由于 $y=c+i$，$y=c+s$，得：$i=y-c=s$

而

$$s=-\alpha+(1-\beta)y$$

将以上两个方程联立并求解，就得到均衡收入：

$$y=\frac{\alpha+i}{1-\beta}$$

上例中，$c = 600 + 0.8y$ ，$s= -600 + (1-0.8)\,y= -600 +0.2\,y$，

i=200，令 $i= s$，即 $200 = -600 +0.2\,y$，得 y=4000（亿美元）。这一结果在表 4-1 中也体现出来，即 y=4000 亿美元时，投资 i 与储蓄 s 正好相等，从而实现了均衡。可以看到，这一结果与使用消费决定均衡收入的方法得到的结果是一样的。

储蓄与均衡国民收入的决定也可以用图 4-2 表示。

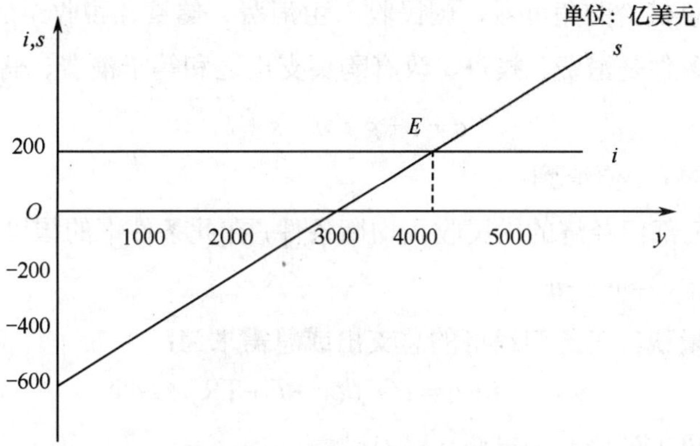

图 4-2　储蓄与投资相等决定国民收入

图中的横轴表示收入，纵轴表示投资、储蓄。s 为储蓄曲线，由于储蓄随收入增多而增多，故储蓄曲线向右上方倾斜。i 代表投资曲线，由于投资为自发投资，自发投资又不随收入变化而变化，其值总等于 200 亿美元，故投资曲线是一条平行线。储蓄曲线与投资曲线相交于 E 点，E 点为 i=s 的均衡点，由 E 点决定的收入是均衡收入，即 4000 亿美元。如果实际产量小于均衡收入，如实际产量为 2000 亿美元，此时的投资大于储蓄，社会总需求大于总供给，产品供不应求，存货投资为负，企业就会扩大生产，社会收入水平就会增加，直至均衡水平。反之，实际产量大于均衡收入，如实际产量为 5000 亿美元，此时的投资小于储蓄，社会总需求小于总供给，产品过剩，产生了非计划存货投资，企业就会缩小生产，社会收入水平因此而减少，直至均衡水平。只要投资与储蓄不相等，社会收入就处于非均衡状态，经过调整，最终达到均衡收入水平。

由于消费函数与储蓄函数的互补关系，无论使用哪种函数决定收入的方法，最后得到的均衡收入的结果都是相同的。

第二节 三部门和四部门均衡国民收入的决定

一、三部门经济中国民收入的决定

三部门经济中，从总支出即总需求的角度看，国民收入由消费、投资、政府购买支出构成；从总收入即总供给的角度看，国民收入由消费、储蓄、税收组成。因此，三部门经济的国民收入均衡条件是消费、投资、政府购买支出之和等于消费、储蓄、税收之和，即：

$$c+i+g=c+s+t$$

消去等号两边的 c，便得到：

$i+g=s+t$ 是三部门经济的国民收入均衡条件，在此条件下的国民收入就是均衡收入。

三部门经济中，$y_d=y-t+tr$

如果税收为定量税，三部门经济的总支出或总需求为：

$$y=c+i+g=\alpha+\beta(y-T+\mathrm{TR})+i+g$$

整理，得定量税下的均衡国民收入的公式：

$$y=\frac{\alpha+i+g-\beta T+\beta \mathrm{TR}}{1-\beta}$$

其中的税收 T 是定量税。

如果定量税之外再加上比例税，三部门经济的总支出或总需求的公式会有一些变化。

定量税、比例税并存条件下的可支配收入为：

$$y_d=y-T-ty+\mathrm{TR}=y(1-t)-T+\mathrm{TR}$$

则：

$$\begin{aligned} y&=c+i+g \\ &=\alpha+\beta(y-T-ty+\mathrm{TR})+i+g \\ &=\alpha+\beta y(1-t)-\beta T+\beta \mathrm{TR}+i+g \end{aligned}$$

整理，得定量税、比例税并存条件下的均衡国民收入的公式：

$$y=\frac{\alpha+i+g-\beta T+\beta \mathrm{TR}}{1-\beta(1-t)}$$

不同税收形式下的收入决定。税收可以分为定量税与比例税两种，定量税是不随收入变动而变动的税收，比例税则是与收入变动相关的税收，定量税与比例税对均衡收入产生不同的影响。

先看定量税的情况。

假定有消费函数 c=1000 + 0.8y_d，y_d 为可支配收入，定量税 t=50，投资 i =100，政府购买性支出 g = 150，以上数字的单位均为亿美元。

根据以上条件可得：$y_d = y - t = y - 50$，

又由于 $s = -\alpha + (1-\beta)y_d$

$= -1000 + (1-0.8)(y-50)$

$= 0.2y - 1\,010$

将已知和已求出的变量代入经济均衡的公式 $i + g = s + t$ 中，即

$100 + 150 = (0.2y - 1010) + 50$

求解，得出均衡收入：

$$y = 6050 \text{（亿美元）}$$

如果其他条件不变，税收形式由定量税改为比例税，税率为 0.25，则税收 $t = 0.25y$，可支配收入 $y_d = y - t = y - 0.25y = 0.75y$，相应地，

储蓄 $s = -\alpha + (1-\beta)y_d$

$= -1000 + (1-0.8) \times 0.75y$

$= 0.15y - 1000$

此时也将已知和已求出的变量代入经济均衡的公式 $i + g = s + t$ 中，即

$100 + 150 = 0.15y - 1000 + 0.25y$

求解，得出均衡收入：

$$y = 3125 \text{（亿美元）}$$

从以上的例子中可以得出以下结论：定量税下的均衡收入大于比例税下的均衡收入。

二、四部门经济中国民收入的决定

四部门经济是开放经济，国家之间通过对外贸易等形式与其他国家建立了经济联系。所以，一个国家均衡的国民收入不仅决定于国内的消费、投资、政府购买支出，还决定于其净出口，即：

$$y = c + g + (x - m)$$

把上式中的各个组成部分进行分解：

$$c = \alpha + \beta y_d$$

$$y_d = y - T + \mathrm{TR}$$

式中，T 为总税收，TR 为政府转移支付。

$$T = T_0 + ty$$

式中　T_0 为定量税，ty 为比例税收量；$i = \bar{i}$ 为假定投资既定；$g = \bar{g}$ 为假定政府购买既定；$\mathrm{TR} = \overline{\mathrm{TR}}$ 为假定政府转移支付既定；$x = \bar{x}$ 为假定出口既定。

$$m = m_0 + \theta_y$$

式中，m_0 为自发进口，即不受国民收入变化影响的进口；θ 为边际进口倾向；θ_y 为引致进口。

$$\theta = \frac{\Delta m}{\Delta y}$$

经整理，得到四部门经济的均衡的国民收入：

$$y = \frac{1}{1 - \beta(1-t) + \theta}(\alpha + \bar{i} + \bar{g} - \beta T_0 + \beta \mathrm{TR} + \bar{x} - m_0)$$

第三节　乘数理论

一、乘数推导

不论从总需求看，还是从总供给看，组成国民收入的任何一个因素（如投资、政府购买、税收等）在数量上的变动都会对国民收入数量的变动产生影响。乘数理论就是要说明国民收入变动量与引起这种变动量的某一因素变动量在数量上的对比关系。

乘数理论是英国经济学家卡恩首先提出的，后来凯恩斯进一步推广了这一理论。卡恩的乘数是指新投资引起的就业总量对新投资直接引起的初始就业量之比，而凯恩斯的乘数是投资乘数。

凯恩斯的乘数理论是关于投资变化和收入变化的关系的理论。凯恩斯认为，当总投资增加时，收入的增量将是投资增量的 K 倍，这个 K 就是投资乘数。

假定某一经济社会增加 100 万美元的投资，边际消费倾向为 0.8。当 100 万美元用来购置投资品时，实际上就是用来购置制造投资品所需的生产要素，因此，这 100 万美元就以工资、利息、利润和租金的形式流入生产要素的所有者手中，从而使居民手中增加了 100 万美元的收入。这是增加 100 万美元投资造成的该社会收入的第一次增加。居民手中增加的 100 万美元，按边际消费倾向为 0.8 计算，其中 80 万美元应用于消费品。当购买 80 万美元的消费品时，实际上是购买了制造这些消费品的生产要素，因此 80 万美元又以工资、利息等形式流入生产要素所有者手中，收入已增加了 80 万美元，这是增加投资 100 万美元带来的第二次收入增加。同样，80 万美元又可以把其中 64 万美元用于消费，从而又带来了社会收入的第三次增加，以此类推。上述过程可用表 4-2 表示：

表 4-2　乘数的产生过程

	支出增加（万美元）		收入增加（万美元）	
第一轮	甲	100	乙	100
第二轮	乙	80	丙	80
第三轮	丙	64	丁	64
……				
支出总的增加=收入总的增加=新增 GDP=新增国民收入				

我们可以用以下公式表示出收入的增加：

$$
\begin{aligned}
&100 + 80 + 64 + 51.2 + \cdots \\
&= 100 + 100\times0.8 + 100\times0.8^2 + 100\times0.8^3 + \cdots + 100\times0.8^{n-1} \\
&= 100\text{（}1 + 0.8 + 0.8^2 + 0.8^3 + \cdots + 0.8^{n-1}\text{）} \\
&= 100\times\frac{1}{1-0.8} = 500\text{（亿美元）}
\end{aligned}
$$

$\frac{500}{100}=5$ 就是投资乘数。

很显然，根据以上例子，投资乘数公式又可写为：

$$k_i = \frac{1}{1-\beta}$$

又由于 $1-\beta=\text{MPS}$，投资乘数又可表达为：

$$k_i = \frac{1}{\text{MPS}}$$

可见，投资乘数与边际消费倾向成正比、与边际储蓄倾向成反比，且 $k_i>0$，即收入的变化量与投资变化量同方向变动。

投资乘数效应也可用图形来说明。如图 4-3 所示，横轴表示收入，纵轴表示消费与投资，c+i 表示原有的总支出曲线，相应的均衡收入为 8 000；$c + i_n$ 表示新的总支出曲线，$i_n = i + \Delta i$，相应的均衡收入为 8 500 ，8500 −8000=$\Delta y = k_i \cdot \Delta i$。当投资增加 100 亿美元即 Δi =100 时，收入增加 500 亿美元，即 Δy = 5×100=500（亿美元）。

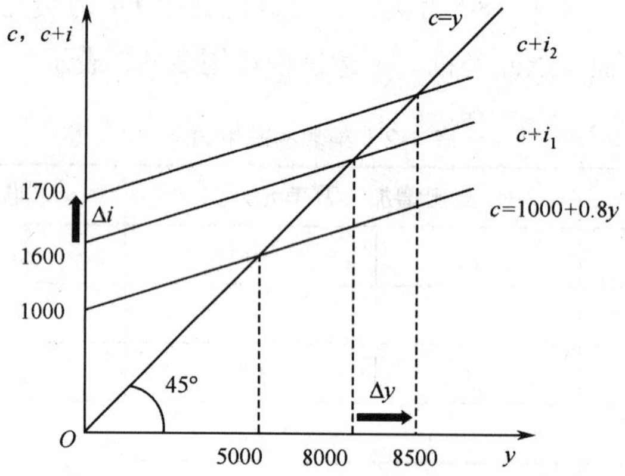

图 4-3　投资乘数的形成

当增加投资 100 万美元时，由此带来的收入增加为 500 万美元。则 $K = \dfrac{\Delta y}{\Delta i}$=5，即每增加 1 元投资，导致收入增加到投资的 5 倍。需要说明的是，边际消费倾向是指当收入增加时，收入的所有者愿意拿出收入中的多大比例来用于消费。例如，收入增加了 10 元，其中 6 元被消费，4 元用于储蓄，那么边际消费倾向 b（边际消费倾向可以用 b 表示，也可以用 β 表示）等于消费增加额 6 元比上收入增加额 10 元，即：

$$b = \frac{\Delta c}{\Delta y} = \frac{6}{10} = \frac{3}{5}$$

由于边际消费倾向+边际储蓄倾向=1，所以，乘数公式也可以用边际储蓄倾向 S 或 $\dfrac{\Delta s}{\Delta y}$ 表示，即

$$K = \frac{1}{S}$$

通过上面的分析可以看出，乘数的大小取决于边际消费倾向 b，并与边际消费倾向 b 成正相关，即边际消费倾向越大，乘数也越大，反之亦然。乘数并不是在任何经济情况下都会发挥作用，乘数发挥发挥作用是有条件的，即在社会上各种资源没有得到充分利用的情况下总需求增加，引起国民收入大幅度的增加；总需求减少，引起国民收入大幅度减少，

这就是乘数的双重性。又由于经济各部门密切相连，一个部门、产业投资的增加，也会在其他部门引起连锁反应；收入的增加会持续带来需求的增加。

二、投资乘数

1. 投资乘数的含义

注入的增加会引起国民收入的增加，但注入所引起的国民收入的增加必定大于最初的注入量，乘数正是国民收入的变动量与引起这种变动量的最初注入量之间的比率，如果注入是投资，则该比率称为投资乘数；如果注入是净出口，则该比率称为外资乘数，我们以投资为例来判断乘数。

2. 投资变动对国民收入的乘数效应

投资的增加之所以会有乘数作用，是因为各经济部门是互相关联的，某一部门的一笔投资不仅会增加本部门的收入，而且会在国民经济各部门中引起连锁反应，从而增加其他部门的投资与收入，最终使国民收入成倍增长。

如果以 ΔY 代表增加的收入量，以 ΔI 代表增加的投资量，以 K 代表乘数则 $K=\Delta Y/\Delta I$，由于 $\Delta Y=\Delta I+\Delta C$，则 $\Delta I=\Delta Y-\Delta C$。则：

$$K=\frac{\Delta Y}{\Delta I}=\frac{\Delta Y}{\Delta Y-\Delta C}=\frac{1}{1-\dfrac{\Delta C}{\Delta Y}}$$

由于 $\Delta C/\Delta Y$ 是边际消费倾向，所以，

$$k=\frac{1}{1-\mathrm{MPC}}$$

所以乘数是 1 减去边际消费倾向的倒数，也就是边际储蓄倾向的倒数，如果某部门增加 100 万元投资，设 MPC=0.8。此时，这笔新增加的投资可以使国民收入增加 500 万元，[R=1/（1−0.8）=5，新增国民收入=100×5=500（万元）]。因为边际消费倾向一般小于 1，大于 0，所以乘数一般大于 1。

以上说明了投资增加对收入成倍增多的影响，但是，如果投资减少，收入则成倍减少。这就是说，无论增加的投资还是减少的投资，都具有乘数作用，都会对收入产生或增加或减少的作用，因而，投资乘数是一把“双刃剑”，即乘数的作用是两面性的，投资增加时，引起国民收入成倍增加；当投资减少时，国民收入成倍减少，所以，它是一把双刃剑。乘

数定理成立的条件是生产能力为充分利用，即经济处在萧条时期。

在现实生活中，投资增加对国民收入增加的影响即投资乘数作用，与社会的经济状况有密切关系，以下四个因素影响着投资乘数作用的发挥。第一，经济中为零或较小的过剩生产能力。如果经济中没有过剩的生产能力或过剩的生产能力较小，增加投资只会引起总需求的增长，却不会或难以使生产增加，最终结果只能是物价水平上升。只有在社会过剩的生产能力大、社会的闲置资源如生产设备、劳动力等数量多的情况下，增加投资就会较充分利用闲置资源，从而更多地增加国民收入。第二，投资与储蓄的关联性。如果投资与储蓄的联系非常密切，投资增加会产生对货币需求的增长，从而提高利率水平，进而引起储蓄增加，消费相应减少，最终部分地抵消投资增加对国民收入增加的影响。反之，只有投资与储蓄独立较强时，投资增加才不会使利率上升，也就不会增加储蓄和减少消费，收入自然就能增多。第三，货币供给量的非适应性。如果货币供给量不能随投资的增加而增加，即投资增加得不到货币的相应支持，投资增加只会增加货币需求，促使利率上升，从而抑制总需求水平的提高，国民收入的增长就会遇到阻碍。第四，投资的外购性。如果增加的投资用于购买进口的生产要素，则不会对国内的总需求产生什么影响，也就不会增加多少国民收入。

三、政府购买乘数

如果税收为定量税，三部门经济的总支出或总需求公式，分别分析了政府购买支出乘数、税收乘数、政府转移支付乘数等。

政府购买支出乘数是指收入变动与引起收入变动的政府购买支出变动的比率。用 k_g 表示政府购买支出乘数，Δy 表示收入变动，Δg 表示政府购买支出变动，则：

$$k_g = \frac{\Delta y}{\Delta g}$$

（1）定量税下的政府购买支出乘数的另一种表达式。

假定除 g 之外，组成收入的其他因素保持不变，当政府购买支出从 g_1 变为 g_2 时，收入分别为：

$$y_1 = \frac{\alpha + i + g_1 - \beta T + \beta \text{TR}}{1 - \beta}$$

$$y_2=\frac{\alpha+i+g_2-\beta T+\beta \mathrm{TR}}{1-\beta}$$

$$y_2-y_1=\Delta y=\frac{g_2-g_1}{1-\beta}=\frac{\Delta g}{1-\beta}$$

整理得：$\dfrac{\Delta y}{\Delta g}=k_g=\dfrac{1}{1-\beta}$

可见，政府购买支出乘数等于1减去边际消费倾向β的倒数，与边际消费倾向β成正比。由于$1-\beta>0$，故$k_g>0$，即收入变动与政府购买支出变动是同方向变动关系。

（2）定量税与比例税并存条件下的政府购买支出乘数。

同样假定除g之外，组成收入的其他因素保持不变，当政府购买支出从g_1变为g_2时，收入分别为：

$$y_1=\frac{\alpha+i+g_1-\beta T+\beta \mathrm{TR}}{1-\beta(1-t)}$$

$$y_2=\frac{\alpha+i+g_2-\beta T+\beta \mathrm{TR}}{1-\beta(1-t)}$$

$$y_2-y_1=\Delta y=\frac{g_2-g_1}{1-\beta(1-t)}=\frac{\Delta y}{1-\beta(1-t)}$$

整理得：$\dfrac{\Delta y}{\Delta g}=k_g=\dfrac{1}{1-\beta(1-t)}$

可见，政府购买支出乘数与比例税t成反比。

显然，定量税、比例税并存条件下的政府购买支出乘数小于仅有定量税的政府购买支出乘数。

四、税收乘数

税收乘数是指收入变动与引起收入变动的税收变动的比率。用k_T表示税收乘数，Δy表示收入变动，ΔT表示税收变动，则：

$$k_T=\frac{\Delta y}{\Delta T}$$

$\dfrac{\Delta y}{\Delta T}=k_T=\dfrac{-\beta}{1-\beta}$为定量税下的税收乘数的另一种表达式。试着自己推导出来。

可见，税收乘数等于边际消费倾向β与1减去边际消费倾向β之比的负值，$k_T<0$表明收入变动与税收变动是反方向变动关系。

定量税与比例税并存条件下的税收乘数是：

$$k_T = \frac{-\beta}{1-\beta(1-T)}$$

这一公式自己也可推导出来。可见，税收乘数与比例税 t 成正比。显然，定量税、比例税并存条件下的税收乘数的绝对值小于仅有定量税的税收乘数的绝对值。

五、政府转移支付乘数

政府转移支付的增加，会增加居民的可支配收入，社会消费因此而增加，从而国民收入增加。所以，政府转移支付也具有乘数作用。

政府转移支付乘数是指收入变动与引起收入变动的政府转移支付变动的比率。用 k_{TR} 表示政府转移支付乘数，Δy 表示收入变动，ΔTR 表示政府转移支付变动，则：

$$k_{\text{TR}} = \frac{\Delta y}{\Delta \text{TR}}$$

定量税下的政府转移支付乘数的另一种表达式为：

$$\frac{\Delta y}{\Delta \text{TR}} = k_{\text{TR}} = \frac{\beta}{1-\beta}$$

可见，政府转移支付乘数等于边际消费倾向 β 与 1 减去边际消费倾向 β 的倒数，政府转移支付乘数与边际消费倾向 β 成正比，且政府转移支付乘数为正值，表明收入变动与政府转移支付变动成正比。

定量税与比例税并存条件下的政府转移支付乘数可表示为：

$$k_{\text{TR}} = \frac{\beta}{1-\beta(1-t)}$$

可见，政府转移支付乘数与比例税 t 成反比。显然，定量税、比例税并存条件下的政府转移支付乘数小于仅有定量税的政府转移支付乘数。

六、平衡预算乘数

平衡预算乘数是指政府支出和政府收入同时以相等的数量增加或减少时，国民收入变动与政府收支变动的比率。

用 k_b 表示平衡预算乘数，Δy 表示政府支出和政府收入同时以相等的数量变动时国民收入的变动量，则：

$$\Delta y = k_g \Delta g + k_T \Delta T = \frac{1}{1-\beta}\Delta g + \frac{-\beta}{1-\beta}\Delta T$$

由于政府支出和政府收入相等即 $\Delta g = \Delta T$，所以：

$$\Delta y = \frac{1}{1-\beta}\Delta g + \frac{-\beta}{1-\beta}\Delta g = \frac{1-\beta}{1-\beta}\Delta g = \Delta g$$

同样得：$\Delta y = \frac{1}{1-\beta}\Delta T + \frac{-\beta}{1-\beta}\Delta T = \frac{1-\beta}{1-\beta}\Delta T = \Delta T$

因而，$\frac{\Delta y}{\Delta g} = \frac{\Delta y}{\Delta T} = \frac{1-\beta}{1-\beta} = 1 = k_b$

上式是定量税条件下的平衡预算乘数，可见，定量税条件下的平衡预算乘数等于 1。

在定量税、比例税并存条件下，平衡预算乘数则小于 1，即：

$$k_b = \frac{1-\beta}{1-\beta(1-t)}$$

由于 $1-\beta < 1-\beta(1-t)$，故而 $k_b<1$。

七、对外贸易乘数

上一节曾推导出四部门均衡国民收入公式，根据该公式则对外贸易乘数为：$\frac{\mathrm{d}y}{\mathrm{d}x} = \frac{1}{1-\beta(1-t)+\theta}$

对外贸易乘数表明，在 β 与 t 既定的条件下，对外贸易乘数取决于 θ，二者是反方向变动关系。由于 $\theta = \frac{\Delta m}{\Delta y}$，即增加的收入中有一部分用于进口而未用于国内需求，对外贸易乘数就小于政府购买支出乘数 $\frac{1}{1-\beta(1-t)}$。

课后习题

一、名词解释

乘数、投资乘数、税收乘数、政府购买乘数、转移支付乘数

二、简答题

1．乘数发挥作用的前提是什么？

2．假设边际消费倾向是 0.8，经济起始均衡点是 5000 亿美元。现在如果政府投资支出

增加 50 亿美元，求：

（1）政府的均衡收入是否会发生变动？

（2）现在如果政府投资支出减少 50 亿美元，政府的均衡收入又会发生怎样的变动？

3．假设某经济社会的消费函数为 $c=100+0.9y$，投资为 50（单位：亿美元）。

（1）求均衡收入、消费和储蓄。

（2）若投资增至 100，试求增加的收入。

（3）若消费函数变为 $c=100+0.8y$，投资仍为 50，收入和储蓄各为多少？投资增至 100 时收入增加多少？消费函数变动后，乘数有何变化？

4．假设政府保持预算平衡，使其收入和政府购买都保持在 500 亿美元。若边际消费倾向是 0.8，试求它对国民收入净值的影响。

5

第五章 产品市场和货币市场的均衡

本章主要知识点

1. 资本边际效率的概念即投资边际效率的概念及推导
2. IS 曲线推导
3. LM 曲线推导
4. 货币需求理论
5. 流动偏好陷阱
6. IS-LM 分析产品市场和货币市场的同时均衡，这种均衡的稳定性
7. 有效需求不足及凯恩斯理论框架

考核要求

1. 识记：投资、资本边际效率、IS 曲线、交易动机、谨慎动机、投机动机、流动偏好陷阱、LM 曲线。

2. 领会：掌握 IS 曲线（即产品市场均衡）和 LM 曲线（即货币市场的均衡）及 IS-LM 模型（产品市场和货币市场的一般均衡），理解 IS 曲线和 LM 曲线的移动对均衡收入的变动。

3. 应用：结合实际分析有效需求不足的原因及如何提高有效需求。

第一节 投资函数

一、凯恩斯的投资理论

投资是建设新企业、购买设备、厂房等各种生产要素的支出及存货的增加，其中主要指厂房和设备。根据不同的分类标准，投资包括几类。根据投资主体可以分成国内私人投资和政府投资。根据投资形态可以分成固定资产投资和存货投资。根据投资动机可以分成生产性投资和投机性投资。

决定投资的经济因素很多。折旧是现有设备和厂房的损耗，资本存量越大，折旧也越大，越需要增加投资以更换设备和厂房，这样，需折旧的量越大，投资也越大；预期通货膨胀率也影响投资，并且与投资同向变动，存在通货膨胀的情况下，短期内对企业有利，可增加企业的实际利润，减少工资，企业会增加投资。通货膨胀等于实际利率下降，会刺激投资。但投资需求者（厂商）是否进行投资主要取决于投资的预期利润率与投资成本即利率相比较，若投资的预期利润率大于利率，值得投资，追加投资；若投资的预期利润小于利率，不值得投资；当投资的预期利润率等于利率时，就是均衡投资量。当投资的预期利润率既定时，投资取决于利率，即利率上升，则投资需求量减少；利率下降，则投资需求量增加。投资需求是利率的减函数。本书中，我们假定只有利率发生变化，其他因素都不变。投资函数表示投资与利率之间的函数关系。投资是利率的减函数，即投资与利率反向变动。投资函数可表达为：

$$i = f(r) \qquad （满足\ di/dr<0）$$

为了使问题简单便于研究，假设投资函数是线性函数。线性的投资函数表达式是：

$$i=e-dr$$

式中，e 为自发投资，即不受利率影响的投资；d 是投资对利率变动的反应程度，表示利率变动一定幅度时投资的变动程度，可称 d 为利率对投资需求的影响系数或投资的利率弹性，可简单表达为：$d=\dfrac{\Delta i}{\Delta r}$；$r$ 为实际利率，即名义利率与通货膨胀率的差额；dr 为引致投资，即受利率影响的投资。

上式表明，投资是自发投资与引致投资之和，且投资与利率之间是反方向变动关系。线性投资函数曲线如图 5-1 所示。

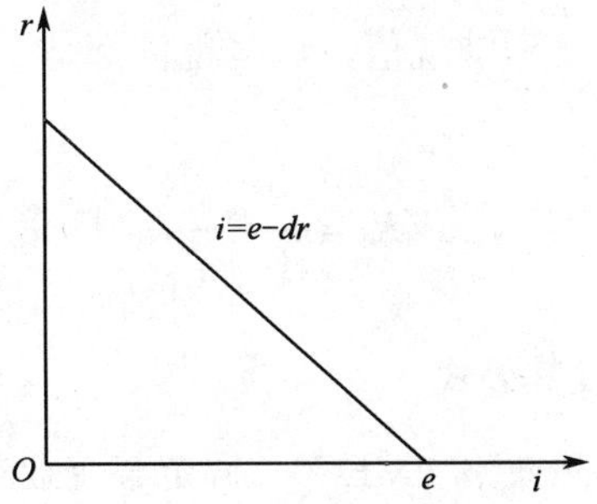

图 5-1　线性投资函数

二、资本边际效率曲线

1．现值的公式

假定本金为 100 美元，年利息率为 5%，则：

第 1 年本利之和为：100×(1+5%)=105（美元）

第 2 年本利之和为：105×(1+5%)=100×$(1+5\%)^2$=110.25（美元）

第 3 年本利之和为：110.25×(1+5%)=100×$(1+5\%)^3$=115.76（美元）

以此可类推以后各年的本利之和。

如果以 r 表示利率，R_0 表示本金，R_1、R_2、R_3、…、R_n 分别表示第 1 年、第 2 年、第 3 年……第 n 年本利之和，则各年本利之和为：

$$R_1 = R_0(1+r)$$

$$R_2 = R_1(1+r) = R_0(1+r)^2$$

$$R_3 = R_2(1+r) = R_0(1+r)^3$$

$$\cdots$$

$$R_n = R_0(1+r)^n$$

现在将以上的问题逆向分析，即已知利率 r 和各年的本利之和，利用以上公式求本金。仍使用以上具体数字为例。已知 1 年后的本利之和 R_1 为 105 美元，利率 r 为 5%，则可以求得本金 R_0：

$$R_0 = \frac{R_1}{1+r} = \frac{105}{1+5\%} = 100\text{（美元）}$$

上式求出的 100 美元就是在利率为 5%时、1 年后所获得的本利之和的现值。以同样的方法，可以求出以后各年本利之和的现值，这些现值都是 100 美元。从以上例子中，可以得出现值的一般公式：

$$R_0 = \frac{R_n}{(1+r)^n}$$

2. 资本边际效率的概念及其公式

利用现值可以说明资本边际效率（MEC）。假定某企业花费 50000 美元购买一台设备，该设备使用期为 5 年，5 年后该设备损耗完毕；再假定除设备外，生产所需的人工、原材料等成本不作考虑；以后 5 年里各年的预期收益分别为 12000 美元、14400 美元、17280 美元、20736 美元、24883.2 美元，这些预期收益是预期毛收益。

如果贴现率为 20%时，则 5 年内各年预期收益的现值之和正好等于 50 000 美元，即：

$$R_0 = \frac{12000}{(1+20\%)} + \frac{14400}{(1+20\%)^2} + \frac{17280}{(1+20\%)^3} + \frac{20736}{(1+20\%)^4} + \frac{24833.2}{(1+20\%)^5}$$

$$=10000 + 10000 + 10000 + 10000 + 10000$$

=50000（美元）

上例中，20%的贴现率表明了一个投资项目每年的收益必须按照固定的 20%的速度增长，才能实现预期的收益，故贴现率也代表投资的预期收益率。

可以将上例用一般公式表达出来：

$$R = \frac{R_1}{(1+r)} + \frac{R_2}{(1+r)^2} + \frac{R_3}{(1+r)^3} + \cdots + \frac{R_n}{(1+r)^n}$$

式中的 R 为投资品在各年预期收益的现值之和，也是资本品的价格，r 为资本边际效率。

因此，资本边际效率是一种贴现率，这种贴现率（也代表投资的预期收益率）使一项资本品的使用期内各个预期收益的现值之和正好等于该资本品的供给价格或重置成本。

显然，作为预期收益率的资本边际效率如果大于市场利率，就值得投资；反之，如果资本边际效率小于市场利率，就不值得投资。在资本边际效率既定的条件下，市场利率越低，投资的预期收益率相对而言也就会越高，投资就越多；而市场利率越高，投资的预期收益率相对而言也就会越低，投资就越少。因此，与资本边际效率相等的市场利率是企业投资的最低参考界限，所以，可将资本边际效率与投资的反方向变动关系表现为市场利率与投资量的反方向变动关系。资本边际效率与投资量的反方向变动关系可用图 5-2 表示。

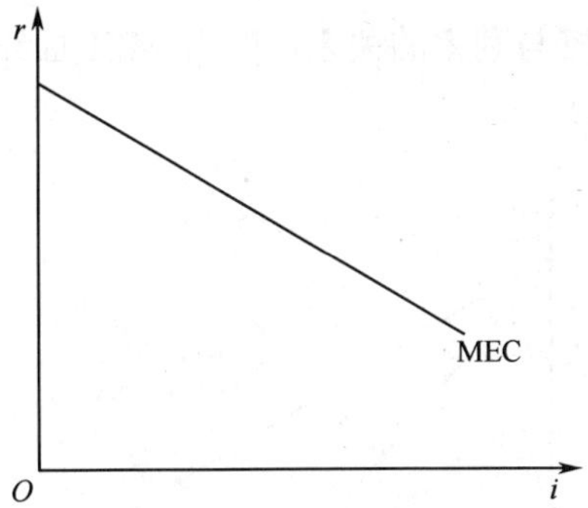

图 5-2　资本边际效率曲线

图 5-2 中，横轴表示投资量，纵轴表示资本边际效率或利率，MEC 为资本边际效率曲线。资本边际效率曲线向右下方倾斜，表示投资量与利率之间存在反方向变动关系，即利率越高，投资量越小；利率越低，投资量越大。

三、投资边际效率

以上对资本边际效率曲线的分析，仅仅涉及一个企业的投资活动，分析的是一个企业的投资受利率影响的状况，并没有把这一企业的投资活动与其他企业的投资活动联系在一起。实际上，所有企业的投资都会受到利率的影响，如果把一个企业的投资活动纳入所有企业都参与的整个社会范围内，在此条件下的某一特殊企业的投资与利率的数量关系会发生一些变化，从而该企业的资本边际效率曲线也就发生位置的移动。比如，当市场利率下降时，如果经济社会中的每个企业都增加投资，就会增加对资本品的需求，从而推动资本品的价格上升。资本品价格的上升，表现在资本边际效率式中，就是资本品供给价格 R 增大，在预期收益 R_1、R_2、R_3、…、R_n 不变的假定下，必然要求资本边际效率 r 减少，以保持等号两边的相等。由于资本品供给价格的上升而缩小后的资本边际效率就叫投资边际效率（MEI）。图 5-3 中，r_i 就是投资边际效率。很明显，投资边际效率 r_i 是资本边际效率 r_c 的一部分，是缩小后的资本边际效率，资本边际效率 r_c 的缩小量是 r_cr_i。

从图中可以看到，MEI 曲线与 MEC 曲线一样，都表现出了投资与利率之间的反方向变动关系。由于 MEI<MEC，故 MEI 曲线比 MEC 曲线陡峭。同时，MEI 曲线表示的利率变动对投资变动的影响小于 MEC 曲线表示的利率变动对投资变动的影响。由于投资边际效率的分析更符合经济的现实，所以，更准确地表示投资与利率关系的曲线是 MEI 曲线。

于是，就用 MEI 曲线表示投资与利率的关系，即用 MEI 曲线表示投资曲线，以后所涉及的投资曲线，就是指 MEI 曲线。

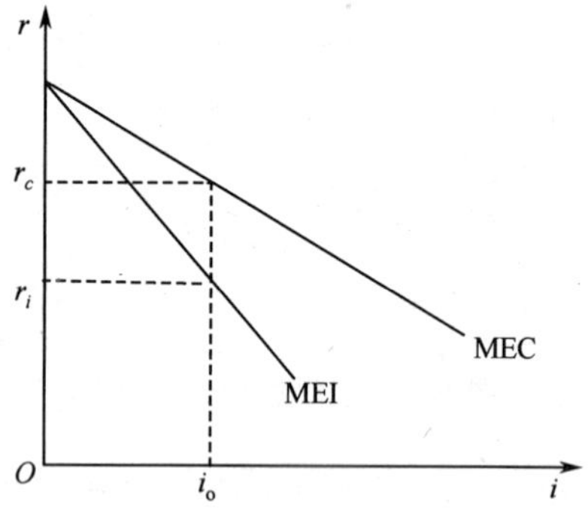

图 5-3 资本边际效率曲线与投资边际效率曲线

第二节 IS 曲线

一、IS 方程的推导

IS 曲线表示在产品市场达到均衡时，收入和利率的各种组合点的轨迹。其中 I（Investment）表示投资，S（Save）表示储蓄。上一章分析两部门经济的消费与均衡国民收入的决定时，曾得到均衡收入公式：

$$y=\frac{\alpha+i}{1-\beta}$$

又因为：$i=e-dr$

将 $i=e-dr$ 式代入 $y=\frac{\alpha+i}{1-\beta}$ 式中，均衡收入公式就变为：

$$y=\frac{\alpha+e-dr}{1-\beta}$$

此公式就是 IS 曲线的方程，并且公式表明均衡的国民收入与利率之间存在反方向变动关系。下面用例子来说明。本例中的单位为亿美元。

假设投资函数 $i=1250-250r$，消费函数 $c=500+0.5y$，相应的储蓄函数 $s=-\alpha+(1-\beta)y=-500+(1-0.5)y=-500+0.5y$，根据 $y=\frac{\alpha+e-dr}{1-\beta}$ 式可得：

$$y=\frac{\alpha+e-dr}{1-\beta}=\frac{500+1250-250r}{1-0.5}=3500-500r$$

当 $r=1$ 时，$y=3000$

当 $r=2$ 时，$y=2500$

当 $r=3$ 时，$y=2000$

当 $r=4$ 时，$y=1500$

当 $r=5$ 时，$y=1000$

……

由此得到一条 IS 曲线。

图 5-4 的横轴代表收入，纵轴代表利率，向右下方倾斜的曲线就是 IS 曲线。IS 曲线是表示在投资与储蓄相等的产品市场均衡条件下，利率与收入组合点的轨迹。IS 曲线上任何一点都代表一定的利率与收入的组合，在任何一个组合点上，投资与储蓄都相等，即产品市场是均衡的，故把这条曲线称做 IS 曲线。

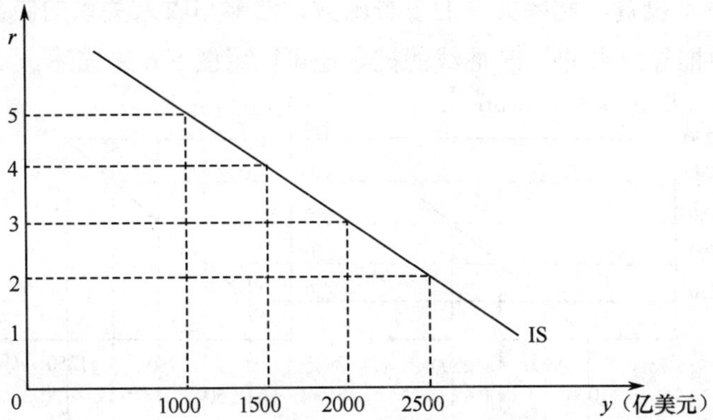

图 5-4　IS 曲线

IS 曲线的经济：①描述产品市场达到宏观均衡，即 $i=s$ 时，总产出与利率之间的关系。②总产出与利率之间存在着反向变化的关系，即利率提高时总产出水平趋于减少，利率降低时总产出水平趋于增加。③处于 IS 曲线上的任何点位都表示 $I=S$，偏离 IS 曲线的任何点位都表示没有实现均衡。④如果某一点位处于 IS 曲线右边，表示 $I<S$，即现行的利率水平过高，从而导致投资规模小于储蓄规模，意味着需求未能消化当期的产出，产品市场供大于求。如果某一点位处于 IS 曲线的左边，表示 $I>S$，即现行的利率水平过低，从而导致投资规模大于储蓄规模，意味着当期的产出未能满足需求，产品市场供小于求。

关于 IS 曲线两侧点的含义具体分析，如图 5-5 所示，在国民收入 y_1 的时候，*A* 点所对应的利率 r_1 小于 IS 曲线达到产品市场均衡时候的利率 r_2，即相同收入，*A* 点的利率低，表示此时 $I>S$，同理可以推出 IS 曲线左侧的区域都是 $I>S$ 的区域。同理，在 IS 曲线右侧的区域，在国民收入 y_3 的时候，*B* 点所对应的利率 r_3 大于 IS 曲线达到产品市场均衡时候的利率 r_4，即相同收入，*B* 点的利率高，表示此时 $I<S$，同理，可以推出 IS 曲线右侧的区域都是 $I<S$ 的区域。

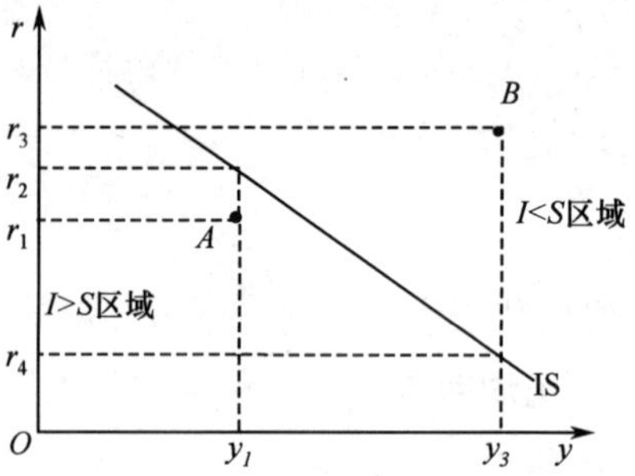

图 5-5　IS 曲线两侧点的含义

IS 曲线是从表示投资与利率关系的投资函数、储蓄与收入关系的储蓄函数及使投资与储蓄相等的关系中推导出来的。IS 曲线的推导还可以用图 5-6 来描述。

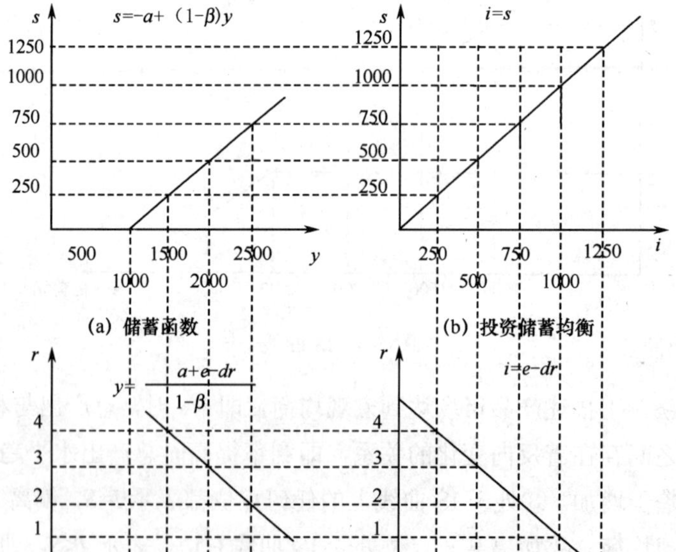

图 5-6　IS 曲线的推导

（a）图中，横轴表示投资，纵轴表示利率，投资曲线表示投资是利率的减函数，该曲线是根据上例中的投资函数 $i=1250-250r$ 画出来的。

（b）图中，横轴表示投资，纵轴表示储蓄，从原点出发的倾角为 45°的直线上任何一点都表示投资与储蓄相等。

（c）图中，横轴表示收入，纵轴表示储蓄，储蓄曲线表示储蓄是国民收入的增函数，该曲线是根据上例中的储蓄函数 $s=-500+0.5y$ 画出来的，比如，（a）图中的 $r=3$ 时，$i=500$；（b）图中由于 $s=i$，储蓄 s 也就等于 500；在（c）图中，由储蓄函数 $s=-500+0.5y$ 可知，与 500 储蓄相对应的收入应当是 2 000。当然，如果利率 r 上升到 4，投资就减少到 250，储蓄也是 250，均衡收入就减少到 1 500。

（d）图中，横轴表示收入，纵轴表示利率。当利率为 3 时，收入为 2 000；利率为 4 时，收入为 1 500；利率为 5 时，收入为 1 000，等等。每一利率下的收入，都是通过投资函数、$s=i$、储蓄函数之间的关系得到的。将均衡利率与均衡收入的众多数量组合点连接起来，就得到了 IS 曲线。由于 IS 曲线代数式 $y=\frac{\alpha+e-dr}{1-\beta}$ 表明收入是利率的减函数，IS 曲线也就向右下方倾斜。

将 $y=\frac{\alpha+e-dr}{1-\beta}$ 式改写成：

$$r=\frac{\alpha+e}{d}-\frac{1-\beta}{d}y$$

式中 y 前面的系数 $-\frac{1-\beta}{d}$ 就是 IS 曲线的斜率。由于收入是利率的减函数，故 IS 曲线的斜率为负。为了更方便地比较 IS 曲线斜率的大小，取斜率 $-\frac{1-\beta}{d}$ 的绝对值 $\left|-\frac{1-\beta}{d}\right|$。显然，IS 曲线的斜率既取决于 β，也取决于 d。

β 是边际消费倾向。如果 β 较大，意味着投资乘数就大，即投资较小的变动会引起收入较大的增加，因而 IS 曲线就较平缓，表明 IS 曲线的斜率就小。反之，β 较小，IS 曲线的斜率就大。所以，IS 曲线的斜率与 β 成反比。

d 是投资对利率变动的反应程度，表示利率变动一定幅度时投资的变动程度。如果 d 较大，表示投资对利率反应比较敏感，即利率较小的变动引起投资较大的变动，进而引起收入的更多增加，IS 曲线就较平缓，IS 曲线的斜率就小。反之，d 较小，IS 曲线的斜率就大。所以，IS 曲线的斜率与 d 成反比。

另外，在三部门经济中，由于存在政府购买性支出与税收，消费是个人可支配收入的函数，即 $c=\alpha+\beta(1-t)y$，则 IS 曲线的斜率就变为 $\frac{1-\beta(1-t)}{d}$。在 β 和 d 既定时，t 越小，投资乘数就越大，收入增加就越多，IS 曲线就越平缓，于是 IS 曲线的斜率就越小。反之，t 越大，IS 曲线的斜率就大。因此，IS 曲线的斜率与 t 成正比。

二、IS 曲线的移动

不论从公式推导还是从几何推导的过程看，投资函数与储蓄函数的变动都会使 IS 曲线发生移动，移动方向如图 5-7 所示。IS 曲线的水平移动，是指利率不变，外生变量冲击导致总产出或总需求增加，例如，增加政府购买性、增加政府转移支付和减税增加居民支出等扩张性财政政策，都可以使总需求增加，使 IS 曲线水平右移，如图中 IS_0 移动到 IS_1；外生变量冲击导致总产出或总需求减少，例如，减少政府支出（减少政府购买，减少政府转移支付）和增税增加企业负担则减少投资，增加居民负担，使消费减少等紧缩性财政政策，都可以使总需求减少，使 IS 曲线水平左移如图中 IS_0 移动到 IS_2。具体分析如下所述。

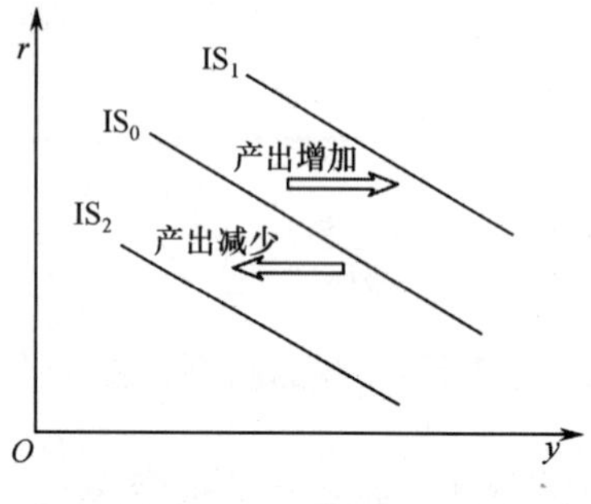

图 5-7　IS 曲线的水平移动

1．投资变动对 IS 曲线的影响

无论自发投资的变动，还是引致投资的变动，都会使得投资需求发生变化。如果投资需求增加，会使得收入增多，IS 曲线就会向右移动。IS 曲线向右移动的幅度等于投资乘数与投资增量之积。相反，如果投资需求减少，收入会减少，IS 曲线就向左移动，移动幅度为投资乘数与投资增量之积。

2．储蓄变动对 IS 曲线的影响

如果储蓄增加，表明消费减少，会使收入减少，IS 曲线就向左移动，移动幅度为投资

乘数与储蓄增量之积。反之，储蓄减少，IS 曲线就向右移动。

3．政府购买支出变动对 IS 曲线的影响

政府购买支出最终是要转化为消费与投资的。政府购买支出增加，会使消费与投资增加，进而增多国民收入，因此，IS 曲线就向右移动，移动幅度为政府购买支出乘数与政府购买支出增量之积，即移动幅度 $\Delta y=k_g \cdot \Delta g$。反之，政府购买支出减少，IS 曲线就向左移动。

4．税收变动对 IS 曲线的影响

政府增加税收，会使消费与投资减少，从而使收入减少，IS 曲线就向左移动，移动幅度为税收乘数与税收增量之积，即移动幅度 $\Delta y=-k_T \Delta T$。税收减少，IS 曲线则向右移动。

IS 曲线的旋转移动取决于IS曲线的斜率 $=\dfrac{1-b}{d}$。投资系数 d 不变，边际消费倾向 b 与 IS 斜率成反比。b 大，IS 曲线的斜率就小。b 大，支出乘数大，利率变动引起投资变动时，收入会以较大幅度变，IS 曲线平缓。边际消费倾向 b 不变，投资对于利率变动的反应程度 d 与 IS 斜率成反比。d 是投资对于利率变动的反应程度。d 较大，对于利率的变化敏感，IS 斜率就小，平缓。d 大，利率变动引起投资变动多，进而引起收入的大变化。收入变动幅度越大，IS 曲线越平缓。

第三节 利率的决定

凯恩斯认为，利率不是由投资与储蓄决定的，利率是由货币的供给量与货币的需求量决定的。由于货币的实际供给量是由代表国家对金融运行进行管理的中央银行控制的，因而，实际供给量是一个外生变量，在分析利率决定时，只需分析货币的需求就可以了。

一、货币需求

货币需求是指个人与企业在不同条件下出于各种考虑而产生的对货币的需要。凯恩斯认为个人与企业需要货币出于三种动机。

一是交易动机。由于收入与支出缺乏同步性，所以产生了交易动机。交易动机是指个人与企业为了正常的交易活动而需要货币的动机。比如，个人购买消费品需要货币，企业购买生产要素也需要货币。尽管收入、商业制度、交易惯例等都影响着交易所需的货币量，但出于交易动机的货币需求量主要决定于收入，收入越多，用于交易的货币量就越多；收入越少，用于交易的货币量就越少。

二是谨慎动机或预防性动机。由于未来收入和支出的不确定性，进而产生了谨慎动机。谨慎动机或预防性动机是指为预防如事故、疾病、失业等意外开支而需要事先持有一部分货币的动机。交易动机下的货币交易需求主要用于即时支出，预防性动机下的货币需求则用于以后的支出。货币的预防性需求产生于个人今后收入与支出的不确定性，其量的多少尽管取决于个人的预期与判断，但从全社会来看，出于预防性动机的货币需求仍然取决于收入，其量的多少与收入成正比。

由于出于交易动机与预防性动机的货币需求量都取决于收入，则可以把出于交易动机与预防性动机的货币需求量统称为货币的交易需求量，并用 L_1 来表示，用 y 表示实际收入，那么货币的交易需求量与收入的关系可表示为：

$$L_1 = f(y)$$

具体表达式为：$L_1 = ky$

该公式反映出货币的交易需求量与实际收入的同方向变动关系。式中的 k 为货币的交易需求量对实际收入的反应程度，也可叫货币需求的收入弹性，可简单表达为：

$$k = \frac{\Delta L_1}{\Delta y}$$

三是投机动机。由于有价证券价格未来的不确定性，所以产生了投机动机。投机动机是指人们为了抓住有利的购买有价证券的机会而持有货币的动机。假定财富的形式有两种，一种是货币，另一种是有价证券。人们在货币与有价证券之间进行选择以确定保留财富的形式。对货币与有价证券进行选择，就是利用利率与有价证券价格的变化进行投机。有价证券的价格与有价证券的收益成正比，与利率成反比，即

$$\text{有价证券} = \frac{\text{有价证券收益}}{\text{利率}}$$

由于货币是流动性和灵活性最大的资产，随时可做交易之用，预防不测之需和投机。人们持有货币的偏好被称为流动偏好。人们持有财富，除了可以以货币的形式之外，还有很多其他的。以其他形式持有会获得红利、租金等收益。但是，持有货币这种不生息的资产，具有使用上的灵活性。可见，有价证券的价格会随着利率的变化而变化，人们对有价证券和货币的选择也就随利率的变化而变化。市场利率越高，则意味着有价证券的价格越低，当预计有价证券的价格不会再降低而是将要上升时，人们就会抓住有利的机会，用货

币低价买进有价证券，以便今后证券价格升高后高价卖出，于是，人们手中出于投机动机而持有的货币量就会减少。相反，市场利率越低，则意味着有价证券的价格越高，当预计有价证券的价格再也不会上升而将要下降时，人们就会抓住时机将手中的有价证券卖出，于是，人们手中出于投机动机而持有的货币量就会增加。由此可见，对货币的投机需求取决于利率，其需求量与利率成反比。

货币的投机需求取决于利率，如果用 L_2 表示货币的投机需求，用 r 表示利率，则货币的投机需求与利率的关系可表示为：

$$L_2 = f(r)$$

具体表达式为：

$$L_2 = -hr$$

该公式反映出货币的投机需求量与实际利率的反方向变动关系。式中的 h 为货币的投机需求量对实际利率的反应程度，可以称做货币需求的利率弹性，可简单表达为：

$$h = \frac{\Delta L_2}{\Delta r}$$

根据有价证券的价格计算，利率极高时，货币需求为 0。人们会认为，利率不可能再上升，证券价格不再下降，因而将所有货币换成有价证券。当利率极低时，手中无论增加多少货币，都要留在手里，不会去购买证券。此时，流动性偏好趋向于无穷大。增加货币供给，不会促使利率再下降。利率极低时，人们认为利率不可能再降低，或者证券价格不再上升而会跌落，因而将所有证券全部换成货币。不管有多少货币，都愿意持有在手中，以免证券价格下跌遭受损失。这种情况被称为“凯恩斯陷阱”或流动偏好陷阱，后面将结合图形继续分析。

二、货币需求函数

对货币的总需求就是对货币的交易需求与对货币的投机需求之和，因此，货币的需求函数 L 就表示为：

$$L = L_1 + L_2 = ky - hr$$

货币函数可用图 5-8 表示。图（a）中的横轴表示货币需求量或货币供给量，纵轴表示利率。L_1 为货币的交易需求曲线，由于 L_1 取决于收入，与利率无关，故其是一条垂线。L_2 为货币的投机需求曲线，它最初向右下方倾斜，表示货币的投机需求量随利率的下降而增加，即货币的投机需求与利率是反方向变动关系；货币投机需求曲线的右下端为水平状，在这一区段，即使货币供给增加，利率也不会降低。图（b）中的曲线 L 为包括货币的交易需求与投机需求在内的货币需求曲线，其上的任何一点表示的货币需求量都是相应的货币交易需求量与投机需求量之和。L 曲线向右下方倾斜，表示货币需求量与利率的反方向变动关系，即利率上升时，货币需求量减少；利率下降时，货币需求量增多。

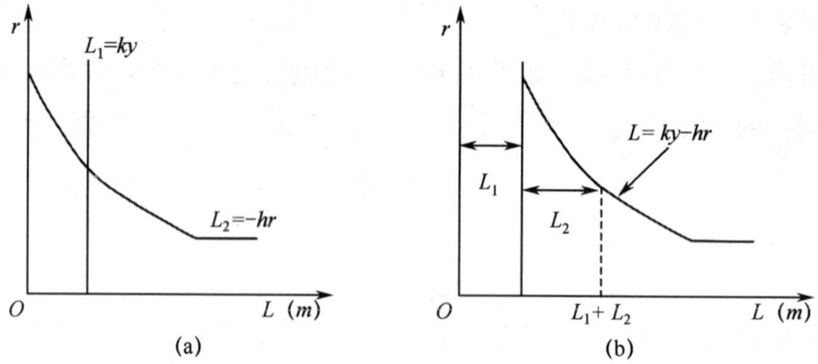

图 5-8　货币需求曲线

对货币的需求函数 $L = L_1 + L_2 = ky-hr$ 中的货币需求量与收入的同方向变动关系、货币需求量与利率的反方向变动关系，可用图 5-9 和图 5-10 表示。

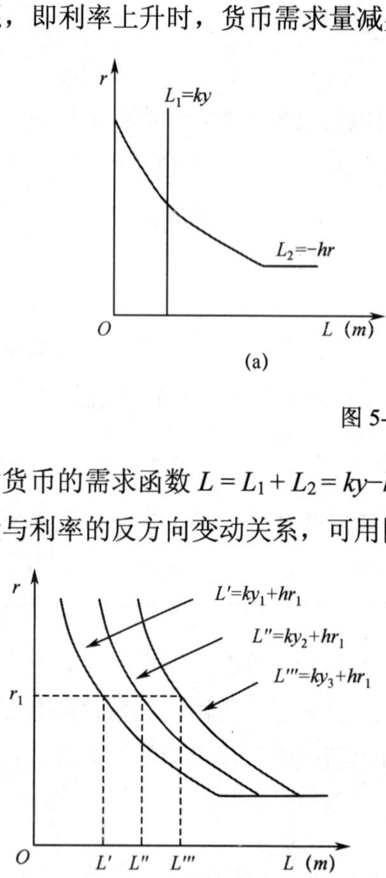

图 5-9　不同收入下的货币需求曲线

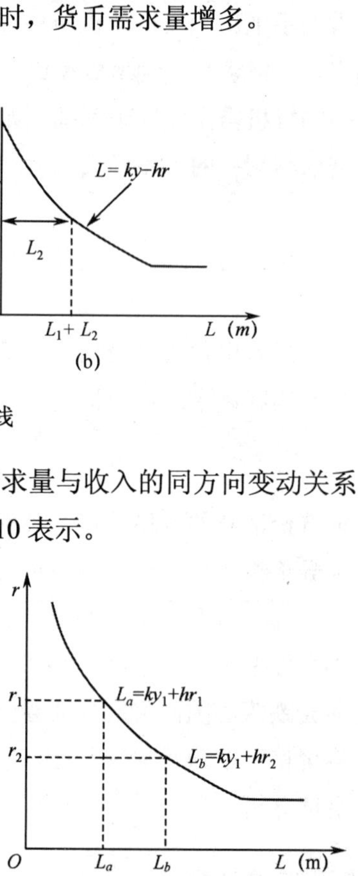

图 5-10　不同利率下的货币需求曲线

图 5-9 中有代表无数条货币需求曲线的三条货币需求曲线 L'、L''、L'''，分别代表收入水平为 y_1、y_2、y_3 时的货币需求量。货币需求量与收入的同方向变动关系表现为三条货币需求曲线的左移与右移，货币需求量与利率的反方向变动关系则都表现为三条货币需求曲线的向右下方倾斜。图 5-9 表示，利率同为 r_1 时，由于收入水平不同，实际货币需求量分别为 L'、L''、L'''，即 $y = y_1$ 时，$L=L'$；$y = y_2$ 时，$L=L''$；$y = y_3$ 时，$L=L'''$。图 5-10 表示，收入水平相同，如都为 y_1 时，由于利率水平不同，实际货币需求量也不同，即 $r = r_1$ 时，

$L=L_a$；$r=r_2$时，$L=L_b$。

在分析投机动机时，可看到利率会影响人们对有价证券和货币的选择。当利率非常低时，人们认为利率不会再降低而只能上升，或者说，有价证券的价格不会再上升而只会跌落，因而会将所持有的有价证券售出来换成货币，即使手中又另新增了货币，也绝不肯再去购买有价证券，以免证券价格下跌而遭受损失，即人们不管有多少货币都会持在手中，这种情况叫做凯恩斯陷阱，也叫流动偏好陷阱。图 5-11 中，货币供给曲线 m_1 与货币需求曲线 L 相交于 A 点，由此决定的均衡利率为 r_0。由于货币需求曲线 L 上的 A 点之右呈现水平状，当货币供给增加、货币供给曲线由 m_1 右移至 m_2 时，利率并没有降低，仍然是 r_0。货币需求曲线 L 上 A 点之右的水平区段，就是流动偏好陷阱。

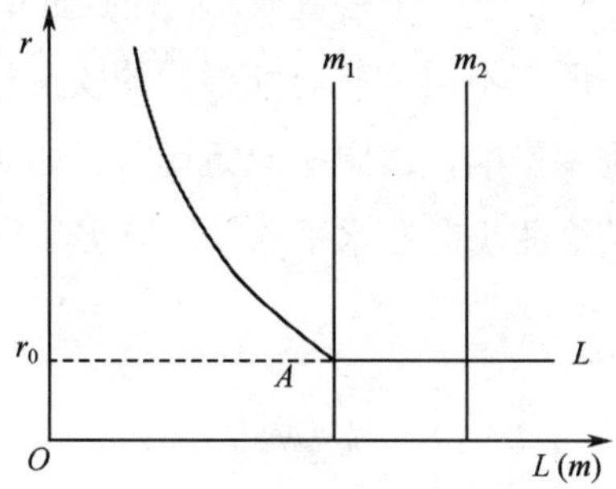

图 5-11　流动偏好陷阱

三、货币供给

货币供给（Money Supply）是指某一国或货币区的银行系统向经济体中投入、创造、扩张（或收缩）货币的金融过程，是指一个国家在某一特定时点上由家庭和厂商持有的政府和银行系统以外的货币总和。货币供给的主要内容包括：货币层次的划分、货币创造过程、货币供给的决定因素等。在现代市场经济中，货币流通的范围和形式不断扩大，现金和活期存款普遍认为是货币，定期存款和某些可以随时转化为现金的信用工具（如公债、人寿保险单、信用卡）也被广泛认为具有货币性质。一般认为，货币层次可以划分如下：

$$M_1=\text{现金}+\text{活期存款}+\text{旅行支票}+\text{其他支票存款}$$

$$M_2=M_1+\text{小额定期存款}+\text{储蓄存款}+\text{散户货币市场共同基金}$$

$$M_3=M_2+\text{其他金融资产}$$

货币供给（创造）过程是指银行主体通过其货币经营活动而创造出货币的过程，它包括商业银行通过派生存款机制向流通供给货币的过程和中央银行通过调节基础货币量而影响货币供给的过程。决定货币供给的因素包括中央银行增加货币发行、中央银行调节商业银行的可运用资金量、商业银行派生资金能力，以及经济发展状况、企业和居民的货币需求状况等因素。货币供给还可划分为以货币单位来表示的名义货币供给和以流通中货币所能购买的商品和服务表示的实际货币供给等两种形式。

假设价格指数是 P，则实际货币量 m 与名义货币量 M 的关系：

$$m = \frac{M}{P}$$

本书所采用的概念：货币供给是一个存量概念，并且货币供给是指实际的货币供给量。货币供给是一国某个时点上，所有不属于政府和银行的狭义货币 M_1，硬币、纸币和银行活期存款，是外生变量，不受利率影响，由国家政策调节。如图 5-12 所示，当实际货币供给量从 m_0 增加到 m_2 时，货币供给曲线向右水平移动。当实际货币供给量从 m_0 减少到 m_1 时，货币供给曲线向左水平移动。

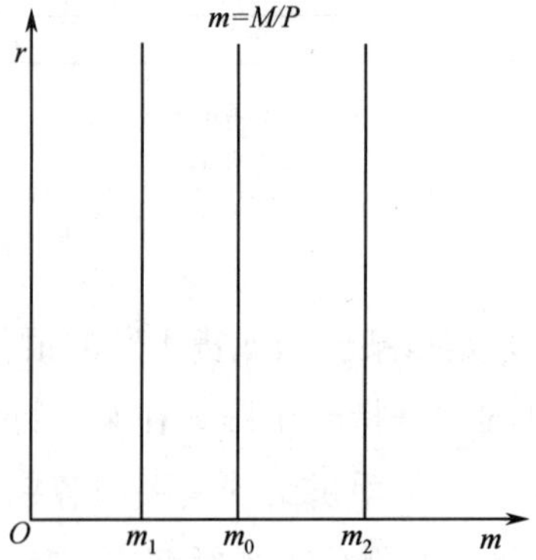

图 5-12 货币供给

四、货币市场均衡

古典货币理论中，利率是使用货币资金的价格。利率的作用与商品市场中价格的作用一样，利率的调节作用最终使货币供求趋于均衡。货币的供给与需求决定利率，在图 5-13 中，作为垂线的货币供给曲线 m 与向右下方倾斜的货币需求曲线 L 在 E 点相交，交点 E 决定了利率的均衡水平 r_0，它表示，只有当货币需求与货币供给相等时，货币市场才达到了均衡状态。因而，均衡利率就是货币供给数量与需求数量相等时的利率。

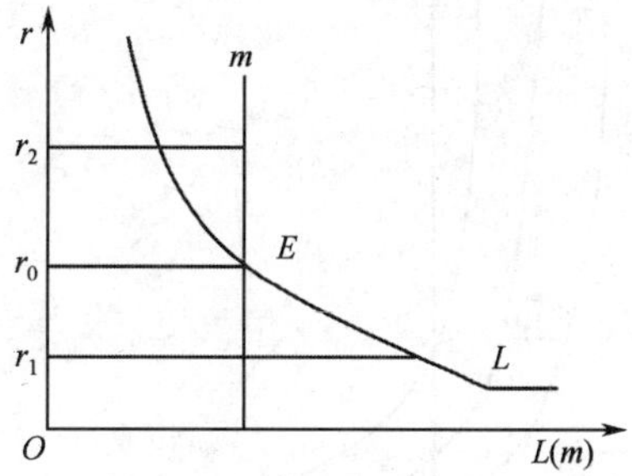

图 5-13　均衡利率的决定与形成

货币市场的调节，会使货币供求关系发生变化，从而形成均衡利率。图 5-13 说明了均衡利率的形成。如果市场利率 r_1 低于均衡利率 r_0，说明货币需求大于货币供给，人们感到手持货币量少，此时，人们就会售出手中的有价证券。随着证券供给量的增加，证券价格就会下降，利率相应就会上升，货币需求也会逐步减少。货币需求的减少、证券价格的下降与利率的上升一直持续到货币供求相等、均衡利率 r_0 的形成为止。反之，如果市场利率 r_2 高于均衡利率 r_0，说明货币需求小于货币供给，人们认为手持货币量太多，此时，人们就会利用手中多余的货币购买有价证券。随着证券需求量的增加，证券价格就会上升，利率也就会下降，货币需求会逐步增加。货币需求的增加、证券价格的上升与利率的下降会一直持续到货币供求相等、形成均衡利率 r_0 为止。只有当货币供求相等时，利率才会相对静止不变。

利率决定于货币需求和供给。货币供给由国家货币政策控制，是外生变量，与利率无关，所以是一条垂直于横轴的线。凯恩斯认为，在货币市场中需要分析的主要是货币的需求。所以我们假设货币供给不变，那么货币交易、投机动机等发生变动，会使货币需求曲线移动，利率变动，均衡利率和均衡货币量发生变动。当货币交易、投机动机等增加时，货币需求曲线右移，利率上升；反之，当货币交易、投机动机等减少时，货币需求曲线左移，利率下降，我们再来看均衡货币量的变动，如图 5-14 所示。

在图 5-14 中，当货币需求曲线由 L_0 移动到 L_1 时，由于货币供给不变，货币需求增加了，利率上升到了 r_1，货币均衡量保持不变。相反，当货币需求曲线由 L_0 移动到 L_2 时，由于货币供给不变，货币需求减少了，利率下降到了 r_2，货币均衡量保持不变。

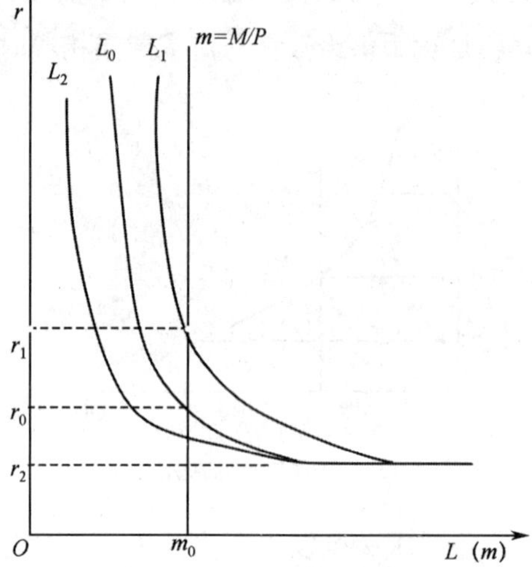

图 5-14 货币需求变动导致的货币均衡

货币供给量的变动是由中央银行来控制的，中央银行可自主确定货币供应量，并据此调控利率水平。如图 5-15 所示，当货币供给由 m_0 扩大至 m_1 时，利率则由 r_0 降至 r_1，均衡货币量为 m_1。货币供给由 m_1 继续扩大至 m_2，利率维持在 r_1 水平不再下降。货币需求处于流动陷阱。此时，投机性货币需求无限扩张，增发的货币将被流动性陷阱全部吸纳，阻止了市场利率的进一步降低。由此可见，在货币需求的水平阶段，货币供给降低利率的机制失效。

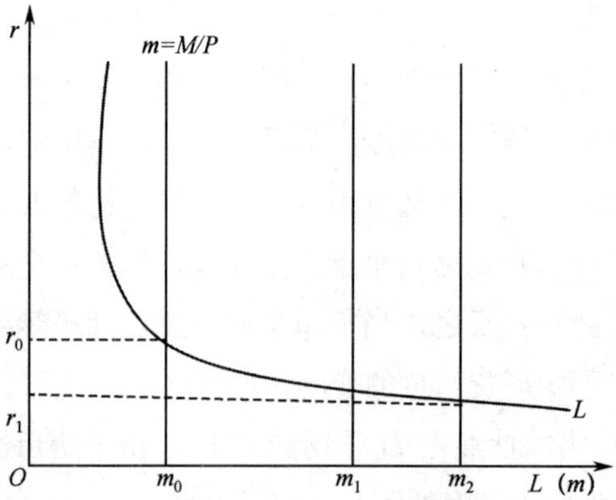

图 5-15 货币供给的变动

第四节　LM 曲线

一、LM 曲线推导

L（Liquidity）表示货币需求，M（Money）表示货币供给。货币供给由中央银行控制，假定是外生变量。货币实际供给量 m 不变。货币市场均衡，只能通过自动调节货币需求实现。LM 曲线是一条用来描述在货币市场均衡状态下国民收入和利率之间相互关系的曲线。货币供给用 m 表示，货币需求为 $L = L_1 + L_2 = ky-hr$，则货币市场的均衡条件就是 $m = L$，即：$m = ky-hr$

从上式中可知，m 一定时，L_1 与 L_2 是此消彼长的关系。货币的交易需求 L_1 随收入的增加而增加，货币的投机需求 L_2 随利率的上升而减少。因此，国民收入的增加使货币的交易需求增加时，利率必须相应提高，从而使货币的投机需求减少，货币市场才能保持均衡。相反，收入减少时，利率须相应下降，以使货币市场均衡。

表示货币市场均衡条件的还可写为：

$$y = \frac{h}{k}r + \frac{m}{k} \text{或} r = \frac{k}{h}y - \frac{m}{h}$$

下面用例子来说明货币市场的均衡。

假定货币的交易需求函数 $L_1 = m_1 = 0.5y$，货币的投机需求函数 $L_2 = m_2 = 1000-250r$，货币供给量 $m = 1\,250$（例子中的单位为亿美元）。货币市场均衡时，$m = L = L_1 + L_2$，即：

$1250 = 0.5y + 1000-250r$，

整理得：$y = 500 + 500r$

当 $r =1$ 时，$y =1\,000$

当 $r =2$ 时，$y =1\,500$

当 $r =3$ 时，$y =2\,000$

当 $r =4$ 时，$y =2\,500$

当 $r =5$ 时，$y =3\,000$

……

将这些点在坐标图上描出来，即为 LM 曲线。如图 5-16 所示。

图 5-16 中的横轴代表收入，纵轴代表利率，向右上方倾斜的曲线就是 LM 曲线。LM 曲线是表示货币供给与货币需求相等的货币市场均衡条件下，利率与收入组合点的轨迹。

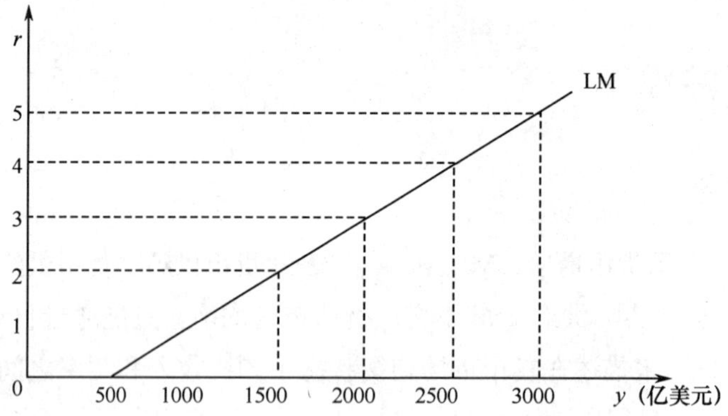

图 5-16　LM 曲线

从图中可以看到，LM 曲线上任何一点都代表一定的利率与收入的组合，在任何一个组合点上，货币供给与货币需求都相等，即货币市场是均衡的，故把这条曲线称做 LM 曲线。

LM 曲线的经济含义：①LM 曲线是描述货币市场达到均衡，即 $L=m$ 时，总产出与利率之间关系的曲线。②货币市场上，总产出与利率之间存在正向关系，利率提高时总产出增加，利率降低时总产出减少。③LM 曲线上的任何点都表示 $L=m$，即货币市场实现了宏观均衡。反之，偏离 LM 曲线的任何点位都表示 $L\neq m$，即货币市场没有实现均衡。④LM 右边，表示 $L>m$，利率过低，导致货币需求>货币供应。LM 左边，表示 $L<m$，利率过高，导致货币需求<货币供应。

关于 LM 曲线两侧点的含义，具体分析如图 5-17 所示。

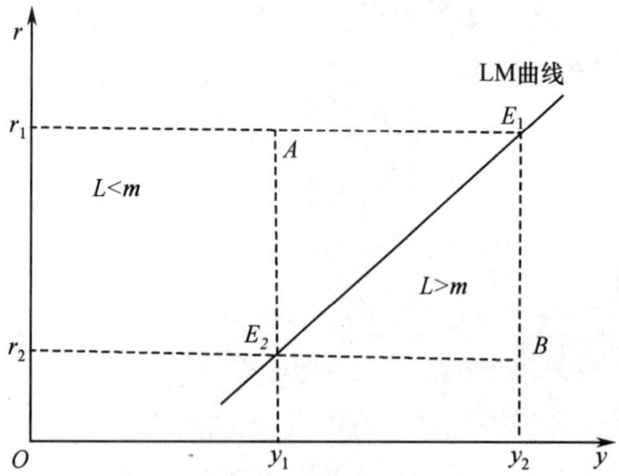

图 5-17　LM 曲线之外的经济含义

在图形中，任意选取 LM 曲线左侧的一点，如 A 点，A 点与 LM 曲线上同样收入的 E_2 点相比较，同样收入下，A 点的利率过高，说明 A 点所代表的货币需求 m 大于货币供给 L，

由于 A 是 LM 曲线左侧的任意一点，所以 LM 曲线左侧表示 $L<m$。同样道理，任意选取 LM 曲线右侧的一点，如 B 点，B 点与 LM 曲线上同样收入的 E_1 点相比较，同样收入下，B 点的利率过低，说明 B 点所代表的货币供给 L 大于货币需求 m，由于 B 是 LM 曲线左侧的任意一点，所以 LM 曲线左侧表示 $m<L$。

LM 曲线是从表示货币交易需求与收入关系的交易需求函数、货币投机需求与利率关系的投机需求函数，以及使货币供求相等的关系中推导出来的。LM 曲线的推导过程还可以用图 5-18 描述。

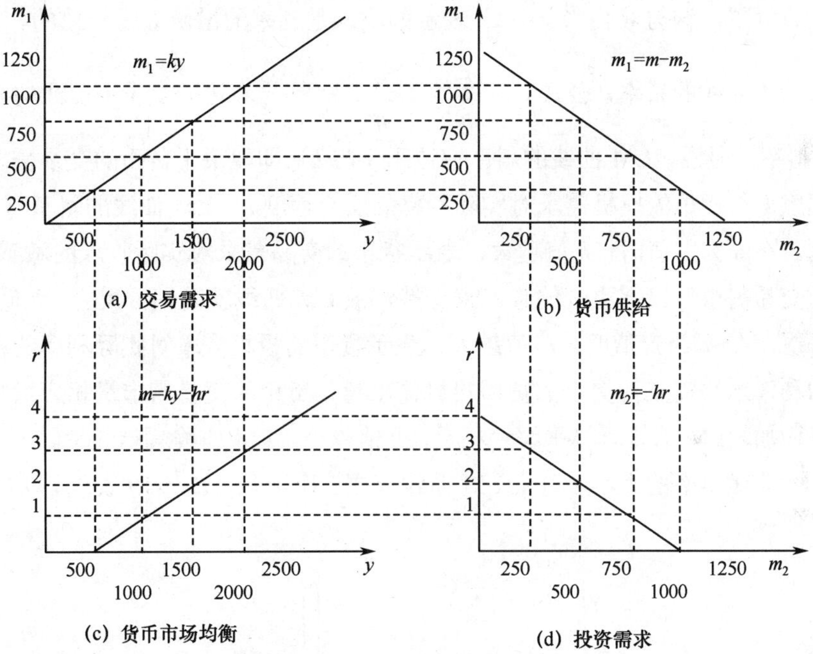

图 5-18　LM 曲线的推导

（a）图中，横轴表示货币投机需求 m_2，纵轴表示利率，向右下方倾斜的曲线是货币的投机需求曲线。可以由已知的货币投机需求函数 $L_2 = m_2 = 1\,000-250r$ 得到用于投机的货币供给量。比如，$r=2$ 时，$m_2 = 500$；$r=3$ 时，$m_2 = 250$，等等。根据利率 r 与货币投机需求量的关系，画出货币投机需求曲线 m_2。

（b）图中，横轴表示货币投机需求 m_2，纵轴表示货币交易需求 m_1。由于 $m = m_2 + m_1$，所以 $m_1 = m-m_2$。因为货币供给总量 m 与用于货币投机需求的货币供给 m_2 为已知，故可求出货币交易需求 m_1。比如，$m_2 =750$ 时，$m_1 =500$。据此可以画出向右下方倾斜、表示货币交易需求与货币投机需求反方向变动的货币交易需求曲线。

(c)图中，横轴表示收入，纵轴表示货币交易需求 m_1。由已知的货币交易需求 $m_1 = 0.5y$，可得收入量。例如，m_1 =1 000 时，收入就相应等于 2 000；m_1 =500 时，收入就相应等于 1 000，等等。货币交易需求曲线向右上方倾斜，表明收入与货币交易需求的同方向变动关系。

（d）图中，横轴表示收入，纵轴表示利率。当利率为 3 时，收入为 2 000；利率为 2 时，收入为 1 500，等等。每一利率下的收入，都是通过货币供求相等的关系而得到的。将货币市场均衡条件下得到的利率与收入的众多数量组合点连接起来，就得到了 LM 曲线。LM 曲线向右上方倾斜，这与 $y = \frac{h}{k}r + \frac{m}{k}$ 表示的收入是利率的增函数是一致的。

再来看 LM 曲线的斜率，公式 $r = \frac{k}{h}y - \frac{m}{h}$ 中，等号右边的变量 y 前面的系数 $\frac{k}{h}$ 就是 LM 曲线的斜率。显然，LM 曲线的斜率取决于 k 与 h，即取决于货币的交易需求对实际收入的反应程度 k 与货币的投机需求对实际利率的反应程度 h，LM 曲线的斜率与 k 成正比、与 h 成反比。在 h 为定值时，k 值越大，表示货币的交易需求对实际收入的敏感程度越高，一定的货币交易需求量仅需更少的收入来支持，故 LM 曲线就陡峭；反之，k 值越小，LM 曲线就越平缓。在 k 为定值时，h 值越大，表示货币的投机需求对实际利率的敏感程度越高，一定的利率水平能支持更多的货币投机需求量，货币的交易需求量相应增加，从而使国民收入量增加，LM 曲线就较平缓；相反，h 值越小，LM 曲线就越陡峭。

根据 LM 曲线斜率的大小，可将 LM 曲线分成三个区域，图 5-19 表现了 LM 曲线的三个区域。

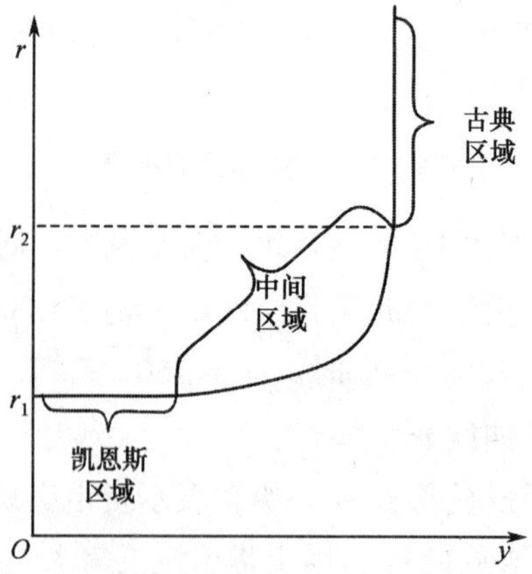

图 5-19　LM 曲线的三个区域

货币投机需求曲线上，有一段水平区域，这表示利率极低时货币的投机需求呈现无限大的状况，这一段就是“凯恩斯陷阱”。从“凯恩斯陷阱”中可以推导出水平状的LM曲线，LM曲线上水平状的区域叫“凯恩斯区域”或“萧条区域”。在“凯恩斯区域”，LM曲线的斜率为零。“凯恩斯区域”的利率非常低，此时，政府采用扩张性货币政策，使货币供给增加，LM曲线表现为向右移动，可利率并不能再降低，从而收入也不会增加，所以，货币政策无效。相反，如果政府采用扩张性财政政策，IS曲线就向右移动，收入会在利率没有变化的情况下增加，因此，财政政策有效。

同样，当利率非常高时，人们不会为投机而持有货币，货币投机需求则为零，货币需求全部为货币的交易需求，LM曲线就呈垂直形状。此时实行扩张性财政政策，IS曲线表现为向右移动，这只能使利率提高，而收入并不能增加，故财政政策无效。如果实行扩张性货币政策，LM曲线向右移动，会使利率下降，从而提高收入水平，所以货币政策是有效的。这一结论符合“古典学派”及基本上以“古典学派”理论为基础的货币主义观点，因而，LM曲线呈垂直状态的这一区域被称为“古典区域”。

LM曲线上的凯恩斯区域与古典区域之间的区域为“中间区域”，中间区域的斜率大于零。在中间区域，财政政策与货币政策都有一些效果，效果大小取决于LM曲线的倾斜程度，LM曲线越平缓，财政政策的效果就越大；LM曲线越陡峭，货币政策的效果就越大。

二、LM曲线的移动

LM曲线会随货币的交易需求、投机需求与货币供给的变动而变动。如图5-20所示，

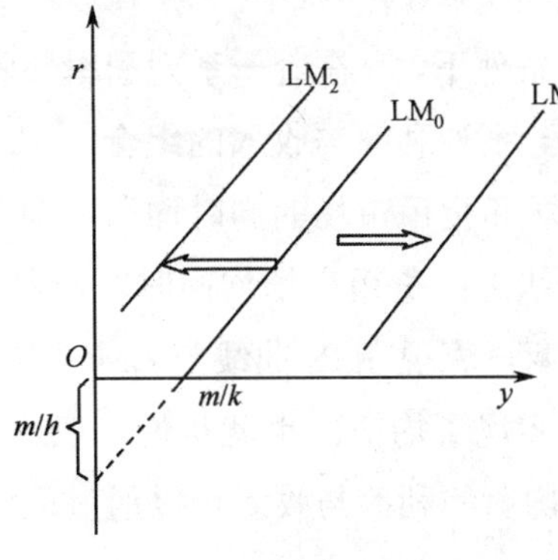

图5-20　LM曲线的水平移动

LM 曲线向右移动，从 LM_0 移动到 LM_1，国民收入增加；相反 LM 曲线向左移动，从 LM_0 移动到 LM_2，国民收入减少。具体有以下几种情况使得 LM 曲线发生水平移动。

1. LM 曲线与货币供给量成同方向变动关系

比如，假定货币需求不变，货币供给量增加时，LM 曲线就向右移动，会促使利率下降，从而刺激包括消费与投资在内的总需求，国民收入因此而增加。相反，货币供给量减少时，LM 曲线就向左移动，利率上升，消费与投资减少，从而使国民收入减少。

2. LM 曲线与货币交易需求曲线成同方向变动关系

比如，其他因素不变，货币交易需求曲线右移，即货币交易需求减少，LM 曲线会右移，因为完成同量交易所需的货币量减少，即同量货币可以完成更多收入的交易了。反之，货币交易需求增加，LM 曲线就向左移动。

3. LM 曲线与货币投机需求量成反方向变动关系

其他因素不变，如果货币投机需求量增加，则会相应减少货币的交易需求量，国民收入因此减少，故 LM 曲线左移。相反，货币投机需求量减少，LM 曲线会右移。

第五节 IS-LM 分析

一、两个市场的同时均衡

IS 是一系列利率和收入的组合，可使产品市场均衡；LM 是一系列利率和收入的组合，可使货币市场均衡。

IS 曲线表明产品市场均衡条件下，存在着一系列利率与收入的组合；LM 曲线表明货币市场均衡条件下，也存在着一系列利率与收入的组合。把 IS 曲线和 LM 曲线放在同一个坐标平面内，来分析产品市场和货币市场的同时均衡，即 IS-LM 分析。产品市场均衡时，货币市场不一定处于均衡状态；货币市场均衡时，产品市场不一定处于均衡状态。产品市场与货币市场的同时均衡，表现在 IS 曲线与 LM 曲线相交的交点上，在这个交点上，产品市场与货币市场同时实现了均衡。也就是说，表示两个市场同时均衡的利率与收入仅有一个。两个市场同时均衡的利率与收入可以通过联立 IS 曲线方程与 LM 曲线方程而求解得到。

两个市场同时均衡可用图 5-21 表示。

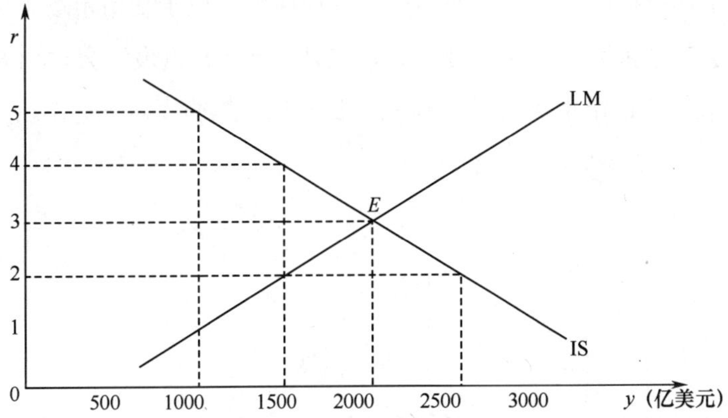

图 5-21 产品市场与货币市场的均衡

图 5-21 中，IS 曲线与 LM 曲线相交于 E 点，E 点代表的利率 3%和收入 2 000 亿美元是产品市场与货币市场同时实现均衡的利率与收入。

已知 i=1250−250r，s=−500+0.5y，货币供给 m=1250，货币需求为 L=0.5y +1000−250r。求均衡收入和利率。解 IS方程$r=\frac{a+e}{d}-\frac{1-b}{d}y$和 LM方程$r=\frac{ky}{h}-\frac{m}{h}$组成的方程组可得到。此时，产品市场上，投资 i = 1 250−250×3 = 500（亿美元），储蓄 s =−500 + 0.5y=−500 + 0.5×2 000 = 500（亿美元），投资与储蓄相等，产品市场实现了均衡。与此同时，在货币市场上，货币的需求 $L=L_1+L_2$ = 0.5y + 1000−250r = 0.5×2000 + 1000−250×3 =1 250（亿美元），货币市场也实现了均衡。所以，在 E 点上，两个市场同时均衡，IS＝LM，解方程组，得 y=2000，r=3，产品市场与货币市场同时实现了均衡。

二、均衡的稳定性

图中 E 点之外的任何地方都没有同时实现两个市场的均衡。IS 曲线与 LM 曲线上，分别有 $i=s$、$L=M$。在图 5-22 中，假设 $A(r_2, y_1)$是初始点，A 点表示在货币市场是均衡的，在产品市场是不均衡的。A 在货币市场的利率是 r_2，在产品市场的利率是 r_1，并且 $r_2<r_1$，A 点在 IS 曲线的左边表示投资大于储蓄，投资大于储蓄就会使企业增加生产进而收入增加，收入增加会使交易需求增加，根据投机需求与交易需求的关系，利率会上升，利率上升到

r_0，A 点最终会达到 $E(r_0, y_0)$的位置。同样假设 $B(r_2, y_2)$是初始点，B 点表示在货币市场是不均衡的，在产品市场是均衡的。B 在产品市场是均衡的，位于货币市场 LM 曲线的右边，表示货币需求大于货币供给，利率上升，利率上升到 r_0，B 点最终会达到 $E(r_0, y_0)$的位置。所以 E 点是产品市场和货币市场同时达到均衡时的唯一均衡点。

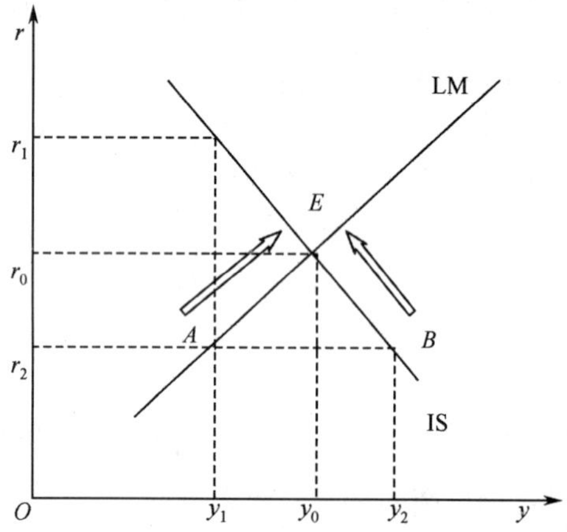

图 5-22　IS–LM 模型一般均衡的稳定性

IS 曲线与 LM 曲线之外的点，i 与 s、L 与 M 都不相等。相交的 IS 曲线与 LM 曲线，把坐标平面分成四个区域：Ⅰ区域、Ⅱ区域、Ⅲ区域、Ⅳ区域，每个区域中，产品市场与货币市场都处于非均衡状态。四个区域的非均衡状态可用图 5-23 表示。

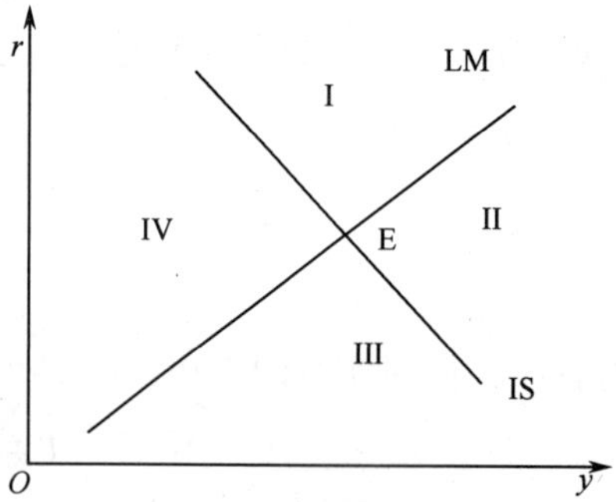

图 5-23　产品市场和货币市场的非均衡

例如，在区域Ⅰ中的任意一点，一方面它在 IS 曲线的右上方，因此有投资小于储蓄，处于产品市场的非均衡状态；另一方面又在 LM 曲线的左上方，因此有货币需求小于货币供给的货币市场的非均衡状态。其余三个区域的非均衡关系也可以这样推出。总之，四个区域中存在着不同的非均衡状态，经过调整，非均衡状态会逐步地趋向均衡。IS 的不均衡会导致收入变动：$i>s$ 会导致收入增加，$i<s$ 会导致收入减少。LM 的不均衡会导致利率变动：$L>M$ 会导致利率上升，$L<M$ 会导致利率下降。这种调整最终使经济趋向于均衡利率与均衡收入。这种非均衡关系可以由表 5-1 给出。

表 5-1 产品市场与货币市场的非均衡

区域	产品市场的非均衡	货币市场的非均衡
Ⅰ	$i<s$ 有超额产品供给	$L<M$ 有超额货币供给
Ⅱ	$i<s$ 有超额产品供给	$L>M$ 有超额货币需求
Ⅲ	$i>s$ 有超额产品需求	$L>M$ 有超额货币需求
Ⅳ	$i>s$ 有超额产品需求	$L<M$ 有超额货币供给

三、均衡收入和利率的变动

IS 曲线与 LM 曲线的交点表示产品市场与货币市场同时实现了均衡，但这一均衡并不一定是充分就业的均衡。如图 5-24 所示，IS 曲线与 LM 曲线相交于 E 点，均衡利率与均衡收入分别是 r_0、y_0，但充分就业的收入是 y^*，均衡收入低于充分就业的收入，即 $y_e<y^*$。此时，需要政府运用财政政策、货币政策来调整，以实现充分就业。如果政府运用或增支、或减税、或增支减税双管齐下的扩张性财政政策，IS 曲线会向右移动至 IS_1 的位置，与 LM 曲线相交于 E_1 点，均衡收入就增至 y^*，从而实现充分就业的收入水平。政府也可以运用扩张性货币政策，即增加货币供给量，LM 曲线会向右移动至 LM_1 的位置，与 IS 曲线相交于 E_2 点，均衡收入也能增至 y^*，同样可以达到充分就业的收入水平。

从图 5-24 中也可以看到，IS 曲线和 LM 曲线的移动会改变利率与收入水平。比如，LM 曲线不变假定下，IS 曲线向右移动，会使利率上升、收入增加。这是因为 IS 曲线右移是或

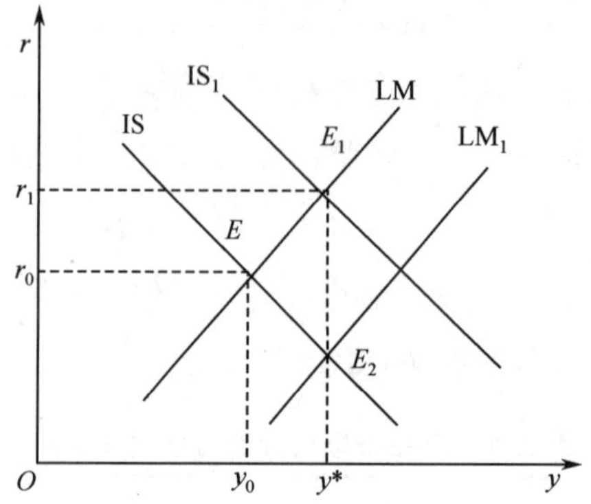

图 5-24 产品市场和货币市场的非均衡

消费、或投资、或政府支出增加的结果，即总支出或总需求增加，这会使得生产与收入增加，从而增加对货币的交易需求。在货币供给不变的情况下，人们只能通过出售有价证券获取货币，以用于交易所需。这样，在有价证券供给增多的情况下，有价证券价格下降，即利率上升。用同样的道理，也可以说明 LM 曲线不变而 IS 曲线向左移动时，收入减少、利率下降的状况。

当然，在 IS 曲线不变时，LM 曲线的移动也会引起利率与收入的变化。例如，假定在 IS 曲线不变、LM 曲线向右移动，利率会下降、收入会增加。这是因为 LM 曲线向右移动，或者货币需求不变而货币供给增加的结果，或者货币供给不变而货币需求减少的结果。在 IS 曲线不变，即产品市场供求不变的情况下，LM 曲线的向右移动，意味着货币供给大于货币需求，利率必然下降。利率的下降，会刺激消费与投资的增加，从而使收入增加。相反，IS 曲线不变、LM 曲线向左移动后，收入会减少、利率会上升。

另外，IS 曲线与 LM 曲线同时移动时，收入与利率也会发生变化，其变化取决于两条曲线的最终交点。

第六节 凯恩斯有效需求不足理论

一、有效需求

有效需求是指有支付能力的社会总需求，即总供给价格与总需求价格达到均衡时的总需求。总供给价格是指企业愿意雇用一定量工人所必需的价格，包括生产成本与预期的利润。总需求价格是指企业预期社会为购买全部商品所支付的价格。有效需求包括消费和投资需求两部分。凯恩斯认为有效需求总是不足的。凯恩斯否定“供给自行创造需求”的萨伊定律。凯恩斯认为在自由放任的条件下，有效需求通常都是不足的，形成经济萧条的根源是消费需求和投资需求所构成的总需求，不足以实现充分就业。也就是说，由于有效需求不足，社会上总会存在“非自愿失业”，所以市场不能自动实现充分就业的均衡。因为总需求价格大于总供给价格的时候，企业就会扩大生产；反之，就会因无法实现最低利润而裁减雇员，收缩生产。就业量取决于总供给与总需求的均衡点。短期内，生产成本和正常利润波动不大，总供给基本稳定，所以就业量实际取决于总需求。

二、凯恩斯的理论框架

凯恩斯宏观经济学的基本理论要点，可以分别用数学模型、图表、文字的形式进行概括与阐述。

（一）凯恩斯宏观经济学基本理论的数学模型表示

1）投资函数：$i=f(y)$，即 $i=e-dr$

2）储蓄函数：$s=f(r)$，即 $s=-\alpha+(1-\beta)y$

3）产品市场均衡条件：$i=s$，即 $y=\dfrac{\alpha+e-dr}{1-\beta}$

或
$$r=\frac{\alpha+e}{d}-\frac{1-\beta}{d}y$$

这就是 IS 曲线方程。

4）货币需求函数：$L=L_1+L_2=ky-hr$

5）货币供给函数：$m=\dfrac{M}{P}=m_1+m_2$

6）货币市场均衡条件：$L=m$，即 $y=\dfrac{h}{k}r+\dfrac{m}{k}$，或 $y=\dfrac{1}{k}\cdot\dfrac{M}{P}+\dfrac{h}{k}r$

或
$$r=\frac{k}{h}y-\frac{m}{h},\ 或 r=\frac{k}{h}y-\frac{1}{h}\cdot\frac{M}{P}$$

这就是 LM 曲线方程。

将 IS 曲线方程与 LM 曲线方程联立，便可求得产品市场与货币市场同时均衡时的收入与利率。

（二）凯恩斯宏观经济学基本理论的图表表示

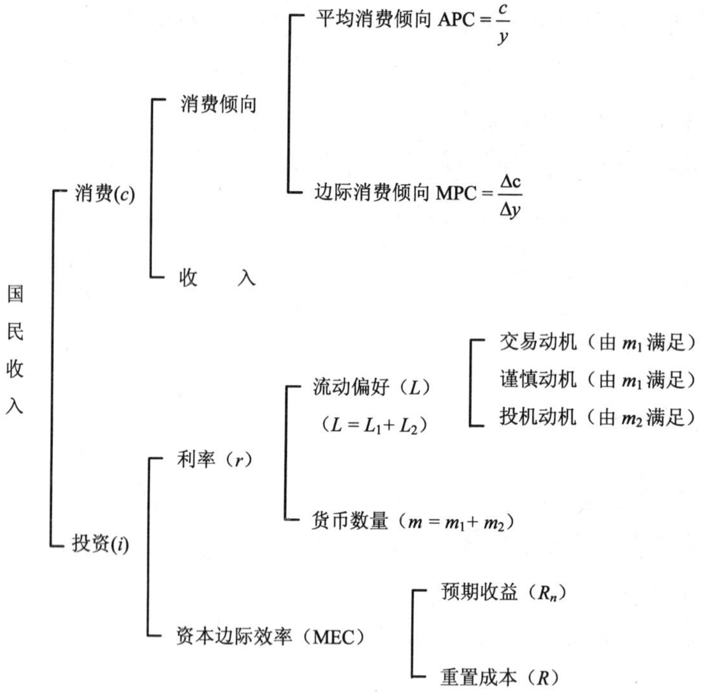

（三）凯恩斯宏观经济学基本理论的文字概括

第一，国民收入决定于消费与投资。消费与投资是总需求或总支出的组成部分，凯恩斯认为总需求决定国民收入，也就是消费与投资决定国民收入。

第二，消费由消费倾向与收入决定。消费倾向包括平均消费倾向与边际消费倾向。边际消费倾向大于 0 且小于 1，因此，收入增加时，消费也增加，但在增加的收入中用来增加消费的部分会越来越少，而用于储蓄的部分会越来越多。

第三，国民收入的变动主要受投资的影响。消费倾向相对比较稳定，故投资成为影响国民收入变动的主要因素。投资或增加或减少的变动引起国民收入或增加或减少的成倍变动。投资乘数与边际消费倾向成正比，而边际消费倾向大于 0 且小于 1，故投资乘数大于 1。

第四，投资由利率与资本边际效率决定。投资与利率成反比，与资本边际效率成正比。如果利率小于资本边际效率，就值得投资；如果利率大于资本边际效率，就不值得投资。

第五，利率决定于流动偏好与货币数量。流动偏好是货币需求，由对货币的交易需求与对货币的投机需求组成，其中，对货币的交易需求来自交易动机与谨慎动机，对货币的投机需求来自投机动机。货币数量是货币供给，由满足交易动机、谨慎动机的货币数量和满足投机动机的货币数量组成。

第六，资本边际效率由投资的预期收益与资本资产的供给价格或重置成本决定。资本边际效率与预期收益成正比，与重置成本成反比。

第七，凯恩斯认为，资本主义经济萧条的根源在于由消费需求与投资需求组成的总需求不足，而总需求不足的原因是三大基本心理规律。边际消费倾向递减规律决定了消费需求不足。边际消费倾向小于 1，人们不会把增加的收入全部用来增加消费，并且增加的收入用于增加的消费会越来越少，这就造成消费不足。资本边际效率递减规律决定了投资需求不足。增加一笔投资，既会增加对资本资产的需求，增加重置成本，又会在将来形成生产能力、增加产品供给、促使产品价格下降后，收益减少。因此，资本边际效率会随重置成本的增加、预期收益的减少而降低，从而使得投资需求不足。作为货币需求的流动偏好，会在利率极低时形成“流动性陷阱”，从而使利率在货币供给增加的情况下也不会降低，即流动偏好限制了利率的降低，最终抑制投资需求。这样，三大基本心理规律造成了有效需求不足。为解决有效需求不足，必须发挥政府的作用。政府应当运用增加政府支出或减少税收的财政政策和增加货币供给、降低利率的货币政策，以刺激消费与投资，从而增加收入，实现充分就业。由于“流动性陷阱”的存在，货币政策效果有限，增加收入应主要靠财政政策。

课后习题

一、名词解释

投资、资本边际效率、IS 曲线、交易动机、谨慎动机、投机动机、流动偏好陷阱、LM 曲线

二、简答题

1．怎样理解凯恩斯陷阱区域 LM 曲线的特征？

2．运用 IS–LM 模型分析产品市场和货币市场失衡的调整过程。

3．运用 IS–LM 模型分析均衡收入与利率的决定与变动。

4．已知投资函数 $i=1250-250r$，储蓄函数 $s=-500+0.5y$，货币供给量 $m=1250$，货币需求函数 $L=0.5y+1000-250r$。求均衡收入和利率。

5．简述凯恩斯理论框架。

6．简述有效需求不足的原因。

6

第六章 宏观经济政策分析

本章主要知识点

1. 宏观经济政策的四个目标
2. 财政政策的概念和构成
3. 平衡预算的财政思想与功能财政的思想的不同
4. 财政政策的自动稳定器及自动稳定器功能如何发挥
5. 斟酌使用的财政政策和货币政策
6. 财政盈余与财政政策的方向的关系
7. 货币创造的机制及货币创造乘数
8. 货币政策的基本政策工具
9. 财政政策和货币政策效果大小与IS曲线斜率和LM曲线斜率的关系
10. 凯恩斯陷阱中和古典主义极端中财政政策与货币政策效果的比较
11. 不同经济形势下的财政政策和货币政策的混合使用

考核要求

1. 识记：财政政策、货币政策、挤出效应、自动稳定器、法定准备率。
2. 领会：熟悉经济政策的四大目标、财政政策的构成及政策工具，理解充分就业预算盈余与财政政策方向，掌握财政政策（货币政策）对利率和消费、投资、GDP的影响，掌握财政政策和货币政策效果与IS曲线斜率和LM曲线斜率的关系，理解斟酌使用的财政政策和货币政策、能够区分功能财政与平衡预算财政，掌握凯恩斯陷阱中和古典主义极端里财政政策与货币政策效果的比较，理解挤出效应的影响因素，掌握货币乘数推导、熟悉三大货币政策工具、货币政策局限性，掌握财政政策和货币政策的混合应用。

3. 应用：结合实际掌握不同形式下的财政政策和货币政策的配合使用。

第一节 经济政策目标

宏观经济政策是指国家或政府为了增进整个社会经济福利、改进国民经济的运行状况、达到一定的政策目标而有意识和有计划地运用一定的政策工具而制定的解决经济问题的指导原则和措施。

宏观经济政策就是为了实现一定的经济政策目标而制定的。宏观经济政策目标是指宏观经济政策最终所要达到的目的。宏观经济政策的目标主要包括充分就业、物价稳定、经济持续均衡增长和国际收支平衡四大目标。

一、充分就业

充分就业是指在某一工资水平下，所有愿意接受工作的人都获得了就业机会。充分就业有广义和狭义之分。广义的充分就业是指一切生产要素（包含劳动）都有机会以自己愿意的报酬参加生产的状态。狭义的充分就业是指劳动的充分就业。但是充分就业并不等于全部就业或完全就业，而是仍然存在一定的失业。但所有的失业均属于摩擦性的和季节性的，而且失业的间隔期很短。通常把失业率等于自然失业率时的就业水平称为充分就业。

充分就业是经济学中的一个假设，指的是除了正常的暂时不就业（《就业、利息和货币通论》如工作转换等），所有的人都找到合适的职务，没有浪费现象。在充分就业情况下，仍然会存在摩擦性失业和结构性失业。充分就业与一定的失业率并存。凯恩斯提出的达到充分就业的经济主张：刺激私人投资，为扩大个人消费创造条件；促进国家投资，通过公共工程、救济金、教育费用、军事费用等公共投资，抵补私人投资的不足；政府通过实行累进税来提高社会消费倾向。

人力资源在任何社会都是第一资源，任何社会发展都首先取决于人力资源配置效率的高低。人力资源配置效率高低的根本标志就是就业或失业程度，就业与人力资源配置效率正相关，失业与人力资源配置效率负相关，经济学家、社会学家、人口学家和政治学家们把充分就业（Full Employment）视为人力资源与其他资源配置效率的最优状态。在现代市场经济中，当人力资源充分就业时，其他一切非人力资源也同时得到最有效率的利用，整个国民经济的实际产出接近或等于潜在产出，经济产出状态处在生产可能性曲线的最大边缘，经济发展和经济增长处在经济周期的繁荣阶段。由于充分就业状态及由此表现的整体经济运行状态处在人们期望的最优状态，实现充分就业就成为社会发展的重大关键问题，政府就有责任有义务在充分就业领域大有作为，充分就业就成为政府职能结构中最重要的构成要件，也是任何国家政府宏观调控的首选目标。

充分就业是凡是愿意并有能力工作的人都得到了一个较为满意的就业岗位，与之相对应，失业是指愿意并有能力工作的人没有得到就业岗位，失业是想得到就业岗位而被动地失去了就业机会，那些有工作能力而又不愿意工作的人不被视为真正意义上的失业，因而通常叫做自愿失业，那些处在法定劳动年龄段两端（如 18～60 岁）之外的人口也不被认为是失业人口。

充分就业者在工作岗位上能够做到有效率的工作，人力资源能够得到优化配置，也就是通常说的几个人的工作几个人干，如果两个人的工作三个人干，也被认为是有一个人失业，这就是经济学家通常说的“隐形失业人口”或“潜在过剩人口”。充分就业并不是人人都有就业岗位，在充分就业状态下仍然存在一定数量的结构性失业和摩擦性失业，即因技术进步、产业结构、劳动年龄和需求偏好变化而引起的职业转换过程中的暂时性失业，这种失业具有一定的自然合理性，属于劳动力人口的正常流动，是优化人力资源配置的动态调整过程，是经济发展和社会进步的需要。

充分就业无论在理论上还是在事实上都被认为是存在自然失业率的就业状态，自然失业率是长期均衡的失业率或充分就业的失业率，这时的经济运行周期处在高涨或繁荣阶段，失业补助、社会救济、福利开支、社会保障、生活水平、心理状况、人口规模、运行质态、社会认同等，都被认为是可以接受的状态。在不同国家和不同时期具有不同的自然失业率的具体数值，各国政府可以依据具体情况来确定本国特定时期是否实现了充分就业。以美国这个现代市场经济最为发达的国家为例，20 世纪五六十年代的自然失业率为 3.5%～4.5%，即 95.5%～96.5%的劳动力人口就业率就是充分就业状态；20 世纪 70 年代的自然失业率为 4.5%～5.5%，即 94.5%～95.5%的劳动力人口就业率就是充分就业状态；20 世纪 80 年代的自然失业率为 5.5%～6.5%，即 93.5%～94.5%的劳动力人口就业率就是充分就业状态。现代市场经济运行中的实际失业率若大大高于自然失业率，则表明有效需求不足和市场疲软，经济运行质量有待改进和提升，实际失业率接近或等于零则不可能，至于传统社会主义计划经济中存在的实际失业率接近或等于零的情形，实际上是客观存在的失业人口或过剩人口在非效率性过度就业状态下被“隐形失业人口”或“潜在过剩人口”所掩盖，不仅在事实上没能解决失业人口问题，反而又长期损失了经济和社会发展的应有效率。

充分就业既是微观居民户家庭实现收入最大化所追求的理性预期，也是宏观政府调控的首要政策目标。充分就业是重大工具意义和终极目的价值，充分就业可以权利保证；劳动者个人有了可靠的工作保障，找到稳定可靠的收入来源；劳动者也找到了自己的社会归属，自身将不再处于社会游离状态，不再被社会所抛弃和边缘，其心理将不再因失业而被扭曲；充分就业既可消除和减少纵向的政府与公众之间的社会剧烈摩擦，也可消除和减少横向的社会各阶层或各利益集团之间的巨大矛盾冲突。

二、物价稳定

稳定物价就是要抑制住通货膨胀、避免通货紧缩、维持币值的稳定，因此又常把这一目标称为“稳定币值”。本节所说的物价稳定，是指价格指数相对稳定，即不出现通货膨胀。价格指数是反映不同时期商品价格水平的变化方向、趋势和程度的经济指标。常用的价格指数主要有居民消费价格指数，又称消费者价格指数（CPI），是各国普遍编制的一种指数，其反映的是一定时期内消费者所购买的生活消费品价格和所服务项目价格的变动。通过这一指数可以观察消费价格的变动水平对消费货币支出的影响。商品零售价格指数反映的是一定时期内商品零售价格的变动。它的变动直接影响城乡居民的生活支出和国家的财政收入，影响居民的购买力和市场供需的平衡。零售价格指数只反映零售商品的价格变动，不包括服务价格。批发物价指数是根据商品批发价格变动资料所编制的，反映不同时期生产资料和消费品批发价格的变动趋势与幅度的相对数。批发物价指数的优点在于对商品流通比较敏感。其缺陷在于统计范围狭窄，所以许多国家没有将批发物价指数列为测定通货膨胀的代表性指标。GDP 平减指数，计算基础比 CPI 更广泛，涉及全部商品和服务，除消费外，还包括生产资料和资本、进出口商品和劳务等。因此，这一指数能够更加准确地反映一般物价水平走向，是对价格水平的最宏观测量。

三、经济持续均衡增长

用一定时期内的实际国内生产总值年均增长率来衡量经济持续均衡增长。保持经济持续均衡增长目标简称为经济增长目标。它包括两层含义，一是保持经济持续稳定增长；二是保持经济均衡增长。经济持续增长意味着一国经济要永远保持一个不变的或越来越快的经济增长速度。实际上，经济增长具有阶段性。处于不同经济阶段的国家，由于经济、技术、制度等方面的差别，增长速度可能存在较大的差异，例如，经济发达的国家和发展中国家之间就是如此。经济增长不仅具有阶段性，而且具有周期波动的特点。因此，保持经济持续增长，实际上是指保持一个与不同发展阶段相适应的、含常规波动的可持续的稳定的经济增长速度。保持经济均衡增长的含义就是指，在保持经济持续稳定增长的同时，实现经济总量的平衡和结构平衡。实现经济总量的平衡和结构平衡，是实现经济持续稳定增长的前提。

四、国际收支平衡

国际收支平衡是指一国国际收支净额即净出口与净资本流出的差额为零，即国际收支净额=净出口－净资本流出或 BP=NX−F，在特定的时间段内衡量一国对所有其他国家的交易支付。如果其货币的流入大于流出，国际收支是正值。此类交易产生于经常项目，金融账户或资本项目。国际收支平衡被视做一国相关价值的另一个经济指标，包括贸易余额、境外投资和外方投资。当一国国际收入等于国际支出时，称为国际收支平衡。一国国际收支的状况主要取决于该国进出口贸易和资本流入流出状况。

当一国国际收支处于不平衡状态时，市场机制可以进行某种程度的调节，但这种调节的力度有限，特别是在固定汇率制度下。政府作为宏观经济的管理者，在很多情况下要实施不同的宏观经济政策以弥补市场对国际收支平衡调节力度的不足。但是在不同的汇率制度下，其所实施的不同的宏观经济政策收到的效果也不同。下面分别分析在浮动汇率制度和固定汇率制度下一国国际收支平衡的调节机制与政策效应。

但是充分就业、国际收支平衡、持续均衡的经济增长、物价水平稳定四个最终目标要同时实现是非常困难的。它们之间既有一致性又有矛盾性。首先，稳定和充分就业之间的矛盾。通货膨胀率与失业率存在此消彼长关系，因此，要维持实现充分就业目标，就要牺牲一定的物价稳定；而要维持物价稳定，又必须以提高若干程度的失业率为代价。其次，稳定与经济增长之间的矛盾。两者根本上是统一的，但如果促进经济增长的政策不正确，如以通货膨胀政策刺激经济，暂时可能会导致经济增长，但最终会使经济增长受到严重影响。再次，增长与国际收支平衡之间的矛盾。如果经济迅速增长，就业增加，收入水平提高，加快进口贸易增长，导致国际收支状况恶化，而要消除逆差必须压缩国内需求，而紧缩货币政策又会引起经济增长缓慢乃至衰退。最后，稳定与国际收支平衡之间的矛盾。为了平抑国内物价，增加国内供给，就必须增加进口，减少出口，导致国际收支逆差。反之一样。总之，实际经济运行中，要同时实现四个目标非常困难，因此，在制定货币政策目标时，要根据国情，在一定时间内选择一个或两个目标为货币政策的主要目标。

第二节 财政政策和货币政策概述

一、需求管理政策

回顾一下，上一章讲到的 IS 曲线和 LM 曲线，它们在相同的坐标平面内，横坐标表示国民收入，纵坐标表示利率。通过上一章可知，我们通过 IS 曲线的移动来描述财政政策，通过 LM 曲线的移动来描述货币政策。用 IS 曲线方程和 LM 曲线方程可以计算出均衡收入和均衡利率。用 IS 曲线和 LM 曲线的图形结合在一起来说明财政政策和货币政策的效果。

财政政策是指政府变动税收和支出，以便影响总需求，进而影响就业和国民收入的政策。货币政策是指政府货币当局通过银行体系变动货币供给量来调节总需求的政策。财政政策和货币政策的实质是相同的，它们都是通过影响利率、消费和投资，进而影响总需求，使就业和国民收入得到调节。所以财政政策和货币政策又被称为需求管理政策。

广义的宏观经济政策除了包括财政政策和货币政策，还包括产业政策、收入分配政策和人口政策。国家进行宏观经济政策的调节手段主要有三种，一是经济手段，用于间接调控宏观经济；二是法律手段，对于宏观经济进行强制调控；三是行政手段，对于宏观经济进行直接调控。

二、财政政策和货币政策的影响

通过表 6-1 来看看财政政策和货币政策的效果。

表 6-1　财政政策和货币政策的影响

政策种类	对利率的影响	对消费的影响	对投资的影响	对 GDP 的影响
财政政策——减少所得税	上升	增加	减少	增加
财政政策——增加政府购买和转移支付	上升	增加	减少	增加
财政政策——投资津贴	上升	增加	增加	增加
货币政策——扩大货币供给	下降	增加	增加	增加

第三节　财政政策及政策工具

一、财政的构成

政府对经济生活的干预是通过政府的财政支出政策和财政收入政策进行的。

（一）财政支出

政府购买是政府对商品和劳务的购买，购买军需品、警察装备用品、政府机关办公用品、付给政府雇员的酬金、各种公共工程项目的支出等都属于政府购买。可以说，政府购买涉及各种项目，从航空母舰到森林管理人员的薪金，无所不包。由于政府购买发生了商品和劳务的实际交换，直接形成了社会总需求和实际购买力，是国民收入的一个重要组成部分，因此是一种实质性的支出，它的大小是决定国民收入水平的主要因素之一，直接关系到社会总需求的规模。政府购买支出的变动对整个社会总支出水平起着举足轻重的调节作用。当社会总支出水平过低，人们的有效需求不足，存在严重的失业时，政府可以通过增加购买支出，如兴办学校、增加教育投入、举办公共工程，以增加整个社会的总需求水平，减少失业，同经济衰退进行斗争。相反，当社会总支出水平过高、社会存在超额需求、存在通货膨胀时，政府应该采取减少政府的购买性支出的政策，以降低社会的总体有效需求，抑制通货膨胀，从而使经济达到充分就业的均衡。因此，通过改变政府购买性支出水平是政府财政政策的强有力手段之一。

政府支出的另一部分是转移支付，与政府购买性支出不同，政府转移支付是指政府的社会福利等支出，如卫生保健支出、收入保障支出、退伍军人福利、失业救济和各种补贴等方面的支出。既然转移支付也是政府支出的重要组成部分，政府转移支付的增减对整个社会总支出同样具有重要的调节作用。与政府购买性支出一样，政府转移支付也是一种重要的财政政策工具。一般来说，当社会总支出水平不足、社会的有效需求不足、经济社会失业增加时，政府可以通过增加政府的转移支付、提高社会福利水平，使公众手中的可支配收入增加，从而提高人们的消费水平，增加整个社会的有效需求，减少失业；当社会总支出水平过高、有效需求过旺、存在通货膨胀时，政府则应该减少政府的转移支付，降低社会福利水平，使人们的可支配收入减少，降低公众的消费水平，从而使社会的有效需求降低，以制止通货膨胀。总之，通过政府转移支付的变动达到总供给与总需求的均衡，实现经济持续稳定地增长。政府购买支出和转移支付的变动通过乘数效应作用于国民收入，由于购买支出乘数大于转移支付乘数，因此，政府的购买支出乘数效应大于转移支付乘数效应。

在政府的收入中，税收是最主要的部分。经济学家普遍给税收这样定义：税收是个人和企业不能等价交换商品和服务而向政府的非自愿的支付。西方国家财政收入的增长，在很大程度上源自税收收入的增长。税收依据不同的标准可以进行不同的分类。根据课税对象的不同，税收可以分为财产税、所得税和流转税三类。财产税是指对纳税人的动产和不动产课征的税收。许多国家对财产的赠予或继承征税，有些国家还对纳税人的净财产（资产减去负债）征税，称为个人财产税。所得税是对个人和公司赚取的所得课征的税收。在西方政府税收中，所得税占有的比例较大，因此，其税率的变动对社会经济生活会产生巨大的影响。流转税是对流通中的商品和劳务的交易额课征的税收，增值税是其中主要的税种之一。根据收入中被扣除的比例，税收可分为累退税、累进税和比例税。累退税是指税率随征税客体总量增加而递减的一种税；比例税是税率不随征税客体总量变动而变动的一种税，即按一个统一的税率比例从收入中征收，多适用于流转税和财产税；累进税是税率随征税客体总量增加而增加的一种税。西方国家的所得税大部分属于累进税。这三种类型的税通过税率的变动反映了赋税的负担轻重和税收总量的关系，因此，税率的高低及变动的方向对经济活动如个人收入和消费、企业投资、社会总需求等都会产生极大的影响。

（二）财政收入

税收既是国家财政收入的主要来源之一，又是国家实施其财政政策的一个重要手段，它与政府的购买性支出、政府的转移支付一样，同样具有乘数效应，即政府税收的变动对国民收入的变动具有成倍的作用。在讨论税收乘数时，一般要分清两种情况：一种是税率的变化对国民收入的影响；另一种是税收绝对量的变动对国民收入的影响。因此，税收作为一种财政政策工具，既可以通过改变税率也可以通过变动税收总量来实现宏观经济政策目标。例如，可以通过一次性减税即变动税收总量来达到刺激社会总需求的目的，还可以通过改变税率使社会总需求得以变动，以此达到预订的目标。由于改变税率主要是所得税税率的变动，一般而言，当税率降低时，会引起税收的减少，个人和企业的消费和投资增加，以致整个社会的总需求增加及国民收入水平的提高。反之，税率的提高，会导致社会总需求的减少和国民收入水平的降低。因此，当经济社会有效需求不足时，一般可采用减税这种扩张性的财政政策抑制经济的衰退，而经济出现需求过旺通货膨胀时，可通过增加税收这种紧缩性的财政政策抑制通货膨胀。

公债是政府向公众举借的债务，或者说是公众对政府的债权，它是政府财政收入的另一个组成部分。公债是相对于私债而言的，其最大的区别就在于公债的债务人是拥有政治权利的政府。公债与税收不同，公债是以国家（或政府）信用为基础的，是政府以其信用向公众筹集财政资金的特殊形式。从公债发行的主体看，有中央（联邦）政府公债和地方各级政府公债，通常将中央政府发行的公债称为国债，它是指本国公民持有的政府债券。公债一般分为短期公债、中期公债、长期公债三种形式。短期公债一般指偿还期在 1 年或 1 年以内的公债，短期公债最常见的形式是国库券，主要是为了弥补当年财政赤字或解决临时资金周转不灵的问题，利息一般较低，主要进入短期资本市场（货币市场）。中期公债是指偿还期限在 1～5 年的公债，主要目的是弥补财政赤字或筹措经济建设资金。长期公债则是指偿还期限在 5 年以上的公债，但一般按预先确定的利率逐年支付利息，主要是为了筹措经济建设资金。中长期公债由于期限长、风险大因而利率较高，也是西方国家资本市场上最主要的交易手段之一。从以上对公债的性质的分析可以看出，政府发行公债，一方面能增加政府的财政收入，弥补财政赤字，筹措建设资金，影响财政收支，属于政府的财政政策；另一方面又能对货币市场和资本市场在内的金融市场产生扩张和收缩的作用，通过公债的发行在金融市场上影响货币的供求，促使利率发生变动，进而影响消费和投资，调节社会总需求水平，对经济产生扩张和收缩的效应。因此，从这一点上来看，公债既具有财政政策的功能，又有一定的货币政策作用。

扩张性财政政策即增加政府支出、减少政府税收或二者双管齐下，以刺激总需求，解决衰退和失业问题；相反，当总需求过旺、价格水平持续上涨时，政府要实行紧缩性财政政策，如减少政府支出、增加政府税收或二者双管齐下，以抑制总需求，解决通货膨胀问题。这种根据不同的经济形势而交替使用的扩张性和紧缩性财政政策被称为补偿性财政政策或斟酌使用的财政政策。

二、功能财政

功能财政是指实现了充分就业这一目标时，预算可以是盈余的，也可以是赤字的。预算赤字是指政府财政支出大于收入的差额。预算赤字往往是政府采取扩张性的财政政策即减税和扩大政府支出而造成的政府支出大于收入的结果，政府支出大于收入的差额即为预算赤字。预算盈余是指政府收入超过支出的余额。预算盈余是政府实行紧缩性财政政策即增加税收和减少政府支出而造成政府的收入大于支出的结果，政府收入超过支出的余额产生了预算盈余。

功能财政思想是凯恩斯主义的财政思想，是对凯恩斯以前的财政平衡预算思想的否定。20 世纪 30 年代以前，西方国家奉行的理财思想基本上还是亚当·斯密在其 1776 年出版的《国富论》中提出的原则：一个谨慎行事的政府应该厉行节约，量入为出，每年预算都要保持平衡。这就是所谓的年度平衡预算思想，它要求每个财政年度的收支平衡。30 年代的世界经济危机和“凯恩斯革命”使人们意识到在经济衰退时期机械地保持预算平衡既无必要也会加深衰退。在衰退时税收会由于收入的减少而减少，要保持年度预算平衡，就必然减少政府支出或提高税率，结果加深了衰退；在经济繁荣、通货膨胀严重时，由于税收随收入的增加而增加，为了减少盈余，保持年度预算平衡，政府必然增加支出或降低税率，结果造成更严重的通货膨胀。因此，年度预算平衡的思想受到众多经济学家的质疑。这样，年度平衡预算思想发展为保持每个经济周期的预算平衡思想，这就是周期平衡预算。在萧条时期政府采取扩张性政策，可以允许赤字的存在；在繁荣时期政府采取紧缩性政策，可以有预算盈余，但要以繁荣时期的预算盈余弥补衰退时期的预算赤字，使每个经济周期政府的盈余和赤字相抵，实现整个经济周期的预算平衡。周期平衡预算的思想仅从理论上讲十分完美，但具体实行起来却非常困难，因为在一个经济周期内很难准确地估计出繁荣和衰退的时间和程度，并且两者更难相等，因此，周期平衡预算很难实现。充分就业平衡预算是指政府应当使支出保持在充分就业条件下所能达到的净税收水平。

1962 年美国肯尼迪政府总统经济顾问委员会提出一个新的思想，认为每年度的预算平衡甚至周期的预算平衡都是不必要的。财政政策目标应该是提供足够的有效需求在制止通货膨胀的同时实现充分就业，因此，不能机械地用财政预算收支平衡的观点对待预算盈余和预算赤字，而应从反经济周期的需要出发来合理地利用预算盈余和预算赤字。当存在通货紧缩缺口即有大量失业存在时，政府有责任不惜一切代价实行扩张性财政政策，增加政府支出和减少税收，实现充分就业。即使原来存在预算赤字，政府也应不惜赤字地继续扩大而果断地执行扩张性的财政政策。当经济存在通货膨胀缺口时，政府要采取紧缩性财政政策即减少支出、增加税收，即使原先存在预算盈余，也要不惜盈余地继续扩大实施紧缩性政策。功能财政的中心思想就是：政府为了实现充分就业和物价的稳定，应根据经济形势的变化采取相应的政策措施，需要有赤字就有赤字，需要存在盈余就有盈余，而不应单纯地为实现财政的收支平衡而影响政府制定和执行正确的财政政策。

功能财政思想否定了原来的预算思想，主张预算的目标是实现无通货膨胀的充分就业，而不是仅仅追求政府的收支平衡，因此，这一思想的提出同单纯强调政府收支平衡的思想相比是一大进步。但是，也因该看到，功能财政的实施也存在相当大的困难。一方面，经济形势的波动常常难以预测，对经济形势的估计也不会十分准确；另一方面，政府的决策需要一定的时间，并且效果也具有某种滞后性，所以导致这种政策难以奏效。例如，为消除失业采取了减税和增加政府支出等扩张性财政政策后，由于政策的滞后性，经济形势可能已转入了繁荣，但扩张性政策仍在实施，结果会导致更加严重的通货膨胀。

三、自动稳定器

自动稳定器也称为内在稳定器，是经济中一种自动的作用机制，它可以自动地减少由于自发总需求变动而引起的国民收入波动，使经济发展较为平稳。自动稳定器主要是指那些对国民收入水平的变化自动起到缓冲作用的财政调节工具如政府税收等，它的功能表现在：当经济繁荣时自动抑制通货膨胀，在经济出现萧条时自动减轻萧条，而不需要政府采取任何措施。自动稳定器是通过以下几项制度发挥其作用的。

（1）政府税收。税收特别是个人所得税和公司所得税是重要的稳定器。在经济萧条时期，国民收入水平下降，个人收入减少，在税率不变的条件下，政府税收会自动减少，而人们的可支配收入也会因此自动地减少一些，虽然萧条时期的消费和需求有一些下降，但会下降得少一些。例如，在累进税制情况下，由于经济萧条会引起收入的降低，使某些原来属于纳税对象的人下降到纳税水平以下，另一些人也被降到较低的纳税等级。结果，个人缴纳的税因为国民收入水平的降低而减少了，政府税收下降的幅度会超过收入下降的幅度，从而起到抑制经济萧条的作用。反之，在通货膨胀时期，失业率较低，人们收入会自动增加，税收会因个人收入的增加而自动增加，使得个人可支配收入由于税收的增加而少增加一些，从而使消费和总需求自动增加得少一些。在实行累进税制情况下，经济的繁荣使人们收入增加，更多的人由于收入的上升自动地进入到较高的纳税等级。政府税收上升的幅度会超过收入上升的幅度，从而使得通货膨胀有所收敛。另外，公司所得税也具有同样的作用。

（2）政府转移支付。这里的政府转移支付主要包括政府的失业救济金和其他的社会福利支出。在经济出现衰退和萧条时期，由于失业人数增加，符合领取失业救济金的人数相应增加，政府转移支付会自动增加，使得人们的可支配收入增加一些，这就可以抑制经济萧条使人们收入下降而使个人消费和总需求下降，起到抑制经济萧条的作用。反之，当经济过热产生通货膨胀时，由于失业率降低，符合领取失业救济金和各种补贴的人数减少，政府的这笔支出会因此自动减少，从而自动地抑制可支配收入的增加，使消费和总支出减少，内在稳定器在一定程度上可以起到降温和遏制通货膨胀的作用。

（3）农产品价格维持制度。经济萧条时期，国民收入水平下降导致价格水平降低，农产品价格也将下降，政府为了抑制经济衰退，依照农产品价格维持制度，按支持价格收购农产品，使农民收入和消费维持在一定水平上，不会因国民收入水平的降低而减少太多，也起到刺激消费和总需求的作用。当经济繁荣时，由于国民收入水平提高使整体价格水平上升，农产品价格也因此上升，这时政府减少对农产品的收购并售出库存的农产品，平抑农产品价格，无形中抑制了农民收入的增加，从而降低了消费和总需求水平，起到抑制通货膨胀的作用。

总之，税收、政府转移支付的自动变动和农产品的价格维持制度在一定程度上对宏观经济运行起到了稳定的作用，成为财政制度的内在稳定器和防止经济大幅度波动的第一道防线。各种自动稳定器一直都在起减轻经济波动的作用，但效果有限。

四、斟酌使用的财政政策

西方经济学者认为，为确保经济稳定，政府要审时度势，根据对经济形势的判断，逆经济风向行事，主动采取一些措施稳定总需求水平。斟酌使用的财政政策是指政府审时度势，斟酌使用，变动支出水平或税收，以稳定总需求水平，使之接近物价稳定的充分就业水平。但是一般都是交替使用扩张性和紧缩性财政政策。或扩张或紧缩，斟酌使用，权衡使用就是补偿性财政政策。具体应用就是逆经济风向而行。在经济萧条时，总需求小于总供给，存在失业。政府要采取扩张性的财政政策，降低税率，增加政府转移支付，扩大政府支出，目的是刺激总需求，以降低失业率。在经济过热时，总需求大于总供给，存在通货膨胀。政府采取紧缩性的财政政策，提高税率，减少政府转移支付，降低政府支出，以此抑制总需求的增加，进而遏制通货膨胀。这就是斟酌使用的财政政策。

五、预算盈余及预算赤字的弥补

依照功能财政的思想，政府实行扩张性财政政策，即政府增加支出或降低税率会提高国民收入水平，刺激经济。反之，政府采取紧缩性财政政策如减少支出或提高税率将使国民收入水平降低，从而抑制经济。政府支出增加会使预算盈余减少或使预算赤字增加，而税率的提高则会使预算盈余增加或使预算赤字减少。这样就容易将预算盈余或预算赤字作为衡量财政政策对经济产生影响大小的一种简单标准，一般将预算盈余减少或预算赤字增加看成扩张性财政政策的结果，将预算盈余的增加或预算赤字的减少看成紧缩性财政政策的结果，但事实并非如此。因为预算盈余或预算赤字有时并不是由财政政策的主动变动引起的，而是由某些自发的支出变动被动地引起的。例如，在经济衰退时期，由于收入水平下降，私人消费和投资支出的减少引起国民收入水平的下降，在自动稳定器的作用下，进而引起税收的自动减少，政府转移支付的增加，也会引起预算盈余减少或预算赤字增加；在经济高涨时期，由于收入水平上升，会引起私人消费和投资支出的增加，国民收入水平提高，在自动稳定器机制的作用下，税收自动会增加，政府转移支付会自动减少，从而使预算盈余增加或预算赤字减少。上述两种情况下出现的预算盈余或预算赤字的变动与财政政策本身无关，也就说明不能简单地将预算盈余或预算赤字的变动作为判断财政政策是紧缩性还是扩张性的标准。引起预算盈余或预算赤字的变动的原因可能来自两方面：一是经济运行情况本身的变动，即经济趋向高涨时会引起预算盈余的增加或赤字的减少，经济趋向衰退时会引起预算盈余的减少或赤字的增加；二是财政政策的变动，即扩张性财政政策会使预算盈余减少或赤字增加，紧缩性政策会使预算盈余增加，赤字减少。因而，仅凭预算盈余或赤字的变动很难判断出财政政策是扩张性的还是紧缩性的。要使预算盈余或赤字成为衡量财政政策是扩张性还是紧缩性的标准就必须消除经济周期波动本身的影响。美国经济学家 C・布朗（C.Brown）在 1956 年提出了充分就业预算盈余的概念。

充分就业预算盈余是指既定的政府预算在充分就业的国民收入水平（潜在国民收入水平）上所产生的政府预算盈余，它是以充分就业的国民收入水平，而不是实际国民收入水平来衡量预算状况的。以实际国民收入水平衡量的预算盈余，是实际的预算盈余。充分就业的预算盈余和实际的预算盈余两者的差别就在于充分就业的国民收入水平和实际国民收入水平的差额。如果以 BS*代表充分就业的预算盈余，BS 代表实际的预算盈余，y_f代表充分就业的国民收入水平，y 表示实际国民收入水平，t、G、TR 分别表示边际税率、既定的政府购买支出和政府转移支付支出，则：

$$\begin{aligned} \mathrm{BS}^* - \mathrm{BS} &= ty_f - G - \mathrm{TR} - ty - G - \mathrm{TR} \\ &= ty_f - ty \\ &= t(y_f - y) \end{aligned}$$

如果实际国民收入水平低于充分就业的国民收入水平，则充分就业预算盈余大于实际预算盈余，即 $y_f>y$ 时则有 BS*>BS。

反之，如果实际国民收入水平高于充分就业的国民收入水平，则充分就业预算盈余就小于实际预算盈余，即 $y_f<y$ 时有 BS*<BS。

如果实际国民收入水平等于充分就业的国民收入水平，则充分就业预算盈余等于实际预算盈余，即 $y_f=y$ 时有 BS*=BS。

西方经济学家认为，充分就业预算盈余概念的提出有两个重要的作用。第一，把国民收入水平固定在充分就业时的水平上，消除了经济中收入水平周期性波动对预算状况的影响，从而就能更准确地反映财政政策对预算状况的影响，并为判断财政政策究竟是扩张性还是紧缩性提供了一个较为准确的依据。如果充分就业的预算盈余增加了或预算赤字减少了，就说明财政政策是紧缩性的，反之则说明政策是扩张性的。第二，充分就业预算盈余概念的提出，使政策的制定者更加重视充分就业的问题，把充分就业作为目标来确定预算盈余或赤字的规模，以便正确地确定财政政策。正因为如此，这一概念一经提出就得到了广泛的运用。但是，也要注意到，这一概念同样也存在着一定的缺陷，主要是充分就业的国民收入或潜在的国民收入很难被较为准确地估算出来。

遵循功能财政的思想，许多西方国家先后实行了政府干预经济的积极财政政策，这种政策就是逆经济风向行事的“相机抉择”。但由于政府出于政治上的考虑，大部分是实行消除失业的扩张性财政政策，结果造成财政赤字的上升和国家债务的累积。

财政赤字是国家的预算开支超过收入的结果。弥补财政赤字的方法有二：借债和出售政府债券。政府借债又有两种方法：一种方法是向中央银行借款，由中央银行购买政府债券，这会引起货币供给增加。中央银行购买政府债券，实际上是通过创造新货币来进行支付，这种为赤字筹资的方式称为货币筹资，结果会引发通货膨胀，其本质上是用征收通货膨胀税的方法解决赤字问题。许多发展中国家解决赤字问题往往采用这种方法，但发达国家却很少使用这种方法。另一种方法是发行公债，包括内债和外债。内债是政府向本国居民、企业和各种金融机构发行的债券；外债是向外国举借的债务，包括向外国借款和发行外币债券，发行债券可称为债务筹资。从一般意义上讲，内债是向国内公众举借的债务，是将购买力由公众向政府进行转移，由于基础货币并没有增加，故不会引起直接的通货膨胀。但政府债券的发行往往会引起债券价格下降，利率上升，中央银行要想稳定利率，只有在公开市场业务中买进政府债券，无形中增加了货币供给，使得预算赤字增加的同时引起了通货膨胀。

公债作为政府取得收入的一种形式起到了弥补财政赤字的作用，但政府发行公债毕竟是一种负债，与税收不同，发行公债是要还本付息的，当每年累积的债务构成了巨大的债务净存量时，这些债务净存量所支付的利息又构成政府预算支出的一个重要的部分。在美国，政府的利息支出在 GDP 中的比重在 20 世纪 60 年代为 1.3%，到 90 年代初上升到 3.5%，政府的利息支付在 30 年间增长了近 3 倍，利息支付已成为政府支出中的主要组成部分。在政府预算的总赤字中，包括两个主要部分：非利息赤字（除利息支出外的全部政府支出与政府收入之差）和利息支出。因此，当非利息赤字为零或不变时，只要利息支出增加，政府的预算赤字就会进一步增长。假设其他条件不变，赤字增长会引起政府增加债券的发行，导致政府债务增加，债务的增加又会引起政府利息负担的加重，使赤字进一步增长，如此循环往复，公债的利息支付成为与政府赤字、公债便会同步增长。衡量一国债务负担率的指标是债务-收入比率，它是一国债务与 GDP 的比率。债务-收入比率的变动主要取决于以下几个因素：公债的实际利率、实际 GDP 的增长率和非利息预算盈余的状况。当非利息预算盈余不变时，公债的利率越高，GDP 的增长率越低，这一比率将会上升；若非利息预算盈余不断增加，实际利率有所下降，实际 GDP 不断提高，则这一比率将会逐步下降。

目前，世界上大多数国家的政府债务累积额都在不断增加，1992 年年底，美国的政府债务总量已达到 4 万亿美元。面对日益庞大并且不断增长的政府债务，西方经济学家对公债的是非功过提出了各自不同的看法，争论的焦点涉及两大问题：公债的资源配置效应和公债的收入分配效应。一些经济学家认为，公债无论是内债还是外债，和税收一样，都是政府加在人民身上的一种负担。原因是公债要还本付息，它最终是要通过征税和发行货币的方法得以解决，必然加重人民的负担。同时这种负担还将转移到未来几代人的身上，往往通过发行新债的办法来偿还旧债。然而，另一些经济学家则认为，外债对一国公民而言是一种负担，因为其本金和利息必须使用本国公民创造的产品来偿还，但内债则不同，因为内债是政府欠人民的债，而内债的还本付息，归根结底来自课税，所以是“自己欠自己的债”。从整个国家来看，债权和债务总是恰好相抵的，因而不构成负担。况且政府总是存在的，会通过发新债的办法偿还旧债，即使通过征税的办法来偿还债务，实际上也仅是财富的再分配而已，对整个国家来说，财富并未损失。尤其是当经济未达到充分就业时，由于发行公债可以促进资本的形成，增加有效需求，使经济增长速度加快，可以为子孙后代创造更多的财富，因此不会对子孙后代产生不良影响。只有在充分就业的情况下，发行公债并且不是用于资本的形成，或者公债的增加挤占了私人投资，这种公债的发行就会成为人们的负担。

六、财政政策的资源配置效应

市场经济条件下，政府投资与一般的社会投资所涉及的领域是完全不同的。社会投资主要集中在竞争性的、私人产品的生产领域；政府投资则主要集中在带有较强垄断性的、公共产品的生产领域。政府投资的资源配置效应就是指社会资源在这两大领域、尤其是在私人产品与公共产品生产领域的分配比例。

第四节 财政政策效果概述

一、财政政策效果的图形分析及挤出效应

（一）财政政策效果

财政政策的效果可以通过 IS-LM 曲线的图形来分析。财政政策效果是指变动政府收支，使得 IS 变动，对国民收入变动产生的影响。如图 6-1 中，当 IS 曲线由 IS_1 移动 IS_2 时均衡国民收入由 y_1 增加到 y_2。

财政政策效果可以用财政政策乘数来表示或计量。财政政策乘数是指在实际货币供给量不变的情况下，政府收支的变化可以使国民收入变动多少。例如，政府增加一美元的购买性支出导致了国民收入增加了多少，用公式表示为：

$$\frac{dy}{dg}=\frac{1}{1-\beta(1-t)+\frac{dk}{h}}$$

式中，β 表示边际消费倾向；t 表示税收函数中的边际税率；d 代表投资需求函数 $i = e-dr$ 中投资的利率弹性；k 和 h 分别表示货币需求函数中货币需求的收入弹性和利率弹性。

政府部门加入后（以定量税为例，比例税也可以得到相似的结果），IS 曲线公式变为 $y=\dfrac{a+e-dr+g+btr-bT}{1-b}$，三部门的政府支出乘数是 $\dfrac{1}{1-b}$。在横轴上，截距增加了 $\dfrac{\Delta g}{1-b}$，表现在图形中，收入由 y_1 增加到 y_3，但实际上的财政政策效果却小于这个数值，实际上财政政策的效果在图形中表现为国民收入增加量为 y_1y_2，y_1y_2 小于 y_1y_3。y_1y_3 与 y_1y_2 之间的差额 y_2y_3 就是挤出效应。

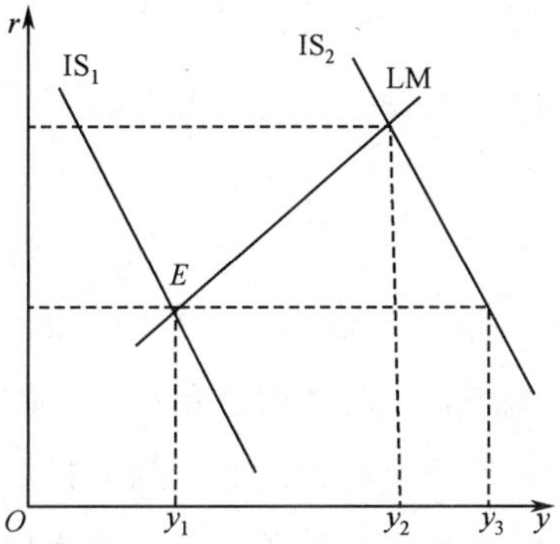

图 6-1　财政政策效果及挤出效应

（二）挤出效应

挤出效应是指政府支出增加提高国民收入水平的同时也引起利率的提高，从而使得私人部门的消费与投资减少。挤出效应可能是部分的，也可能是完全的。当私人投资的减少小于政府支出的增加时，这时的挤出效应就是部分的；当私人投资的减少量与政府支出的增加量相等时，挤出效应就是完全的。总之挤出效应的大小，决定了财政政策效果。挤出效应越小，财政政策效果越大，反之亦然。挤出效应的存在，财政政策乘数要小于政府支出乘数。图 6-1 中，财政政策乘数作用使得国民收入的增加量为 y_1y_2，政府支出乘数的作用使得国民收入的增加量为 y_1y_3，可以看出，财政政策乘数要小于政府支出乘数。什么情况下政府的挤出效应是完全的，什么情况下是部分的，依经济社会的经济运行状况的不同而不同。

当经济达到充分就业时，政府支出增加会导致私人投资以如下方式减少：由于政府支出增加，产品市场上产出水平达到极大，导致在产品市场上对商品和劳务的购买竞争加剧，物价水平上涨，如果在这时货币的名义供给量不变，实际的货币供给量必然会由于价格的上涨而减少。由于产出水平不变，用于交易需求的货币量（m_1）不变，只有使用于投机需求的货币量（m_2）减少。结果，债券价格会下跌，利率上升，必然导致私人投资支出减少。私人投资的减少，必将产生一系列的影响，首先使总需求减少，导致国民收入降低，影响人们的消费水平，使人们的消费随之降低。这就是说，政府支出的增加“挤占”了私人的投资和消费。

短期中，如果工人由于存在货币幻觉或受工资契约的约束，货币工资不能随物价上涨同步增加，企业会由于工人实际工资水平的降低而增加对劳动的需求，因此，短期内就业和产量会增加。但从长期来看，工人会由于物价的上涨要求增加工资，企业也将把对劳动的需求稳定在充分就业的水平上，因此，政府支出的增加只能完全地挤占私人的投资和消费，“挤出效应”是完全的。

当经济处于非充分就业时，政府采取扩张性财政政策，增加政府支出，同样会对私人投资产生“挤出效应”，但一般来说，这时政府支出的增加对私人投资的挤出效应不会是完全的，原因在于此时的经济社会存在一定的失业，政府扩张性的财政政策多少能使就业和产出增加一些。但为什么在非充分就业的经济中，政府支出的增加还会对私人投资有一定的挤出效应呢？因为政府支出的增加提高了总需求水平，必然使产出水平相应提高，交易需求所需的货币量随之增加，在名义货币供给不变的情况下，货币需求就大于货币供给，利率因此而上升，从而导致私人投资水平不同程度的下降。

政府支出会在多大程度上“挤占”私人投资呢？具体来说取决于以下几个因素。

第一，货币需求的收入弹性。货币需求的收入弹性就是货币需求函数($L=ky-hr$)中的 k。货币需求的收入弹性越大，LM 曲线越陡峭，说明货币需求对产出水平越敏感，一定的国民收入增加所引起的货币需求的增加也大。在货币供给量不变的前提下，货币需求越大，利率上升得越高，私人投资和总需求减少得越多，国民收入增加得越少，即挤出效应越大。反之，货币需求的收入弹性越小，LM 曲线越平坦，挤出效应越小。

第二，货币需求的利率弹性。货币需求的利率弹性就是货币需求函数中的 h。货币需求的利率弹性越小，LM 曲线越陡峭，说明货币需求对利率越敏感，一定的货币需求增加需要利率上升很多，从而投资和总需求减少得就多，国民收入也就减少得越多，即挤出效应越大。反之，货币需求的利率弹性越大，LM 曲线越平坦，挤出效应就越小。

第三，投资的利率弹性。投资函数 $i=e-dr$ 中的 d 就是投资的利率弹性，它表示投资需求对利率的敏感程度。投资的利率弹性越大，说明投资需求对一定的利率变动越敏感，IS 曲线的斜率就越小，IS 曲线越平坦，一定的利率变动所引起的投资变动也就越大，使总需求和国民收入的变动越大，因而挤出效应就越大。反之，投资的利率弹性小，挤出效应也越小。

第四，支出乘数。支出乘数越小，IS 曲线斜率会越大，IS 曲线越陡峭，政府支出所引起的国民收入的增加也越少，但利率提高使投资减少所引起的国民收入的减少也越少，即挤出效应也越小；反之，支出乘数越大，IS 曲线斜率就越小，IS 曲线越平坦，挤出效应也越大。

在这些影响挤出效应的因素中，支出乘数主要取决于边际消费倾向。一般而言，边际消费倾向是比较稳定的，同时税率也不会轻易变动。货币需求的收入弹性 k 主要取决于人们的支付习惯和制度，一般也认为其比较稳定。因此，挤出效应的大小主要取决于货币需求的利率弹性和投资的利率弹性。

二、财政政策效果的大小

在给定的条件下，扩张性的财政政策可以使产出水平提高，这是毋庸质疑的，但需要进一步研究的问题是：扩张性的财政政策为什么在不同的情况下会产生不同的效果？下面的研究是在 IS-LM 模型的框架下展开的。从 IS-LM 模型来看，财政政策效果的大小是指政府税收和支出的变化所导致 IS 曲线的变化对国民收入产生的影响。研究影响政策效应的因素实际上就是研究 IS 曲线、LM 曲线中的各参数的数值及其变化对曲线的空间位置的变化，从而对均衡产出水平的影响。从 IS 曲线和 LM 曲线的图形上看，这种影响的大小会因 IS 曲线和 LM 曲线斜率的不同而不同。因为从财政政策乘数表达式可以看出，当 β、t、d、k 既定时，h 越大，即货币需求的利率弹性越大，LM 曲线越平坦，财政政策乘数就越大，财政政策效果越大。当 $h \to \infty$ 时，LM 曲线成为一条水平线，财政政策效果极大。相反，若 h 越小，财政政策乘数也越小，财政政策效果就越小。同样，若其他参数不变，d 越大，即投资需求的利率弹性越大，IS 曲线越平坦，财政政策乘数越小，即财政政策效果也越小。同时，边际消费倾向 β、边际税率 t 及货币需求的收入弹性 k 这些参数的大小，同样会影响财政政策乘数，影响财政政策效果。下面分别加以论述。

（一）IS 曲线的斜率对财政政策效果的影响

当 LM 曲线不变时，IS 曲线斜率的绝对值越大，即 IS 曲线越陡峭，政府收支变化使 IS 曲线发生移动时，导致国民收入的变化就越大，财政政策的效果就越大；反之，IS 曲线斜率的绝对值越小，即 IS 曲线越平坦，则 IS 曲线发生移动时导致国民收入的变化就越小，财政政策效果也就越小。这一结果可以用图 6-2 表示。

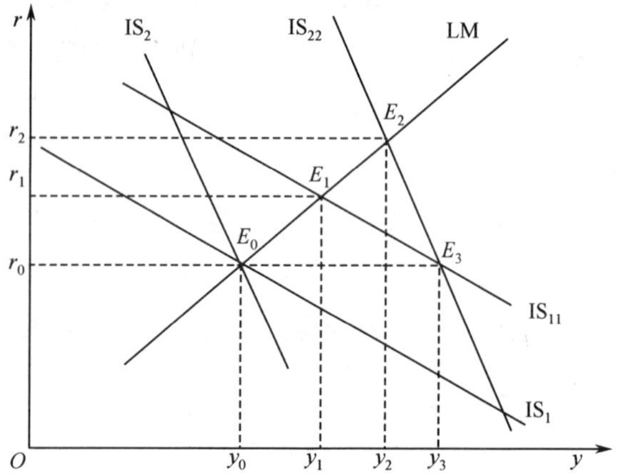

图 6-2 财政政策效果因 IS 曲线斜率而异

图 6-2 中，假定 LM 曲线的斜率不变，初始状态下的均衡收入 y_0 和利率 r_0 也完全相同，现假定政府实行一项扩张性的财政政策（增加政府支出或减少税收），增加相同的一笔支出量均为 Δg，则会使 IS 曲线右移，假定右移的距离是 E_0E_3，E_0E_3 为政府支出乘数和政府支出增加额的积，即 $E_0E_3=K_g \cdot \Delta g$，也就是说，政府支出的增加能带动国民收入增加若干倍，这其中的原理在前面的内容中已有论述，这里不再赘述。由于 IS 曲线斜率的不同，国民收入的增加额大不相同，但有一点是相同的，即两者的增加额 y_0y_1 和 y_0y_2 均小于 E_0E_3，原因是要想使国民收入的增加额为 E_0E_3，必须保持利率水平不变。但是，保持利率水平不变是不可能的。因为 IS_1 曲线、IS_2 曲线向右分别平行移动到 IS_{11} 和 IS_{22} 时，在(r_0, y_3)点上，商品市场实现了新的均衡，但货币市场却发生了失衡——货币需求大于货币供给。原因是什么呢？因为政府支出增加势必导致国民收入的增加，国民收入增加导致对货币交易需求增加，但货币供给不变（LM 曲线不变），这势必导致货币需求大于货币供给，利率必将上升，而利率的上升导致私人投资水平下降及总需求水平进一步下降，扩张性财政政策的产出效应受到了限制，这种限制就是所谓的“挤出效应”。由于存在政府支出挤走私人投资的问题，因

此，新的均衡点只能是 E_1 和 E_2，收入不可能增加到 y_3，而分别只能增加到 y_1 和 y_2。

从图中可以清楚地看到 $y_0y_1<y_0y_2$，即 IS 曲线越平坦财政政策效果越小；IS 曲线越陡峭财政政策对国民收入和利率的影响越大，政策效应越大。IS 曲线之所以影响财政政策效应，是与投资的利率弹性及乘数相关的。IS 曲线的斜率的大小主要由投资的利率弹性大小所决定，IS 曲线的斜率越小，即 IS 曲线越平缓，说明投资的利率弹性越大，即利率变动一定幅度将引起投资较大幅度的变动。如果投资对利率变动的反应较为敏感，政府采取扩张性的财政政策使国民收入增加的同时，利率上升，而利率的上升必将使私人投资减少许多，挤出效应较大，国民收入增加的幅度较小。因此，IS 曲线越平缓，实行扩张性财政政策时挤出效应就越大，被挤出的私人投资就越多，国民收入增加得越少，即财政政策效果越小。反之，IS 曲线越陡峭，投资需求对利率的弹性越小，政府支出增加产生的挤出效应较小，因而国民收入增加得较多，财政政策效果较大。就乘数而言，乘数越大，IS 曲线斜率就越小，IS 曲线越平坦，一定投资量和总需求的变动所引起的国民收入的变动就越大，挤出效应也越大，财政政策效果就越小。反之，乘数越小，IS 曲线斜率就越大，IS 曲线越陡峭，挤出效应越小，财政政策效果越大。

（二）LM 曲线的斜率对财政政策效果的影响

当 IS 曲线的斜率给定不变时，财政政策的效果取决于 LM 曲线的斜率。LM 曲线斜率的绝对值越大，即 LM 曲线越陡峭，财政政策使 IS 曲线移动时对利率的影响越大，导致国民收入的变动越小，也就是说，财政政策效果越小；反之，LM 曲线斜率的绝对值越小，LM 曲线越平坦，IS 曲线移动时将导致国民收入发生较大的变动，即财政政策效果越大。

通过图 6-3 可以看，在 LM 曲线的水平段，即在凯恩斯区域，财政政策使 IS_1 移动到 IS_2，此时利率在 r_1 的水平上不变，国民收入由 y_1 上升到 y_2，不存在挤出效应，财政政策的效果是完全的。而在 LM 曲线垂直区域，即在古典区域，财政政策使 IS_5 移动到 IS_6，此时利率由 r_4 上升到 r_5，国民收入依然在 y_5 的水平上，此时的财政政策完全无效，挤出是完全的。在 LM 曲线的中间区域，财政政策使 IS_3 移动到 IS_4，此时利率由 r_2 上升到 r_3，国民收入由 y_3 上升到 y_4，既存在挤出效应又存在财政政策的效果。

LM 曲线的斜率之所以影响财政政策的效果是与货币需求的收入弹性和利率弹性相关的。政府增加相同的一笔政府支出，当 LM 曲线斜率较大即曲线较陡峭时，表示货币需求的利率弹性较小，或者说，货币需求对利率的反应较不敏感，意味着一定货币需求的增加需要利率较多地上升，利率上升得越多，对私人投资挤占得就越多，"挤出效应"越大，导

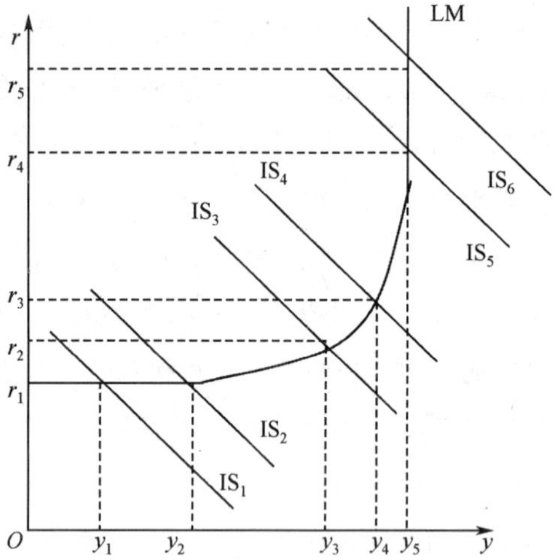

图 6-3 财政政策效果因 LM 曲线斜率而异

致了财政政策效果越小。同时，LM 曲线越陡峭，货币需求的收入弹性越大，一定的国民收入水平提高所引起的货币需求增加得越多，在货币供给量不变的情况下，货币需求增加得越多，利率上升越高；利率上升得越高，私人投资减少得越多，国民收入增加的就少，财政政策的效果就小。相反，LM 曲线斜率越小即 LM 曲线越平坦，表示货币需求的利率弹性越大，说明货币需求对利率的反应越敏感，当政府增加支出，即使通过发行公债向私人部门借了大量的货币，也不会使利率上升许多，利率上升得越小，对私人投资产生的影响越小，挤出效应越小，当政府支出增加时，将会使国民收入增加许多，即财政政策效果较大。同时，LM 曲线越平坦，货币需求的收入弹性越小，在货币供给量不变的情况下，一定的国民收入水平提高所引起的货币需求增加得越少，利率就上升得越少，从而私人投资减少得也越少，挤出效应则越小，国民收入增加得就多，财政政策的效果就大。

（三）财政政策乘数

财政政策效果可以用财政政策乘数来表示或计量。财政政策乘数是指在实际货币供给量不变的情况下，政府收支的变化可以使国民收入变动多少。例如，政府增加一美元的购买性支出导致了国民收入增加了多少，用公式表示为：

$$\frac{dy}{dg}=\frac{1}{1-\beta(1-t)+\frac{dk}{h}}$$

式中，β 表示边际消费倾向；t 表示税收函数中的边际税率；d 代表投资需求函数 $i = e-dr$

中投资的利率弹性；k 和 h 分别表示货币需求函数中货币需求的收入弹性和利率弹性。

从财政政策乘数表达式可以看出，当 β、t、d、k 既定时，h 越大，即货币需求的利率弹性越大，LM 曲线越平坦，财政政策乘数就越大，财政政策效果越大。当 $h\rightarrow\infty$时，LM 曲线成为一条水平线，财政政策效果极大。相反，若 h 越小，财政政策乘数也越小，财政政策效果就越小。

同样，若其他参数不变，d 越大，即投资需求的利率弹性越大，IS 曲线越平坦，财政政策乘数越小，即财政政策效果也越小。

同时，边际消费倾向 β、边际税率 t 及货币需求的收入弹性 k 这些参数的大小，同样会影响财政政策乘数，影响财政政策效果。

三、凯恩斯陷阱中的财政政策

LM 曲线越平坦，IS 越陡峭，则财政政策的效果越大，货币政策效果越小。此时政府增加支出和减少税收的政策非常有效。政府通过出售公债的扩张性财政政策，向私人部门借钱。此时私人部门资金充足，不会使利率上升，不产生挤出效应。如图 6-4 中，凯恩斯陷阱即为 LM 曲线的水平段，在 LM 曲线水平的时候，可以看到此时采取财政政策使 IS 曲线由 IS_1 移动到 IS_2，IS 曲线向右平移的距离和均衡国民收入的增加量都是 y_1y_2，说明此时没有挤出效应的存在，即财政政策的效果是完全的。

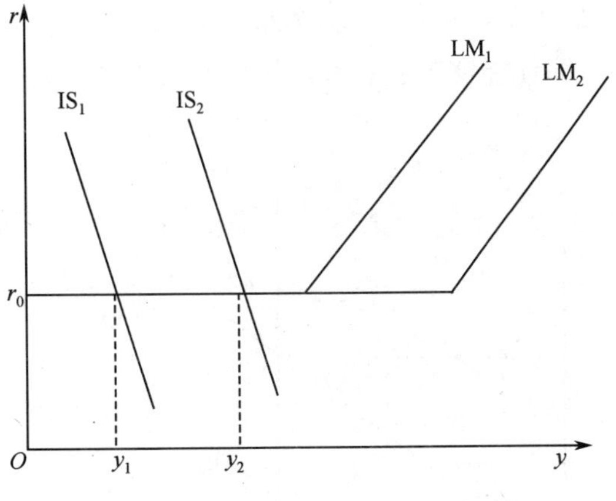

图 6-4　凯恩斯陷阱中的财政政策

通过以上分析，我们知道 LM 曲线越平坦，IS 曲线越陡峭，财政政策的效果越好。那么当 LM 为水平、IS 垂直时，也就是凯恩斯主义的极端的情况下，可以看到货币政策完全失效，财政政策非常有效。如图 6-5 所示，IS 垂直表明投资需求的利率系数为 0，投资不随利率变动而变动。当 IS_1 保持不动的时候，增加货币供给使得 LM 曲线从 LM_1 移动到 LM_2，结果是均衡国民收入不变，利率不变，此时货币政策无效。因为 LM 曲线水平时，利率降到极低，进入凯恩斯陷阱。这时货币供给量增加不会降低利率和促进投资，对于收入没有作用。假设当 LM_1 保持不动时，采用扩张的财政政策使得 IS 曲线移动，IS 曲线由 IS_1 移动到 IS_2，均衡国民收入增加，利率不变，财政政策的效果是完全的。

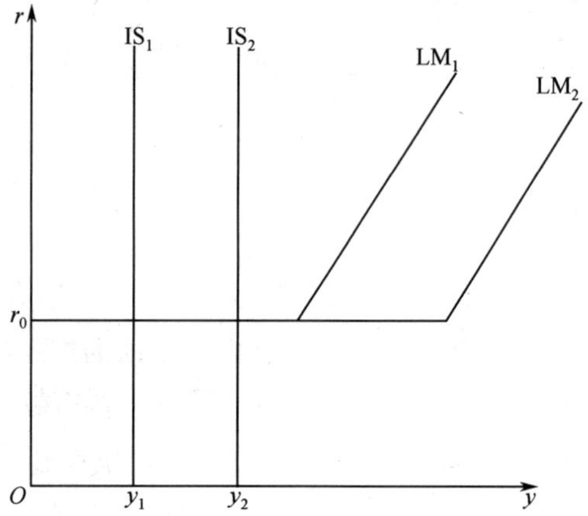

图 6-5　凯恩斯极端的财政政策

但是当 IS 垂直时，货币政策也是完全失效的，如图 6-6 所示，此时货币政策使得 LM 曲线由 LM_1 移动到 LM_2，即使能够改变利率，利率由 r_0 下降到 r_1，但对国民收入仍没有任何作用。

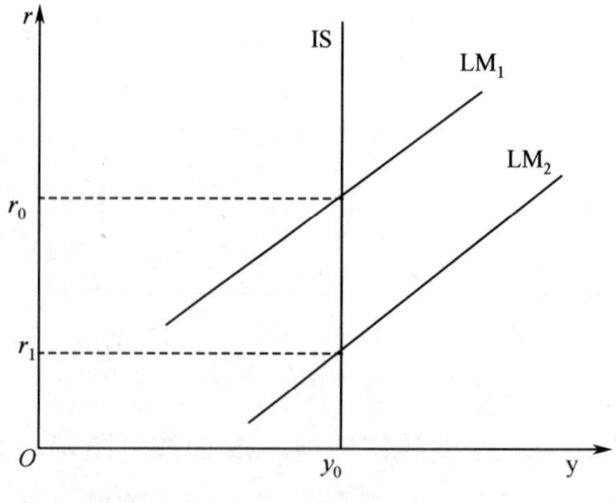

图 6-6　IS 垂直时的货币政策效果

总之，LM 曲线斜率和 IS 曲线斜率对财政政策效果都会产生影响，影响大小主要取决于 LM 曲线和 IS 曲线的斜率（LM 曲线和 IS 曲线的平坦陡峭程度）。具体分析，当货币需求的利率系数小（h 小）时，LM 曲线斜率大（LM 曲线陡峭），此时货币需求对利率反应不灵敏，一定的货币需求增加，利率上升较多，投资减少较多，挤出效应就大，就会导致财政政策效果小。相反，货币需求的利率系数大（h 大）时，LM 曲线斜率小（LM 曲线平缓），货币需求对利率反应灵敏，一定的货币需求增加，利率上升较少，投资减少较少，则挤出效应小，这样财政政策效果就大。当投资需求对利率反应敏感（d 大）时，IS 曲线斜率小（IS 曲线平缓），利率有小幅上升，投资就会大幅减少，则挤出效应大，财政政策效果小；相反，当投资需求对利率反应不敏感（d 小）时，IS 曲线斜率大（IS 曲线陡峭），利率有大幅上升，投资只有小幅减少，则挤出效应小，财政政策效果

第五节　货币政策及政策工具

一、中央银行与商业银行

（一）银行的分类

在银行制度方面，西方发达国家中，对金融媒介机构的分类可以根据需要采取多种方法。例如，按照各种金融机构在金融体系中的地位、作用及业务性质，划分为中央银行、商业银行、政策性银行、其他金融机构；按金融机构创造货币、创造交换媒介和支付手段的能力，划分为银行金融中介机构和非银行金融中介机构；按受雇人员的数量、资本和营业额的大小划分为大、中、小型金融机构；按金融中介机构的资产和负债性质，划分为主要银行部门、次要银行部门、其他吸收存款的机构、其他金融中介机构等。西方主要国家的金融机构不是完全相同的，但是，大体来说，主要包括中央银行和金融中介机构两类，金融中介机构中最主要的是商业银行、专业性银行和非银行金融机构。

（二）商业银行的主要业务

商业银行是以获取利润为经营目标、以多种金融资产和金融负债为经营对象、具有综合性服务功能的金融企业。在各类金融机构中，是一种历史最悠久、业务范围最广泛、对社会经济生活产生的影响最为深刻的一种。

商业银行的业务种类繁多，主要有负债业务、资产业务和中间业务。负债业务是商业

银行筹措资金、借以形成资金来源的业务，按存款的性质分为活期存款、定期存款和储蓄存款。资产业务是指银行运用资财的业务，银行的资产业务主要在放款和证券投资上。放款业务是商业银行为企业提供贷款的业务，它是商业银行的一项基本业务，也是商业银行最重要的资产。在美国，放款约占银行全部总资产的 60%～70%。证券投资业务是商业银行重要的资金运用业务，银行通过有价证券的买卖活动取得利息收入。中间业务是指商业银行通过为客户办理支付、进行担保和其他委托事项，从中收取手续费的各项业务。

（三）中央银行的职能

中央银行身处一国金融体系的核心地位，作为领导和管理国家货币金融的首脑机构，代表国家发行货币、制定和执行货币金融政策、处理国际性金融事务、对金融体系进行监管、通过货币政策影响经济活动。

中央银行具有以下三个职能：

（1）作为发行的银行，独享发行国家货币的权利。

（2）作为银行的银行，一方面通过票据再贴现、抵押贷款等方式为商业银行提供贷款；另一方面为商业银行集中保管存款准备金，还为各商业银行集中办理全国的结算业务。

（3）作为国家的银行：第一，国家可以向中央银行借款，即由中央银行用贴现国家的短期国库券的形式为政府提供短期资金，也可以帮助政府发行公债或以直接购买公债方式为政府提供长期资金，帮助政府弥补政府预算中出现的财政赤字。第二，代理国库，一方面将国库委托代收各种税款和公债价款等收入作为国库的活期存款，另一方面代理国库拨付各项经费，代办各种付款和转账。第三，充当政府在一般经济事务和处理政府债务等方面的顾问。第四，监督、管理国家的金融市场活动，代表国家处理与外国发生的金融业务关系。第五，根据经济形势采取适当的货币政策，与财政政策相配合，为宏观经济目标的实现服务。

与一般的商业银行和其他金融机构相比，中央银行具有以下特征：

第一，不以赢利为目的。

第二，不经营普通的银行业务，只与政府和各类金融机构往来，不办理厂商和居民的存贷款业务。

第三，具有服务机构和管理机构的双重性质，有执行金融监管、扶持金融发展的双重任务。

第四，处于超脱地位，在一些国家中甚至独立于中央政府，免受政治周期的影响。

（四）供给货币的问题

狭义的货币供给（M_1）是指硬币、纸币和活期存款的总和。货币被定义为在商品和劳务的交换及债务的清偿中作为交换媒介或工具而被法定为普遍接受的物品，最符合这个定义的就是硬币、纸币和活期存款。一般来说，硬币和纸币通常被称为通货，由于活期存款可以和通货一样，随时支取，也可随时用来支付债务，因此，也将其看做严格意义上的货币，同时也是最重要的货币，因为在货币的供给中活期存款占了相当大的比例，更主要的是活期存款的派生机制还会创造货币。

二、货币政策的机制

货币政策通过对货币供给量的调节来调节利率，再通过利率变动来影响总需求和总供给。货币政策的直接目标是利率，调节货币量是手段。最终目标是总需求和总供给达到平衡。通过改变货币量，进而使得利率发生增减变化，再影响总需求与总供给，这就是货币量增加的效应。货币增加的效应长短期是有区别的。短期效应是既增加实际GDP，又使物价水平上升；长期效应是物价水平进一步上升，实际GDP回到原来充分就业水平，即只有物价上升，而实际国民生产总值不变。

三、货币创造

（一）存款创造货币的前提条件

在金融体系中商业银行具有创造货币的功能，原因是在金融体系中只有商业银行才允许接受活期存款，并可以签发支票，从而具有了创造货币的能力。商业银行创造货币应具备两个基本前提条件。

第一，准备金制度。商业银行的准备金有法定准备金和超额准备金之分。在商业银行的经营过程中，银行除将客户的绝大部分存款贷放出去或购买短期有价证券以获取利润外，只需留下一小部分的存款作为应付客户提款需要的准备金，这种银行经常保留的为应付客户随时提取存款的现金称为存款准备金。存款准备金占存款的比例叫存款准备金率或准备率。中央银行规定的存款准备金率叫法定准备率。商业银行按照法定准备率对自己所接受的存款保留的准备金称为法定准备金。法定存款准备金一部分是银行的库存现金，另一部分存放在中央银行的存款账户上，它一般表现为中央银行的负债方的项目。超额准备金指商业银行持有的超过法定存款准备金的部分。

第二，非现金结算制度。在非现金结算制度下，所有经济主体之间的往来均通过银行开具的支票形式或转账的方法进行结算，人们对现金的需要转而变成对存款的需要。只有满足这两个条件，银行才具有创造货币的功能。

（二）货币创造的过程

假定商业银行系统的法定存款准备率为 20%，由于某种原因商业银行新增 1000 万元的存款，1000 万元新增货币究竟最终会增加多少银行存款呢？这里必须有两个假定：①无论企业还是个人，都会将一切货币收入全部以活期存款的形式存入银行，不能将一分钱的现金放入自己的口袋中。②银行接受客户的存款后，除法定准备金外，全部贷放出去，没有超额准备金的存在。在这种情况下，客户甲将 1000 万元存入 A 银行，银行系统因此增加了 1000 万元的准备金，A 银行按法定存款准备率保留 200 万元准备金存入自己在中央银行的账户，其余 800 万元全部贷放出去；得到这 800 万元贷款的客户乙将全部贷款存入与自己有业务往来的 B 银行，B 银行得到了 800 万元的存款，在留足 160 万元的法定准备金并将其存入自己在中央银行的账户以后，将剩余的 640 万元再贷放出去；得到这 640 万元的客户丙又将全部贷款存入与其有业务往来的 C 银行，C 银行留下其中的 128 万元作为法定准备金而把其余 512 万元再贷放出去。如此反复，以致无穷，各商业银行的存款总额究竟是多少呢？可以按以下公式计算：

$$1000+1000\times0.8+1000\times0.8^2+1000\times0.8^3+1000\times0.8^4+\cdots$$

$$=1000(1+0.8+0.8^2+0.8^3+0.8^4+\cdots)$$

$$=\frac{1000}{1-0.8}$$

$=5000$（万元）

贷款总和为：

$$800+640+512+\cdots$$

$$=1000(0.8+0.8^2+0.8^3+0.8^4+\cdots)$$

$=4000$（万元）

从以上的例子可以看出，存款总额（用 D 表示）同原始存款（用 R 表示）及法定准备率（用 r_d 表示）三者之间的关系是：

$$D=\frac{R}{r_d}$$

（三）简单的货币创造乘数

从前面的例子中可以看出，这笔原始存款如果来自中央银行增加的一笔原始的货币供给，而中央银行新增的这笔原始货币供给流入公众或企业手中并转存在支票账户上，就使活期存款总额即货币供给量扩大为新增原始货币供给量的$\frac{1}{r_d}$倍，这个$\frac{1}{r_d}$倍数被称为货币创造乘数，如果用k_m表示货币创造乘数，则：

$$k_m=\frac{1}{r_d}$$

即货币创造乘数等于法定准备率的倒数，它表示增加一美元存款所创造出的货币的倍数。另外，根据存款总额D同原始存款R及法定准备率r_d的关系，货币创造乘数又可表示为：

$$k_m=\frac{D}{R}$$

由此可见：①货币的供给不能仅看到中央银行最初发行了多少货币，而必须更为重视派生存款或派生货币，即由于货币创造乘数的作用使货币供给量增加了多少，这种增加被称为货币的创造。②货币创造量的大小，不仅取决于中央银行新增的货币量，而且取决于法定准备率，法定准备率越大，货币创造乘数越小；反之，法定准备率越小，货币创造乘数越大，两者成反比关系。这是因为，法定存款准备率越大，商业银行吸收的每轮存款中，保留的法定准备金所占存款的比例越大，可用于贷款的份额越小，由于贷款又转化成下一轮的存款，因而造成下一轮的存款就越少。

（四）复杂的货币创造乘数

关于以上所论述的货币创造乘数是法定准备率的倒数的分析实际上隐含有两个假定：第一，商业银行没有超额储备，商业银行将客户的存款在扣除了法定准备金后全部贷放了出去。但是，商业银行如果找不到合适的贷款对象，或者厂商由于预期利润率低于市场贷款利率而不愿借款，诸如此类原因都会使银行的实际贷款小于其贷款能力，实际贷款小于其贷款能力的差额即没有贷放出去的款项就是超额准备金，也就是中央银行规定的法定准备金要求以外的准备金（用 ER 表示）。超额准备金与全部存款的比率称为超额准备率（可

用 r_e 表示），法定准备金与超额准备金之和形成了银行的实际准备金，法定准备率加上超额准备率就是银行的实际准备率。当存在超额准备率后，货币创造乘数就不再是 $\frac{1}{r_d}$ 即法定准备率的倒数，而变为：

$$k_m = \frac{1}{r_d + r_e}$$

上式表明，货币创造乘数成为实际准备率的倒数，这时，派生存款总额为：

$$D = \frac{R}{r_d + r_e}$$

法定准备金和超额准备金都是一种漏出，不能形成银行的派生存款，两者在存款总额中所占比重越大，银行的货币创造乘数越小，派生存款总额越少。因此，货币创造乘数不但与法定准备率有关，还与超额准备率有关。所以，市场贷款利率（用 r 表示）越高，银行越不愿多留超额准备金，因为准备金不能给银行带来利润。因此，市场利率上升，导致超额准备率，从而实际准备率下降，货币创造乘数变大。另外，商业银行向中央银行的借款利率即再贴现率也会影响超额准备率。再贴现率上升，意味着商业银行向中央银行借款的成本增加，商业银行为此将自己多留准备金，超额准备率提高，从而提高了实际准备率，货币创造乘数变小。

第二，银行客户将一切借款都存入银行，经济活动中所发生的支付皆以支票形式进行。在现实经济生活中，每位银行客户需要保留一部分现金。假如客户将得到的贷款没有全部存入银行，而是抽出一定比例的现金，这就是所谓的现金漏损。现金漏损指的是银行客户从得到的贷款中提留的一部分用于交易的现金。现金漏损会导致货币创造乘数减小，因为现金与准备金一样不能形成派生存款。如果用 r_c 表示现金在存款中的比率即漏现率，则存在超额准备金和现金漏出时的货币创造乘数为：

$$k_m = \frac{1}{r_d + r_e + r_c}$$

可见，货币创造乘数变小了。

（五）高能货币与货币供给

基础货币包括公众持有的通货与商业银行持有的超额准备金及商业银行存入中央银行的法定准备金总额。由于基础货币会派生出货币，因此是一种高能量的或者说活动力强大的货币，又被称为高能货币或强力货币。

高能货币=准备金+流通中的现金

=商业银行在中央银行的存款（法定准备金）

+商业银行的库存现金（超额准备金）+流通中的现金

若用 C_u 表示流通中的现金，R_d 表示法定准备金，R_e 表示超额准备金，H 表示高能货币，则 $H = C_u + R_d + R_e$，这是商业银行借以扩张货币供给的基础。另外，因为货币总供给是通货（C_u）与活期存款（D）之和，即严格意义上的货币供给 M_1，即 $M=C_u+D$，则：

$$\frac{M}{H}=\frac{C_u+D}{C_u+R_d+R_e}$$

把上式等号右边的分子与分母同除以活期存款（D），则：

$$\frac{M}{H}=\frac{\frac{C_u}{D}+1}{\frac{C_u}{D}+\frac{R_d}{D}+\frac{R_e}{D}}$$

式中，$\frac{C_u}{D}$ 代表漏现率 r_c；$\frac{R_d}{D}$ 表示法定准备率 r_d；$\frac{R_e}{D}$ 表示超额准备率 r_e。

所以，上式又可表示为：

$$\frac{M}{H}=\frac{r_c+1}{r_c+r_d+r_e}$$

$\frac{M}{H}$ 就是货币创造乘数。上式表明，货币创造乘数与法定准备率、中央银行的贴现率、市场借款利率、漏现率有关。这就是说，货币供给是基础货币供给、法定准备率、中央银行的贴现率、市场借款利率、漏现率的函数，这些因素都可以归结到准备金对货币供给变动的影响上来，因为准备金是银行创造货币的基础。中央银行正是通过控制准备金的供给来调节整个经济体系的货币供给的。

四、货币政策基本工具

一国的中央银行运用货币政策工具来控制货币供给量，再通过货币供给量来调节利率进而影响消费与投资和整个宏观经济活动以达到一定经济目标的行为就是货币政策。

常见的货币政策工具主要有以下几种。

（一）法定准备率

法定准备率是中央银行控制货币供给量的有力工具。法定准备率的变化会直接改变商业银行的过度储备，引起银行贷款数量的变化，遏制商业银行的贷款扩张企图，避免挤提的倒闭风险。

由于法定准备率变动与市场上货币供给量的变动成反比例关系，因此，中央银行可以针对经济的繁荣与衰退及银根的松紧状况调整法定准备率。例如，在经济处于需求不足和经济衰退的情况下，如果中央银行认为需要增加货币供给量，就可以降低法定准备率，使所有的存款机构对存款只要求保留较少的准备金，在货币创造乘数的作用下，整个货币市场上的货币供给量会多倍增加。降低法定准备率，实际上是增加了银行的可贷款数量。当然，提高法定准备率，就等于减少了银行的可贷款数量。从理论上讲，变动法定准备率是中央银行调整货币供给量的一种最简单的手段。然而，中央银行一般不轻易使用法定准备率这一政策工具，原因在于银行与金融体系、信贷、存款量、准备金量之间存在着乘数放大的关系，而乘数的大小与法定准备率成反比，因此，即使法定准备率的一个很微小的变化，都会对金融市场和信贷状况产生强烈的影响。因此，法定准备率这一政策手段很少使用，一般几年才会改变一次，尤其是银行家们极不欢迎经常变动法定准备率。

（二）贴现率

贴现率是美国中央银行最早运用的货币政策工具。过去，贴现就是银行根据未到期票据的票面额，扣除一定的利息后把票面余额付给持票人的一种放款业务。再贴现则是商业银行持已办理过贴现的、具有清偿能力的商业票据作为担保，从中央银行取得贷款的一种借款方式。现在，都把中央银行给商业银行的贷款叫贴现，中央银行向商业银行及其他金融机构提供贷款的利率就是贴现率。

贴现政策的作用，主要是掌握贷款条件的松紧程度和影响信贷的成本。当中央银行提高贴现率时，意味着商业银行向中央银行贷款的成本增加，将减少商业银行向中央银行贷款的需求，造成货币市场信贷规模收缩，在货币创造乘数的作用下，使货币供给量多倍地减少；当降低贴现率时，商业银行向中央银行贷款的成本就会降低，会激励商业银行向中央银行贷款的需求，出现市场信用扩张，在同样货币创造乘数的作用下，货币供给量会多倍增加。中央银行调整贴现率，不仅直接影响商业银行的筹资成本，同时还间接地影响商业银行对企业和个人发放贷款的数量，从而对企业和个人的投资与消费的经济活动产生影响。

贴现率对货币供给的影响机制大体可概括为：贴现率上升，商业银行向中央银行的贷款轻微下降，货币供给量有所减少；贴现率下降，商业银行向中央银行贷款有所上升，货币供给量将增加。贴现率的变动与货币供给量的变动成反比关系，同市场利率的变动成正比关系。

目前，贴现率的调整在货币政策中的作用与以前相比也大大地减弱。因为在现实经济活动中，商业银行和其他金融机构尽量避免在贴现窗口向中央银行借款，只是将其作为紧急求援的手段，不到万不得已不会轻易利用，以免被人误认为财务状况不佳。每个中央银行的贴现窗口都会执行中央银行关于商业银行和金融机构可以借款的数量和次数的规定，不会随货币政策的变动而变动。

另外，贴现政策也不是中央银行的主动性政策，原因在于中央银行只能等待商业银行向其借款，而不能要求商业银行向其借款，所以，这一货币政策的效果有限。另外，当商业银行的准备金十分缺乏时，即使再贴现率很高，商业银行依然会从中央银行的贴现窗口借款，中央银行想通过较高的贴现率来抑制商业银行的借款就起不到太大的作用。因此，通过贴现率的变动控制银行准备金的效果是相当有限的。当今，贴现率政策往往作为一种补充手段与公开市场业务政策结合使用。

（三）公开市场业务

公开市场业务是当代西方国家特别是美国中央银行控制货币供给量最重要也是最常用的政策工具。公开市场业务是指中央银行在金融市场上公开买进或卖出政府债券，以控制货币供给量、影响利率、消费与投资即总需求而最终达到预订的经济目标的政策行为。公开市场业务的目的是改变经济体系中货币与证券的相对供给量，从而改变利率，使公众以改变了的利率决定其持有资产的形式。中央银行买入政府债券，等于减少了市场上的债券数量，这会使债券价格上升，利率下降，公众才会愿意增加货币的持有量而减少政府债券的持有量，势必导致货币供给量增加。以美国为例，当经济形势的发展使中央银行认为有收缩银根的必要时，联邦储备系统下设的联邦公开市场委员会（FOMC）将在证券市场上出售政府债券，这一行动首先减少银行系统的基础货币（包括银行的存款准备金和公众手持的现金），同时通过银行系统的存款创造，导致货币供给量的多倍收缩；与此同时，由于政府出售债券，债券价格因供给量过大而下降，利率上升，企业投资降低，公众储蓄增加而消费降低，最终导致总需求降低，遏制经济的过热现象，降低通货膨胀率。反之，若经济出现萧条，失业问题严重，中央银行认为有放松银根的必要，就在公开市场中买进政府债券，增加基础货币，通过银行系统的存款创造，引起货币供给量的多倍扩张和利率的下降，使企业投资和公众消费增加，提高总需求水平，制止经济的衰退，减少失业。

由于中央银行既可以将公开市场业务作为一种防御性工具使用，如在发生通货膨胀时，售出政府债券，使货币供给量减少，紧缩信用，抑制通货膨胀；也可以把公开市场业务作为一种进攻性工具使用，由中央银行主动决定买进或卖出政府债券的时间和数量，用以扩张或收缩信贷规模，通过货币供给量的调整来影响国民经济，达到预期的经济目标。因此，公开市场业务在西方国家被认为是最有效、最灵活的货币政策工具，也是最常使用的货币政策工具。

在西方国家，尤其是美国，一般认为公开市场业务是中央银行所能够掌握的最重要、最常使用的政策工具或手段。这是因为：第一，中央银行运用公开市场业务在金融市场上是一种“主动出击”而不是“被动等待”。就这点而言，这项政策工具比贴现率政策具有优越性。第二，使用这项政策工具，中央银行可以随时决定买卖债券的种类和数量，可以随时进行精细的调查，以便于较好地控制业务效果，这比一刀切式地调整法定准备率要好得多。第三，公开市场业务是由专门机构和专业人员根据总的政策方针灵活进行的，无层层审批的烦琐程序，有利于适应瞬息万变的市场需要。

以上三大政策工具要配合运用。货币政策除上述三种主要工具外，还有其他一些工具，像道义劝告、借款垫头规定、指令性贷款指标等。比如，道义劝告是指中央银行运用其在金融体系中的特殊地位和威望，通过对商业银行及其金融机构进行劝告，指导其行动，影响其贷款和投资的方向，达到中央银行控制信用的目的。虽然道义上的劝告没有可靠的法律地位，但由于商业银行和金融机构摄于中央银行的权力，惧怕搞坏同中央银行的关系，一般也能听从中央银行的指令，从而使商业银行及金融机构与中央银行不仅在政策上而且在行动上保持一致。

五、相机抉择的货币政策

西方经济学者认为，为确保经济稳定，政府要审时度势，根据对经济形势的判断，逆经济风向行事，主动采取一些措施稳定总需求水平。相机抉择的货币政策是指政府审时度势，斟酌使用，变动货币供给量，影响利率，以刺激总需求，刺激经济发展。相机抉择的货币政策就是，当经济出现萧条，总需求小于总供给时，导致总支出不足，失业持续增加，此时，中央银行要实行扩张性的货币政策，在公开市场上买进有价证券，降低贴现率并放松贴现条件，通过降低准备率政策工具等来提高货币供应量，降低利率，从而刺激总需求，以缓解衰退和失业问题；当经济过度繁荣时期，总需求大于总供给，总支出过多，导致价格水平持续上涨时，中央银行就要采取紧缩性的货币政策，在公开市场上卖出有价证券，提高贴现率并严格贴现条件，提高准备率等，即消减货币供应量，提高利率，降低总需求水平，以解决通货膨胀问题。这就是相机抉择的货币政策，也叫斟酌使用的货币政策。

六、货币政策的局限性

1. 经济运行状况处于不同的时期采取同一货币政策产生的效果会有所不同

例如，在通货膨胀时期实行紧缩性的货币政策效果可能比较显著，但如果经济处于衰退时期采取扩张性的货币政策效果就不会十分理想。原因是在经济衰退时期，由于企业对经济前景普遍存在悲观态度，即使中央银行放松银根，增加货币供给量，降低利率，由于悲观心理，企业投资者也不会增加贷款以从事投资活动；银行从资产的安全性角度出发，也不会轻易发放贷款。特别是由于存在流动性偏好陷阱，当利率降低到一定水平以后，无论银行如何增加货币供给量，利率都不可能继续下降，使得作为反衰退的货币政策效果就相当微弱。

货币政策从反通货膨胀的角度来看，对于反需求拉上的通货膨胀效果显著，而对于成本推进的通货膨胀效果甚微。

2. 从货币市场均衡的情况看，通过增加或减少货币的供给量影响利率的高低是以货币的流通速度不变为前提的

如果这一假定前提不存在，通过货币供给的变动来影响利率水平进而对经济产生影响的作用将大打折扣。例如，在通货膨胀严重情况下，即使中央银行减少货币的发行量，但由于人们手中不愿持有货币，往往将手中货币换成实物，导致货币流通速度加快，流通中的货币量增加，因此无法将通货膨胀率降低。

3. 货币政策存在的时滞也会影响货币政策的效果

在货币政策操作中，一般会经历几个过程：针对一定时期宏观经济运行中的主要问题确定调控的目标、选择政策工具、筛选中介指标、在操作过程中检查调控的效果并在必要时进行适当的调整等。这些环节中，前两个环节的实施有一个内部时滞，即货币当局根据经济形势决定调整到具体方案的出台，一般需要较短的时间，由于货币当局变动货币供给

量不需要议会的批准，因此，从决策到实施，所需时间相对来说较短，内部时滞要相对短些；后两个环节的实施则含有一个外部时滞，即货币当局运用选定的政策工具对货币存量进行调节进而影响总需求水平及目标变量过程中，存在外部时滞。外部时滞之所以较内部时滞时间相对长些，主要是由于在工具变量和目标变量之间有一个迂回曲折的传导过程。中央银行变动货币供给量，要通过利率的变动来影响企业的投资水平，进而影响总需求，最终影响就业和国民收入，而这一传导要经过长时间的过程才会使货币政策的作用得以充分发挥。同时还应看到，市场利率变动后，企业投资规模并不能马上发生相应的变动，无论利率下降、企业扩大生产规模，还是利率上升、企业缩小生产规模，都不是一件容易的事情，尤其是企业生产规模的缩小，更加困难，原因是已经上马在建的工程难以下马，解雇职工也并非易事。

同时，货币政策是开始选用时容易，但从执行到效果的产生却要经过一个相当长的时期，在这个时期中，经济形势还有可能发生与人们先前预期不同的变化。例如，通货膨胀时中央银行减少货币供给，货币政策对产量的影响所需要的时滞短一些，比如说，两个月之后，总产出开始下降，但由于货币政策对通货膨胀影响大且时滞比较长，如果没有充分考虑这些问题，就可能发生在产量下降的时候，误以为货币政策的影响作用已经发挥、经济进入了衰退，反过来又采用扩张性货币政策，即使产量经过一段时间以后回到原来的水平，仍可能引起通货膨胀的发生。

货币政策在实践中存在的问题远远不止这些，仅就此而言，货币政策作为平抑经济波动的手段，作用也是有限的。

第六节 货币政策效果

一、货币政策效果的图形分析

货币政策效果是指变动货币供给量对于总需求的影响。货币政策，如果能够使得利率变化较多，并且利率变化导致投资较大变化时，货币政策效果就大。先感性地认识一下货币政策效果，如图 6-7 所示，在 IS 曲线保持不变即产品市场不变的情况下，货币政策使得 LM 曲线从 LM_1 移动到 LM_2 的时候，均衡国民收入从 y_1 增加到 y_2，均衡国民收入的增加就是货币政策的效果。

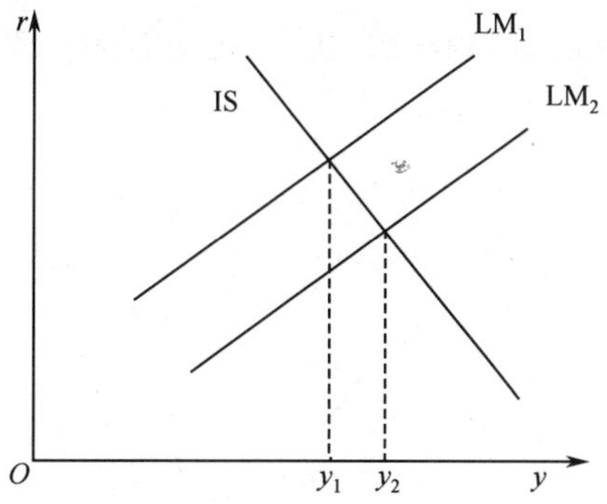

图 6-7　货币政策效果

货币政策效果也可以用货币政策乘数表示和计量。货币政策乘数是指当 IS 曲线或产品市场均衡不变的情况下，实际货币供给量变化可以使均衡国民收入变动多少。例如，货币当局增加一美元的货币供给导致了国民收入增加了多少，用公式表示为：

$$\frac{dy}{dm}=\frac{1}{[1-\beta(1-t)]\frac{h}{d}+k}$$

从货币政策乘数表达式可以看出，当 β、t、d、k 既定时，h 越大，即货币需求的利率弹性越大，LM 曲线越平坦，则货币政策乘数就越小，货币政策效果越小。当 $h\to\infty$时，LM 曲线成为一条水平线，货币政策效果为零。相反，若 h 越小，货币政策乘数越大，货币政策效果越大。同样，若其他参数不变，d 越大，即投资需求的利率弹性越大、投资对利率变化越敏感，IS 曲线越平坦，货币政策乘数就越大，即货币政策效果也越大。同时，边际消费倾向 β、边际税率 t 及货币需求的收入弹性 k 这些参数的大小，同样会影响货币政策乘数，影响货币政策效果。

二、货币政策效果的大小

货币供给量变动的政策对总需求进而对国民收入和利率影响的大小，即货币政策的效果同样不仅取决于 IS 曲线的斜率，而且还取决于 LM 曲线的斜率。

（一）IS 曲线的斜率对货币政策效果的影响

当 LM 曲线的斜率不变时，IS 曲线越平坦即斜率越小，实行一项货币政策变动货币供给量，LM 曲线发生移动对国民收入变动的影响越大，货币政策效果越大；反之，IS 曲线越陡峭即斜率越大，LM 曲线的移动对国民收入变动的影响就越小，货币政策效果越小。如图 6-8 所示。

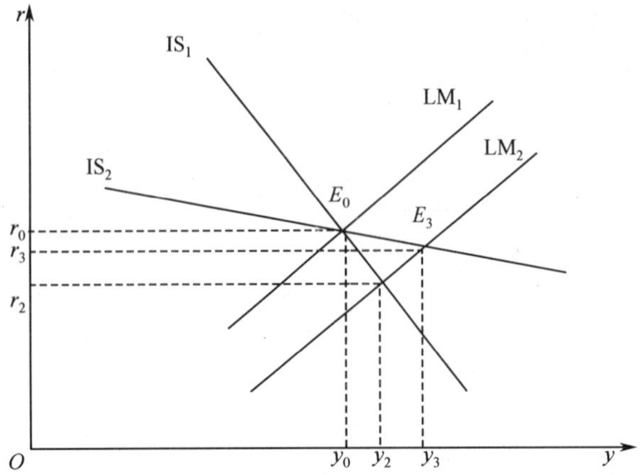

图 6-8 货币政策效果因 IS 曲线斜率而异

从图中可以看到，两条 LM 曲线的斜率是相同的，IS 曲线的斜率不同，初始时，产品市场和货币市场均衡点为 E_0 点，均衡收入和均衡利率相同，均为 y_0 和 r_0。现在货币当局实行一项扩张性货币政策，增加同样的一笔货币供给量 ΔM 时，LM 右移的距离相同，都为 E_0E_3，$E_0E_3 = y_0y_3 = \frac{\Delta m}{k}$。在这里，$k$ 是货币需求函数 $L=ky—hr$ 中的 k，换句话说，右移的距离等于实际货币供给量的增量与货币需求的收入弹性的比率，y_0y_3 意味着利率 r_0 不变时由于货币供给量的增加能够使国民收入增加的部分。但实际上国民收入不可能增加到 y_0y_3，原因是货币供给量的增加会使利率下降，因为在增加的货币供给量中其中的一部分要用来满足增加的货币投机需求，只有一部分用来满足增加的货币交易需求，这部分究竟有多大，决定于货币供给量增加时国民收入能增加多少。IS 曲线斜率之所以能够影响货币政策效果，是因为 IS 曲线的斜率主要是由投资的利率弹性决定的。从图 6-8 可以看出，IS 曲线越陡峭，IS 曲线的斜率越大，投资的利率弹性越小，当货币供给量增加使 LM 曲线向右移动而导致利率下降时，投资不会增加许多，国民收入增加就越小，即货币政策的效果越小，如图中 IS_1 曲线的时候，均衡国民收入的增加是从 y_0 增加到 y_2，收入变化小；反之，IS 曲线越平坦，表示投资的利率弹性较大，当货币供给量的增加使 LM 曲线向右移动而导致利率下降时，投资将增加许多，国民收入水平将有较大幅度的提高，货币政策的效果就大，如图中

IS_2曲线的时候，均衡国民收入的增加是从 y_0 增加到 y_3，收入变化大。

（二）LM 曲线的斜率对货币政策效果的影响

IS 曲线的斜率不变时，货币政策效果就取决于 LM 曲线的斜率。LM 曲线斜率越大，即 LM 曲线越陡峭，货币政策使 LM 曲线移动导致的国民收入变动就越大，也就是说，货币政策效果越大；反之，LM 曲线斜率越小即 LM 曲线越平坦，LM 曲线的移动对国民收入产生的影响就越小，即货币政策效果就越小。如图 6-9 所示。

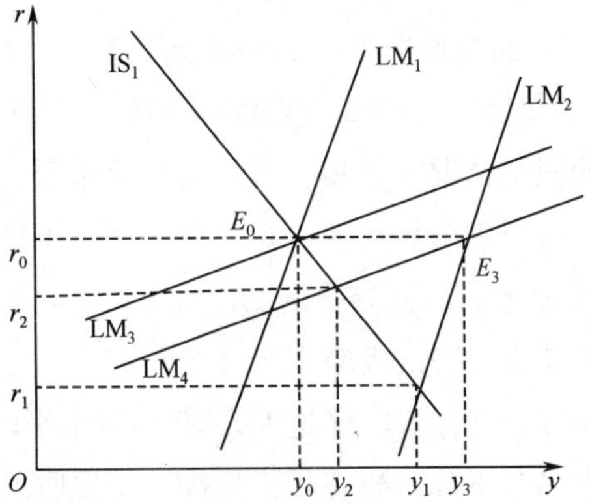

图 6-9　货币政策效果因 LM 的斜率而异

这种现象出现的原因是什么呢？因为 LM 越陡峭，表示货币需求受利率影响较小，货币供给量只要稍有增加就会使利率下降许多，因而货币供给量变动对利率变动的作用较大，使得增加货币供给量的货币政策将对投资和国民收入有较大的影响。反之，如果 LM 曲线较平坦，表示货币需求受利率的影响大，利率稍有变动就会使货币需求变动很多，因而货币供给量变动对利率变动影响较小，货币政策对投资和国民收入的影响较小，即货币政策的效果较小。LM_1 曲线和 LM_3 曲线的斜率不同，LM_1 曲线的斜率大于 LM_2 曲线的斜率，初始时的均衡点都为 E_0 点，均衡收入 y_0、均衡利率 r_0 都相同。若这时增加相同的货币供给量、LM 曲线右移相同的距离 E_0E_3，即 y_0y_3。由于 LM 曲线的斜率不同，产生的政策效果大不相同，国民收入分别只增加了 $y_0\,y_1$ 和 $y_0\,y_2$，且 $y_0\,y_1>y_0\,y_2$。原因何在呢？

LM 曲线的斜率对货币政策效果的影响与货币需求的利率弹性有关。货币供给量增加相同时，当 LM 曲线斜率较大即 LM 曲线较陡峭时，货币需求的利率弹性就较小，或者说，货币需求对利率的反应较不敏感，意味着一定货币供给的增加使利率下降得较多，利率从

r_0下降到r_1，导致投资和国民收入增加得较多。相反，LM 曲线斜率越小即 LM 曲线越平坦，表示货币需求的利率弹性越大，货币供给的增加会使利率下降得较少，利率从r_0下降到r_2。总之，在 LM 曲线比较陡峭时，货币当局实行的扩张性货币政策能使利率下降得较多，并且利率的下降对投资产生较大的刺激作用，这种货币政策的效果就越大；反之，在 LM 曲线比较平坦时，货币政策的效果就小。

三、货币政策的古典主义极端情况

通过上面的分析可知，IS 曲线越平坦，LM 曲线越陡峭，货币政策的效果越好。据此 IS 曲线水平、LM 曲线垂直的时候，货币政策的效果最好。把这种水平 IS 曲线和垂直 LM 曲线相交，称为古典主义的极端情况。古典主义认为，货币需求仅仅与产出水平有关，与利率没有关系，即货币需求的利率系数几乎为 0，LM 垂直。LM 垂直，货币投机需求的利率系数 $h=0$。利率高，持币成本高，证券价格低，且不再降。政府通过向社会公众借钱增加支出，导致私人投资等量减少，挤出效应完全。

古典主义极端时货币政策十分有效，这是因为 IS 曲线水平，斜率为 0，投资对利率很敏感，货币供给增加使利率稍微下降，投资极大提高，国民收入增加，收入增加所需货币正好等于新增货币供给，利率维持在较高水平。

在图 6-10 中，可以看出在古典主义的极端情况下，水平的 IS 曲线保持不变并位于 LM 曲线的垂直位置上，扩张的货币政策使得 LM 曲线由 LM_1 平移到到 LM_2，此过程中国民收入的增加量是 y_1y_2，国民收入的增加量正好等于 LM 曲线的移动量即货币的新增供给量。

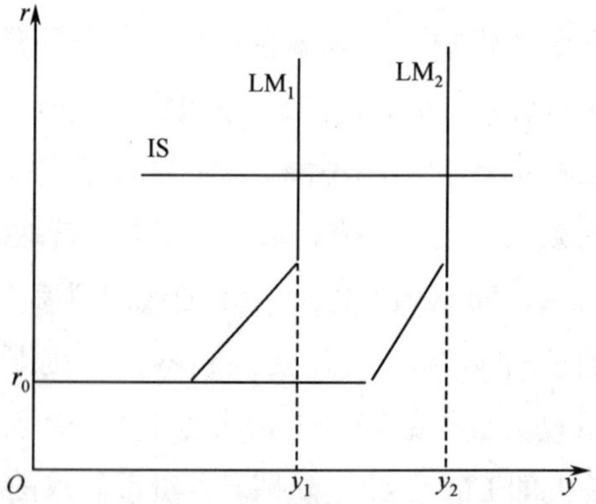

图 6-10 古典主义极端下的货币政策

再来看古典主义极端下的财政政策。从图 6-11 中看出古典主义极端下财政政策完全无效。这是由于 IS 曲线水平，投资的利率系数无限大，利率微变，投资会大幅变化，扩张的财政政策使得利率上升，私人投资大幅减少，挤出效应完全。如图 6-11 所示，水平的 IS 曲线位于垂直的 LM 曲线区域，当增加财政支出，扩张的财政政策使得 IS 曲线由 IS_1 平移到 IS_2，国民收入保持在 y_1 的水平上不变，利率由 r_1 升高 r_2，所以财政政策完全无效。

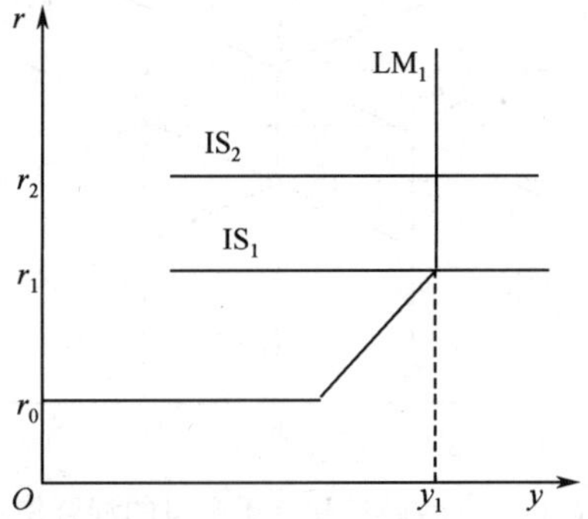

图 6-11　古典主义极端下的财政政策

第七节　财政政策和货币政策的混合使用

一、财政政策和货币政策混合使用的效果

如图 6-12 所示，产品市场 IS_1 曲线和货币市场 LM_1 曲线初始的交点 E_0，收入 y_0，利率 r_0。E_0 的均衡收入低，为克服萧条，提高国民收入水平，可以有三个方法：一是实行扩张性财政政策，保持 LM 曲线处于 LM_1 的位置不动，使 IS 曲线右移达到 IS_2 的位置，此时 IS_2 与 LM_1 形成新的均衡点 E_1，均衡收入从 y_0 提高了到了 y_1，均衡利率从 r_0 上升到了 r_1；二是实行扩张性货币政策，使 IS 曲线保持在 IS_1 的位置不动，LM 曲线右移到 LM_2 的位置，IS_1 与 LM_2 形成新的均衡点 E_4，均衡利率下降到 r_2，均衡收入从 y_0 增加到 y_1。这两种办法都可使收入增加，但会使利率大幅度变化。方法三就是保持利率不变，而国民收入达到充分就业的国民收入，如果既想增加收入，又不使利率变动，可采用的就是扩张性财政政策和扩张性货币政策相混合的办法。扩张性财政政策使利率上升，同时扩张性货币政策，使得利率又回到原有水平，投资不被挤出。要达到稳定利率的同时又增加收入，就必须使得

IS 曲线和 LM 曲线移动的幅度相同，只有这样产出增加时，利率保持不变。如图 6-12 中，当 IS_1 和 LM_1 向右移动相同的距离的时候，两条新的曲线 IS_2 和 LM_2 相交，新的均衡点 E_2，此时的均衡利率仍然保持在 r_0 的位置不变，均衡国民收入从 y_0 增加到了 y_2 的水平。

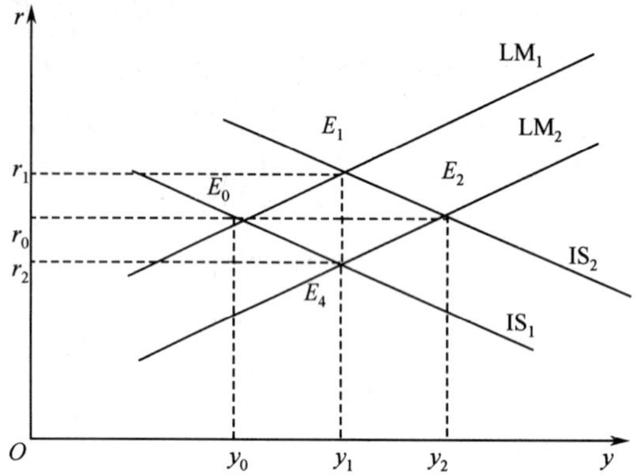

图 6-12 财政政策和货币政策的混合使用

二、财政政策和货币政策混合使用的政策效应

面临不同的经济形势采取不同的财政政策和货币政策的组合，如表 6-2 所示。

表 6-2 财政政策和货币政策混合使用的政策效应

	政 策 混 合	均衡国民收入	利 率
Ⅰ	扩张性财政 紧缩性货币	不确定	上升
Ⅱ	紧缩性财政 紧缩性货币	减少	不确定
Ⅲ	紧缩性财政 扩张性货币	不确定	下降
Ⅳ	扩张性财政 扩张性货币	增加	不确定

从 IS-LM 模型的分析中可以看出，能使政策效果得以最好发挥的方法是将财政政策和货币政策配合起来使用。

如果政府可以有多种政策选择，就要做出权衡取舍，在实现充分就业均衡的同时，兼顾其他政策目标的实现。例如，当经济处于萧条状态但不十分严重时，可采用第一种政策组合，以扩张性财政政策刺激总需求，又以紧缩性货币政策抑制通货膨胀。因为扩张性财政政策尽管会产生"挤出效应"，但对刺激总需求还是有一定的作用的，而紧缩性货币政策通过减少货币的供给量可以抑制由于货币供给量过多而引起的通货膨胀。当经济发生严重的通货膨胀时，可采用第二种组合，通过紧缩货币提高利率，从货币供给方面控制通货膨胀；通过紧缩财政，降低总需求水平，从需求方面抑制通货膨胀，同时防止利率上升过高。当经济中出现通货膨胀但又不十分严重时，可采用第三种组合，通过紧缩财政压缩总需求，消除财政赤字，但又通过扩张性货币政策降低利率，刺激总需求，以防止由于财政过度紧缩引起的衰退。当经济严重萧条时，可采用第四种组合，这样能有力地刺激经济。扩张性财政政策使总需求增加，但提高了利率水平，用扩张性的货币政策可以抑制利率的上升，以克服扩张性财政政策的挤出效应，在保持利率水平不变的情况下，刺激了经济。

在具体考虑两种政策的搭配使用上，不仅要看到当时的经济形势，还要顾忌到政治上的需要。虽然扩张性财政政策和货币政策都能够增加总需求，但两者的后果对不同的人群会产生不同的影响，也使 GDP 的组成比例发生变化。例如，实行扩张性货币政策，导致利率下降，投资增加，因而对投资部门尤其是住宅建筑部门有利。但是，若实行扩张性财政政策——减税，则有利于个人可支配收入的提高，消费支出将增加；若仍然采取扩张性财政政策——增加政府支出，如兴办教育、对在职工人进行培训、治理环境等，则受益的人群又将不同。正因为如此，政府在做出政策的抉择时，必须要考虑到各行各业、各个阶层的利益，尽量协调好各种利益关系。

由于 LM 曲线可分成三个区域，而在三个区域内的财政政策和货币政策的效果是不同的。在 LM 曲线的古典主义区域，货币政策有效，而财政政策无效；在 LM 曲线的凯恩斯区域，财政政策有效，而货币政策无效；在 LM 曲线的中间区域，财政政策和货币政策都是有效的。财政政策与货币政策配合使用要注意政策运用技巧，如政策使用必须相互配合，不能互相冲突，不能一种政策抵消另一种政策的作用。另外，由于政策调节力度不同，如支出与法定准备率变动影响猛烈，而税收较缓。还有政策作用范围不同、政策见效时间长短不同。最后任何政策既积极，也消极。凯恩斯侧重于使用财政政策。

课后习题

一、名词解释

财政政策、货币政策、挤出效应、自动稳定器、法定准备率

二、简答题

1. 假设某宏观经济模型中（单位：亿元），消费函数 $c=200+0.8y$，投资函数 $i=300-5r$ 货币需求 $L=0.2y-5r$，货币供给 $m=300$。求：

（1）IS–LM 模型和均衡产出及利率，并作图进行分析。

（2）若充分就业的收入水平为 2020 亿元，为实现充分就业，运用扩张的财政政策或货币政策，追加投资或货币供应分别为多少？

2. 简述影响财政政策效果大小的因素。

3. 简述影响货币政策效果大小的因素。

4. 试论述平衡预算的财政思想和功能财政思想有何区别？

5. 简述自动稳定器如何发挥作用。

6. 什么是斟酌使用的财政政策和货币政策？

7. 简述货币政策的基本工具。

第七章 总需求–总供给模型

本章主要知识点

1. 总需求的概念、总需求曲线的推导
2. 总需求曲线为什么向下倾斜
3. 扩张性财政政策对总需求的影响
4. 劳动力市场中均衡就业量的决定
5. 宏观的生产函数
6. 古典总供给曲线及政策含义
7. 凯恩斯总供给曲线及政策含义
8. 常规总供给曲线
9. 总需求–总供给的均衡
10. 总需求–总供给移动的后果

考核要求

1. 识记：总需求、总供给。

2. 领会：掌握总需求和总供给的概念和基本原理、凯恩斯主义供给曲线、凯恩斯供给曲线和古典供给曲线的基本原理，理解总供给与总需求的均衡分析。

3. 应用：结合实际，利用总需求–总供给模型分析价格水平与国民收入之间的关系

第一节 总需求函数和总需求曲线

一、总需求函数

总需求是经济社会对产品和劳务的需求总量。总需求由消费需求、投资需求、政府需求和国外需求构成，其中国外需求由国际经济环境决定，而政府需求主要是一个政策变量，因此消费需求和投资需求是决定总需求量的基本因素。

前面的所有讨论，都是在一般价格水平固定不变的假定下进行的。都没有说明产量与价格水平之间的关系。本章的讨论取消了价格水平固定不变的假定，着重说明产量和价格水平的决定。总需求函数是产品市场和货币市场同时达到均衡时的一般价格水平 P 与国民收入 y 之间的依存关系。已知 IS 曲线方程 $r=\dfrac{\alpha+e}{d}-\dfrac{1-\beta}{d}y$，若物价水平 $P\neq1$，货币供给函数 $m=\dfrac{M}{P}=m_1+m_2$，则 LM 曲线方程 $r=\dfrac{k}{h}y-\dfrac{m}{h}$或$r=\dfrac{k}{h}y-\dfrac{1}{h}\cdot\dfrac{M}{P}$，则总需求函数 AD 可以表示为：

$$y=h(a+e)+\frac{Md}{[dk+h(1-\beta)]P}$$

根据公式可以看出，在其他条件不变的情况下，当一般价格水平 P 提高时，均衡国民收入 y 就减少；当一般价格水平 P 下降时，均衡国民收入 y 就增加，二者的变动方向相反。

二、总需求曲线

表示均衡国民收入与一般价格水平成反方向变动关系的曲线就是总需求曲线。总需求曲线是总需求函数的几何表达形式，图 7-1 向右下方倾斜的 AD 曲线就是总需求曲线。

总需求函数中价格水平与国民收入之间反向变化关系的作用机制。利率效应：价格水平变动，引起利率同向变动，进而使投资和产出水平反向变动的现象；实际货币余额效应：价格水平上升，使得人们所持有的货币及其他以固定货币价值衡量的资产的实际价值降低，人们会变得相对贫穷，消费水平相应减少的现象。外贸效应：价格水平上升，外国人眼里的中国商品相对昂贵，购买减少，中国出口需求下降，同时，国内认为外国商品变得相对便宜，购买外国商品增多，使得进口增加，两项相加，中国净出口减少，进而总需求量下降。

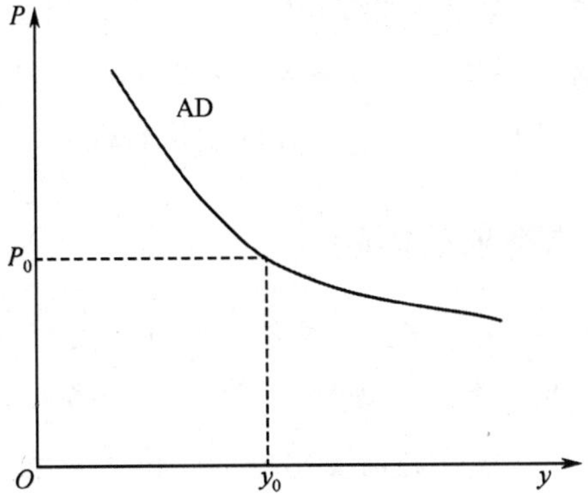

图 7-1　总需求曲线

总需求 AD 曲线可以用 IS 曲线和 LM 曲线推导，如图 7-2 所示。

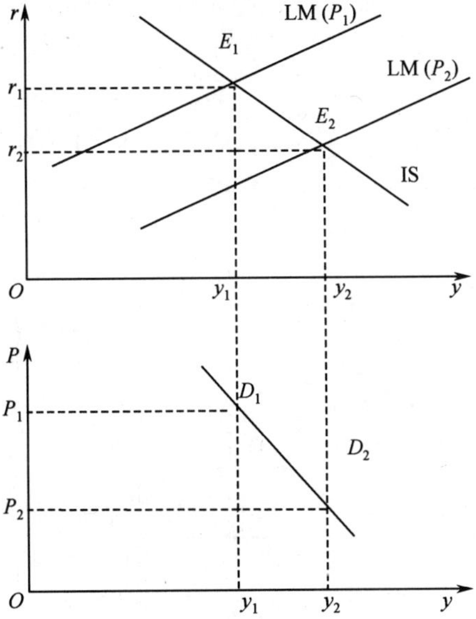

图 7-2　AD 曲线推导图

当价格水平为 P_1 时，均衡总支出等于总收入 y_1，P_1 和 y_1 组成 D_1 点；当价格水平为 P_2 时，均衡总支出等于总收入 y_2，P_2 和 y_2 组成 D_2 点，D_1 点和 D_2 点两点连线，得到总需求曲线。

AD 曲线的经济含义：①AD 曲线是描述总需求达到宏观均衡，即 IS=LM 时，一国总产出水平与价格水平之间关系。②AD 曲线表明总产出与价格水平之间存在反向关系。③AD 曲线反映价格水平影响实际货币供给，实际货币供给影响利率水平，利率水平影响投资水平，投资水平影响产出水平这样一个复杂而迂回的传导机制。

三、扩张性财政政策对总需求的影响

扩张性财政政策使 AD 曲线右移。如增加政府支出的扩张性财政政策，IS 右移。如图 7-3 中，IS_1 曲线和 LM 曲线对应一定的货币数量和价格水平 P_0，均衡点为 E_1，在图中的 AD 曲线中有对应的 D_1 点。现在政府支出增加，其结果是 IS_1 曲线移动到 IS_2 原来的价格水平下，新的均衡点是 E_2。此时，利率提高，收入增加。在图中，有对应的 D_2 点，D_2 点是新的总需求曲线上的一点。从图中可以看出，在一个既定的价格水平下，政府支出的增加也就意味着总需求的增加。紧缩性的财政政策会造成相反的结果，读者可以根据此思路自己证明。

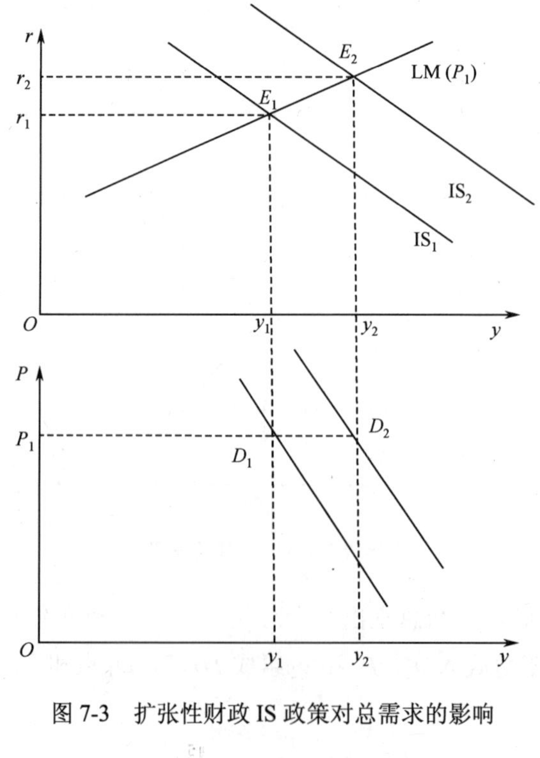

图 7-3　扩张性财政 IS 政策对总需求的影响

第二节　总供给函数和总供给曲线

一、总供给函数

总供给函数又称宏观生产函数，是指整个国民经济的生产函数，它表示总量投入与总量产出之间的关系。既定技术水平，使用总量意义的劳动和资本两种要素，N 为整个经济的就业水平，即就业量；K 为整个社会的资本存量，宏观生产函数：

$$y = f(N, K)$$

一个国家的资本存量很大，新的投资流量在短期内对于资本存量的影响很有限。可把资本存量作为外生变量处理，将 K 作为常数处理，宏观生产函数表明一定技术水平和资本存量下，经济社会的产出取决于就业量。宏观生产函数可用图 7-4 来表示。从图中可以看出，总产出随着就业量的增加而增加，但是随着总就业量的增加，总产出按照递减的比率增加。

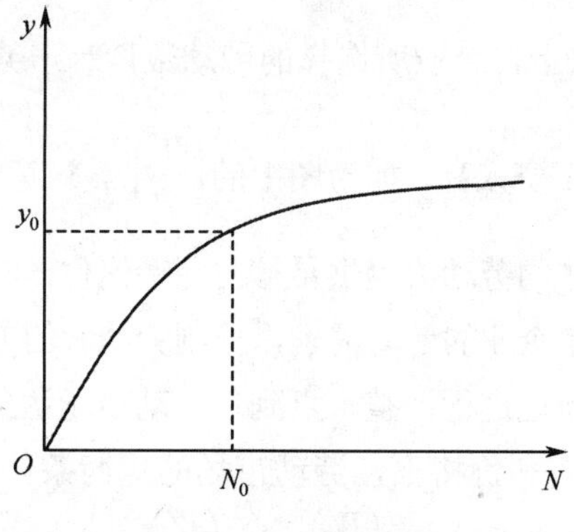

图 7-4　总供给函数

二、劳动市场

总供给取决于劳动市场上的就业水平，所以我们来分析一下劳动市场的劳动需求和劳动供给量两方面的内容。劳动需求和劳动供给量都取决于实际工资水平。劳动需求与实际工资反方向变动。也就是说，实际工资水平越高，劳动需求越少；实际工资水平越低的时候劳动需求越高。劳动需求曲线如图 7-5 中的 $N_d = N_d\left(\frac{W}{P}\right)$ 曲线。劳动供给与实际工资同方向变动。也就是说，实际工资水平越高，劳动供给越多；实际工资水平越低的时候劳动供给越低。劳动供给曲线如图 7-5 中的 $N_s = N_s\left(\frac{W}{P}\right)$ 曲线。在有伸缩性的工资和价格下，实际工资立即调整到劳动供求相等的水平，此时，产量始终等于潜在产量。

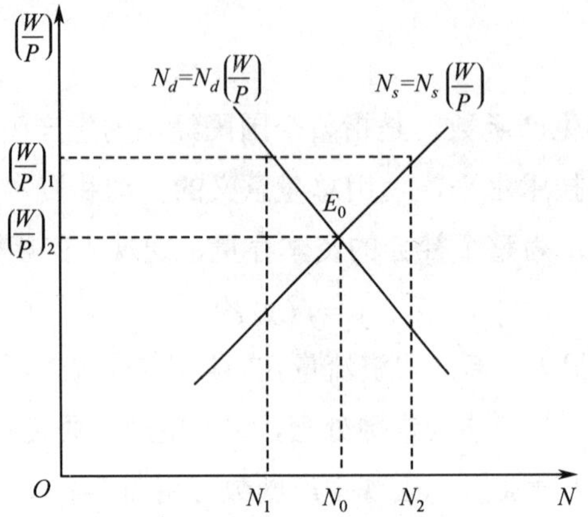

图 7-5　劳动市场均衡

在实际工资 $\left(\frac{W}{P}\right)_2$ 的水平上，企业所选择的劳动数量等于劳动市场所提供的劳动数量，即就业水平是 N_0。如果实际工资太高，如为图中的 $\left(\frac{W}{P}\right)_1$ ，这意味着劳动供给大于劳动需求，表明经济不能为所有愿意工作的劳动力提供足够的劳动岗位，在有伸缩性的工资和价格下，实际工资就会降低，从而刺激企业的劳动需求，抑制劳动者的劳动供给。随着实际工资的不断调整，劳动的供给数量不断地进行调整，直到使劳动市场达到供求相等的均衡状态为止。

总之，在有伸缩性的工资和价格下，劳动市场的均衡条件是：

$$N_d\left(\frac{W}{P}\right) = N_s\left(\frac{W}{P}\right)$$

三、总供给曲线

根据货币工资与价格水平进行调整所需要的时间的长短，总供给曲线分为三种：古典总供给曲线、凯恩斯总供给曲线和常规总供给曲线。

（一）古典总供给曲线

假设劳动市场始终处于充分就业状态，就业量处于充分就业量上。充分就业量也称为潜在就业量，是指在现有激励机制下，一个社会所有愿意工作的人都参加生产时所达到的就业量。就业量处于充分就业量上，则产量位于潜在产量，或者充分就业的水平上。潜在产量，即充分就业时的产量，是指现有资本和技术水平下，经济社会的潜在就业量所能生产的产量。在此种状态下，增加需求不能增加产出，只能造成物价上涨。因为实际工资能随时调整，使劳动市场达到均衡。就业不随价格变动而变动，始终处于充分就业状态。产量位于潜在产量，或者充分就业的水平上，不受价格影响。所以总供给曲线是一条位于充分就业水平上的垂直的总供给曲线。这种状态下形成的总供给曲线称为古典总供给曲线。如图 7-6 所示，总供给曲线 AS 与 AD_0 相交于 E_0 点，均衡收入 y_f，均衡价格 P_0。由于某种原因市场上的总需求增加了，AD_0 移动到 AD_1，形成了新的均衡点 E_1，均衡收入依然保持在充分就业的国民收入水平 y_f，只有价格水平的上升，价格上升到 P_2。

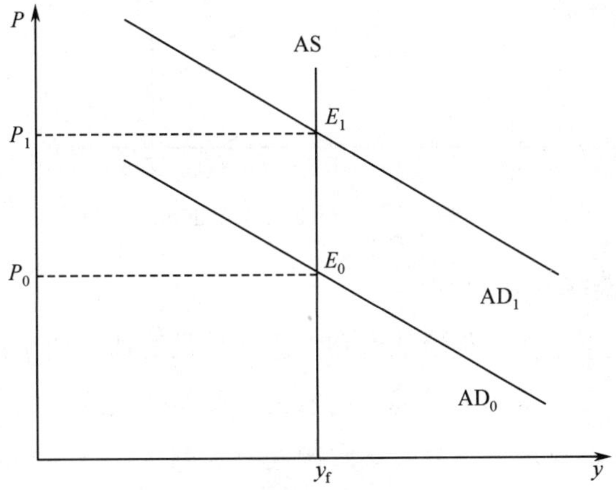

图 7-6　古典总供给曲线

（二）凯恩斯总供给曲线

凯恩斯认为，在严重的经济萧条状态下，社会中存在着大量闲置不用的劳动力和资本设备，在资源没有得到充分利用、社会上存在大量失业者时，厂商可以在既定工资水平下得到所需要的任何数量的劳动力。如果仅仅考虑劳动力成本的因素，则平均生产成本不会随产量的增加而增长，从而价格总水平也不会随产量的增加而增长，厂商可以在既定价格下供给任何数量的产品，所以，当整个社会的生产量或国民收入增长时，价格总水平和货币工资率可以保持大致不变，总供给曲线因而是一段与横轴平行的线。凯恩斯认为，货币工资和价格水平不能进行调整。

如图 7-7 所示，在经济萧条的时候，由于社会存在着大量闲置不用的劳动力和资本设备，增加总需求，总需求曲线从 AD_1 增加到 AD_0 的过程中，价格始终保持在 P_0 的水平不变，国民收入从 y_1 增加到 y_f，也就是说，只要国民收入或产量小于充分就业的水平，经济社会能以不变价格水平，提供任何数量的国民收入，那么国家就可以使用增加需求的政策来使经济达到充分就业状态。

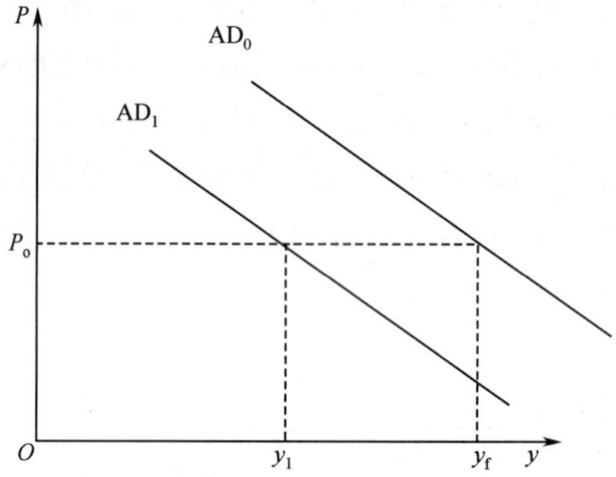

图 7-7 凯恩斯总供给曲线

（三）常规总供给曲线

常规总供给曲线位于古典总供给曲线和凯恩斯总供给曲线两个极端之间。国民收入与价格总水平成正向相关，在图形上表现为向右上方倾斜的曲线，它表明价格总水平上升将导致国民收入增加，价格总水平下降会导致国民收入减少。这是因为在货币工资率一定的条件下，价格总水平上升，实际工资率下降，劳动需求量增加，从而使国民收入增加。这一区间又被称为中间区间，同时也被视为总供给曲线的正常状态，如图 7-8 所示。

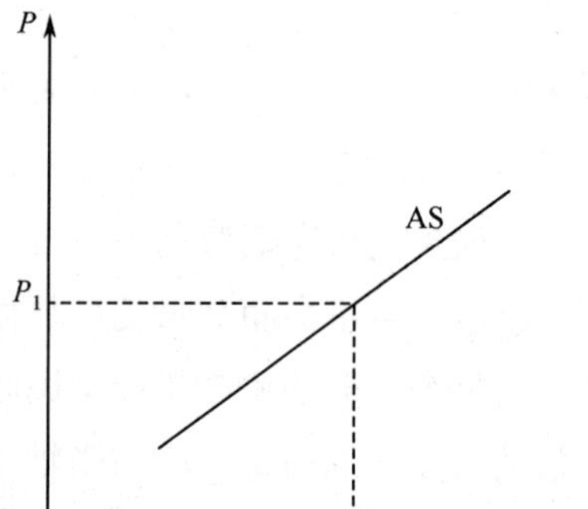

图 7-8 常规总供给曲线

第三节　总需求与总供给的均衡模型

一、总需求与总供给均衡

总需求与总供给的均衡是产品市场、货币市场和劳动市场的共同均衡，由此可以说明价格水平和国民收入水平的决定。

前面已经解释了总需求函数和曲线与总供给函数和曲线，把总需求曲线和总供给曲线结合起来，就可以构成总需求与总供给模型，即AD–AS模型。在图7-9中，AD曲线是由总需求函数决定的总需求曲线，AS曲线是由总供给函数决定的总供给曲线，AD与AS的交点E为均衡点，y_1为均衡国民收入，P_1为均衡价格总水平。

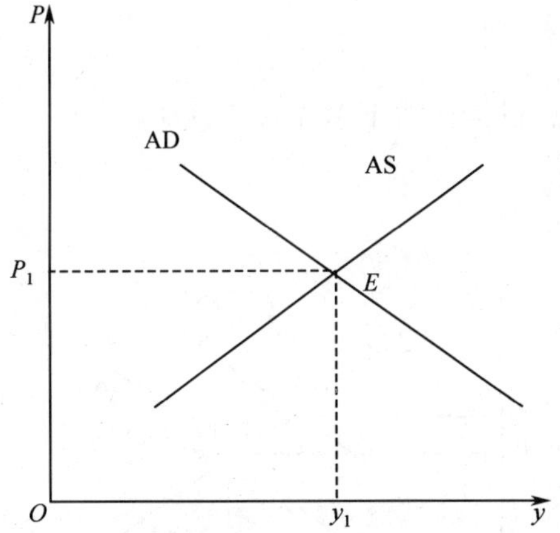

图7-9　总需求与总供给的均衡

二、常规总供给曲线下总需求的移动

图7-10可以说明常规总供给曲线下总需求的移动。

该图表明，某一时期，AD与AS相交于E点，均衡收入为y_1，均衡价格为P_1。当总需求由于投资减少而减少的时候，AD左移到AD_2，形成新的均衡点E_2，均衡国民收入为y_2，小于原来的均衡收入y_1，均衡价格也降到了P_2。如果开始的均衡点E是充分就业的均衡点，则总需求的减少使得经济处于萧条阶段。

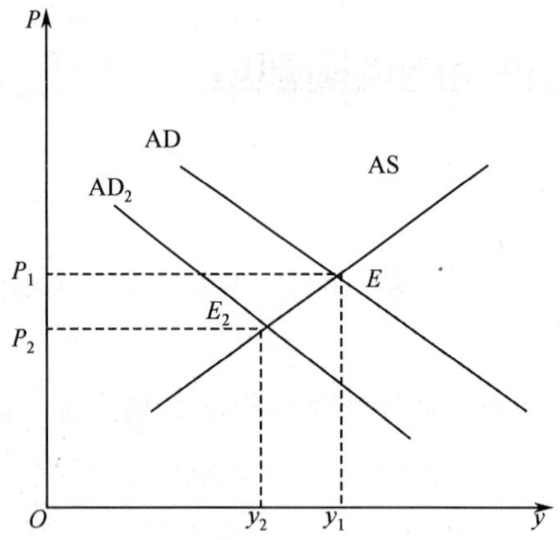

图 7-10 常规总供给曲线下总需求的移动

三、常规总供给曲线的移动

图 7-11 可以说明常规总供给曲线下总需求的移动。

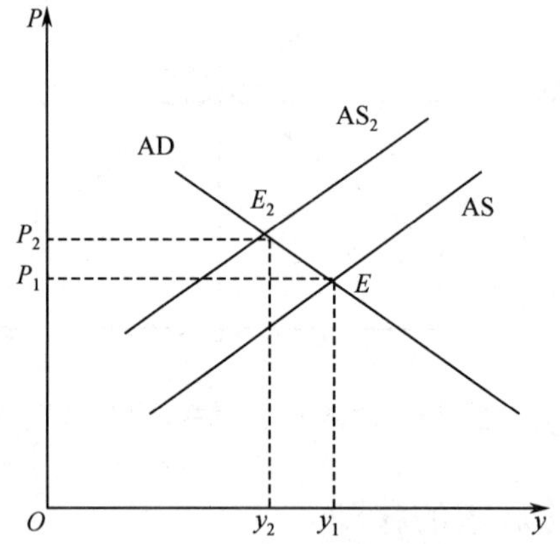

图 7-11 常规总供给曲线的移动

该图表明，某一时期，AD 与 AS 相交于 E 点，均衡收入为 y_1，均衡价格为 P_1。由于某种原因。如粮食歉收或者石油涨价使得总供给减少，形成新的均衡点 E_2，均衡国民收入为 y_2，小于原来的均衡收入 y_1，均衡价格上升到了 P_2。如果开始的均衡点 E 是充分就业的均衡点，则总供给的减少使得经济处于滞胀阶段，即失业与通货膨胀并存。

第四节 微观供求模型与宏观 AD-AS 模型的异同

一、微观供求模型与宏观 AD-AS 模型的相同点

两者在形式上有一定的相似之处。微观经济学的供求模型主要说明单个商品的价格和数量的决定。宏观经济中的 AD-AS 模型主要说明总体经济的价格水平和国民收入的决定。两者在图形上都用两条曲线来表示，在价格为纵坐标，数量（产出）为横坐标的坐标体系中，向右下方延伸的为需求曲线，向右上方延伸的为供给曲线。

二、微观供求模型与宏观 AD-AS 模型的不同点

第一，两模型涉及的对象不同。微观经济学的供求模型是微观领域的事物，而宏观经济学中的 AD-AS 模型是宏观经济领域的事物。

第二，各自的理论基础不同。微观经济学中的供求模型中的需求曲线的理论基础是消费者行为理论，而供给曲线的理论基础主要是成本理论和市场理论，它们均属于微观经济学的内容。宏观经济学的总需求曲线的理论基础是产品市场均衡理论和货币市场均衡理论，而供给曲线的理论基础主要是劳动市场理论和总量生产函数，它们均属于宏观经济学的内容。

第三，各自的功能不同。微观经济学中的供求模型在说明商品价格数量决定的同时，还可以用来说明需求曲线和供给曲线移动对价格和商品数量的影响，充其量这一模型只能解释微观市场的一些现象和结果。宏观经济学中的 AD-AS 模型在说明价格和产出决定的同时，可以解释宏观经济的波动现象，还可以用来说明政府运用宏观经济政策干预经济的结果。

课后习题

一、名词解释

总需求、总供给

二、简答题

1. 简述总需求函数中价格与国民收入的机制。
2. 简述 AD 曲线的经济含义。
3. 为什么总供给曲线可以被分为古典、凯恩斯和常规三种类型？
4. 用 AD–AS 曲线的移动来说明经济萧条、高涨和滞胀状态。
5. 简述微观供求模型与宏观 AD–AS 模型的异同。

8

第八章

失业与通货膨胀

本章主要知识点

1. 失业的解释、失业的影响
2. 奥肯定律
3. 通货膨胀的分类
4. 需求拉动通货膨胀、成本推动通货膨胀、结构性通货膨胀等的成因的图形分析
5. 通货膨胀的螺旋
6. 通货膨胀的经济效应
7. 菲利普斯曲线及政策含义

考核要求

1. 识记：失业率、结构性失业、周期性失业、奥肯定律、通货膨胀、消费价格指数、短期菲利普斯曲线、长期菲利普斯曲线。

2. 领会：了解有关失业和通货膨胀的基本知识的前提下，理解失业和通货膨胀对经济的影响，掌握需求拉动通货膨胀、成本推动通货膨胀等的成因的图形分析及通货膨胀的螺旋。

3. 应用：结合实际掌握怎样运用宏观调控对付失业和通货膨胀。

第一节 失业

一、失业概述

在经济学范畴中，一个人愿意并有能力为获取报酬而工作，但尚未找到工作的情况，即认为是失业。失业率是劳动人口里符合“失业条件”者所占的比例。实际上，确定确实在找工作的失业人员数量是非常困难的，特别是在找到工作前失业救济金已经过期的那些人的数量。失业的历史就是工业化的历史。在农村这并不被看做一个问题，尽管农村劳动力的隐性失业人员几乎没什么事可做。国际劳工组织发布的 2013 年度全球就业趋势报告称，今年全球失业率仍将小幅攀升，失业人口将突破 2 亿人，就业形势无改观。

失业是指达到就业年龄具备工作能力谋求工作但未得到就业机会的状态。对于就业年龄，不同国家往往有不同的规定，美国为 16 周岁，中国为 18 周岁。按照失业原因，分为摩擦性失业、自愿性失业和非自愿性失业等。失业有广义和狭义之分。广义的失业指的是生产资料和劳动者分离的一种状态。在这种状态下，劳动者的生产潜能和主观能动性无法发挥，不仅浪费社会资源，还对社会经济发展造成负面影响。狭义的失业指的是有劳动能力的处于法定劳动年龄阶段的并有就业愿望的劳动者失去或没有得到有报酬的工作岗位的社会现象。

没有劳动能力的人不存在失业问题。有劳动能力的人虽然没有职业，但自身也不想就业的人，不称为失业者。对失业的规定，在不同的国家往往有所不同。在美国，年满 16 周岁而没有正式工作或正在寻找工作的人都称为失业者。以下几种情况也算做失业：①被暂时解雇而等待重返原工作岗位的人；②于 30 天之内等待到新的工作单位报到的人；③由于暂时患病或认为本行业一时没有工作可找而又不寻找工作的无业者。

按照国际劳工组织（ILO）的统计标准，凡是在规定年龄内一定期间内（如一周或一天）属于下列情况的均属于失业人口：①没有工作，即在调查期间内没有从事有报酬的劳动或自我雇用；②当前可以工作，就是当前如果有就业机会，就可以工作；③正在寻找工作，就是在最近期间采取了具体的寻找工作的步骤，如到公共的或私人的就业服务机构登记、到企业求职或刊登求职广告等方式寻找工作。

失业的状况通过失业率来衡量。失业率是失业人数（失业量）与劳动力总量（劳动总量）的比例。因此，失业率取决于劳动总量、就业人数（就业量）。失业量=劳动总量−就业量。用 N 表示就业量，U 表示失业量，L 表示劳动总量，n 表示就业率，u 表示失业率，那么有：

$$n=\frac{N}{L},u=\frac{U}{L}$$

这样，失业率 u 可以通过就业率 n 得到，因为 $u=1-n$。同样，知道了失业率 u，也可以得到就业率 n。因此，研究失业问题，实际上也是研究就业问题。减少失业，就是扩大就业。

失业率随着就业量的提高而下降，但失业率从来不会降到零。在社会经济发展正常的条件下，仍然存在着失业，自然失业是由于经济中某些难以避免的原因所引起的失业。此时的失业率叫做自然失业率，也称充分就业的失业率，或者长期均衡的失业率，是实现充分就业时的失业率。与自然失业率相对应的就业量叫做潜在就业量。如果存在的失业率是自然失业率，那么就业量就是潜在就业量。只存在自然失业率的就业状况，也就是充分就业。自然失业率由各国根据实际情况确定，并且呈现不断上升趋势。

二、失业的分类

根据失业产生的原因，可以把失业分为自愿性失业、非自愿性失业（摩擦性失业、结构性失业、技术性失业、周期性失业）、隐蔽性失业等不同类型。

自愿性失业是指工人所要求的实际工资超过其边际生产率，或者说不愿意接受现行的工作条件和收入水平而未被雇用所造成的失业。这种失业是由于劳动人口主观不愿意就业而造成的，所以被称为自愿失业，无法通过经济手段和政策来消除，因此不是经济学所研究的范围。

非自愿性失业是指有劳动能力、愿意接受现行工资水平但仍然找不到工作的现象。这种失业是由于客观原因所造成的，因而可以通过经济手段和政策来消除。经济学中所讲的失业是指非自愿性失业。

摩擦性失业是指人们在转换工作过程中的失业，指在生产过程中由于难以避免的摩擦而造成的短期、局部的失业。这种失业在性质上是过渡性的或短期性的。它通常起源于劳动力供给方。

结构性失业是指劳动力供给和需求不匹配造成的失业，其特点是既有失业，又有空缺职位，失业者或者没有合适的技能，或者居住地不当，因此无法填补现有的职位空缺。结构性失业在性质上是长期的，而且通常起源于劳动力的需求方。这种失业是由经济变化导致的，这些经济变化引起特定市场和区域中的特定类型劳动力的需求相对低于其供给。造成特定市场中劳动力的需求相对低可能由以下原因导致：第一是技术变化，原有劳动者不能适应新技术的要求，或者技术进步使得劳动力需求下降。第二是消费者偏好的变化。消费者对产品和劳务的偏好的改变，使得某些行业扩大而另一些行业缩小，处于规模缩小行业的劳动力因此失去工作岗位。第三是劳动力的不流动性。流动成本的存在制约着失业者从一个地方或一个行业流动到另一个地方或另一个行业，从而使得结构性失业长期存在。

周期性失业又称需求不足的失业、非自愿失业，是指经济周期波动所造成的失业，即经济周期中的衰退或萧条时，因需求下降而导致的失业。当经济中的总需求减少，降低了总产出时，会引起整个经济体系的普遍失业。当经济发展处于一个周期中的衰退期时，社会总需求不足，因而厂商的生产规模也缩小，从而导致较为普遍的失业现象。周期性失业对于不同行业的影响是不同的，一般来说，需求的收入弹性越大的行业，周期性失业的影响越严重。

技术性失业是指在生产过程中引进先进技术代替人力，以及改善生产方法和管理而造成的失业。从长远角度看，劳动力的供求总水平不因技术进步而受到影响；从短期看，先进的技术、生产力和完善的经营管理，以及生产率的提高，必然会取代一部分劳动力，从而使一部分人失业。

季节性失业是指由于气候状况有规律地变化对生产、消费产生影响引起的失业。

除了这几种主要失业类型外，经济学中常说的失业类型还包括隐藏性失业。所谓隐藏性失业，是指表面上有工作，但实际上对产出并没有做出贡献的人，即有“职”无“工”的人，也就是说，这些工作人员的边际生产力为零。当经济中减少就业人员而产出水平没有下降时，即存在着隐藏性失业。美国著名经济学家阿瑟·刘易斯曾指出，发展中国家的农业部门存在着严重的隐藏性失业。

第二节 失业的经济学分析

一、失业的经济原因

古典主义认为失业是由于工资刚性所引起的，即工资调整遇到不可下降的下界，出现失业，把这种情况下的失业称为古典失业，即可以用古典理论来解释的失业现象。凯恩斯认为失业是由于需求不足引起的，由于边际消费倾向（MPC）递减，所以消费需求不足，由于资本边际效率递减规律致使投资需求不足，消费和投资需求的不足，使得总需求不足，进而产生周期性失业。还有人认为失业的原因大类上分为政治原因和经济原因两方面，在经济上分为良性经济和恶性经济。政治原因与各国的政治有关，且不说了。我们来看经济方面的原因，良性经济失业一般以个人因素为主，由于各类行业稳定发展，各类待遇都较高，会出现靠补助也能生活得不错的情况，例如，北欧的高福利国家，有许多靠救济过好日子的“懒汉”。恶性经济失业一般是因为国家经济发展出现问题，社会资金流通受阻，各行业供需失去平衡，企业生产过剩或补给不足，货币贬值或升值，发行货币量与资产总量不等。企业通过裁员来减少成本开支。

二、失业的供求分析

假定劳动力市场是具有竞争性的，现在我们来分析出清的劳动力市场对失业的解释，如图 8-1 所示。

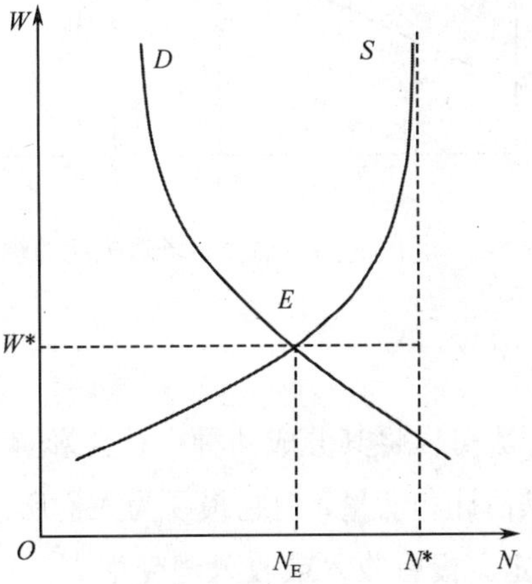

图 8-1 出清的劳动力市场中的失业

在图中，劳动的需求曲线 D 和劳动的供给曲线 S 相交，交点 E 是均衡点，此时的均衡工资水平是 W^*，均衡就业量是 N_E，这也是厂商愿意雇用的接受工资水平 W^*的工人数量 N_E，所以能够就业的人数就是 N_E，社会上想要找工作的劳动力数量是 N^*，也就是说，此时，另有数量为 N^*N_E 的工人，虽然愿意工作，但要求的工资较高而没有找到工作，这些人就处于自愿失业的状态下。

再来看非出清的劳动力市场对失业的解释。这里假设劳动力市场是不出清的，这样的市场上是没有伸缩性工资的劳动力市场。如图 8-2 所示，劳动的需求曲线 D 和劳动的供给曲线 S 相交，交点 E 是均衡点，此时的均衡工资水平是 W_E，均衡就业量是 N_E。现在假设一次经济波动使得劳动工资达到较高的水平 W^*，此工资水平下的劳动供给量 N_2 大于劳动需求量 N_1，也就是寻找这个高工资的劳动力 N_2 很多，但是企业愿意雇用的只有 N_1，所以此时社会上的就业量是 N_1，同时社会上存在 N_1N_2 的非自愿失业。

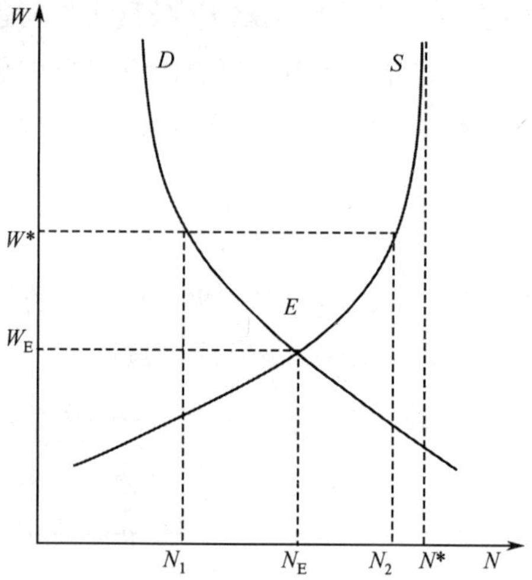

图 8-2 非出清的劳动力市场对失业的解释

三、失业的影响

失业会产生诸多影响，一般可以将其分成两种：社会影响和经济影响。

失业的社会影响虽然难以估计和衡量，但它最易为人们所感受到。失业威胁着作为社会单位和经济单位的家庭的稳定。没有收入或收入遭受损失，户主就不能起到应有的作用。家庭的要求和需要得不到满足，家庭关系将因此而受到损害。西方有关的心理学研究表明，解雇造成的创伤不亚于亲友的去世或学业上的失败。此外，家庭之外的人际关系也受到失业的严重影响。一个失业者在就业的人员当中失去了自尊和影响力，面临着被同事拒绝的可能性，并且可能要失去自尊和自信。最终，失业者在情感上受到严重打击。

失业的经济影响可以用机会成本的概念来理解。当失业率上升时，经济中本可由失业工人生产出来的产品和劳务就损失了。衰退期间的损失，就好像是将众多的汽车、房屋、衣物和其他物品都销毁了。从产出核算的角度看，失业者的收入总损失等于生产的损失，因此，丧失的产量是计量周期性失业损失的主要尺度，因为它表明经济处于非充分就业状态。

20 世纪 60 年代，美国经济学家阿瑟・奥肯根据美国的数据，提出了经济周期中失业变动与产出变动的经验关系，被称为奥肯定律。奥肯定律的内容是：失业率每高于自然失业率一个百分点，实际 GDP 将低于潜在 GDP 两个百分点。换一种方式说，相对于潜在 GDP，实际 GDP 每下降两个百分点，实际失业率就会比自然失业率上升一个百分点。西方学者认为，奥肯定律揭示了产品市场与劳动市场之间极为重要的关系，它描述了实际 GDP 的短期变动与失业率变动的联系。根据这个定律，可以通过失业率的变动推测或估计 GDP 的变动，也可以通过 GDP 的变动预测失业率的变动。例如，实际失业率为 8%，高于 6%的自然失业率 2 个百分点，则实际 GDP 就将比潜在 GDP 低 4%左右。

未来的一二十年是我国改革开放的关键时期，大量的农村富余劳动力要转移到城镇就业，城镇新增的适龄就业人员也有较大的就业需要，这就使得我国在未来这一二十年内面临着较大的就业压力，就业问题是我国政府宏观经济政策要解决的最主要问题之一。奥肯定律给我们提供了一个可能的解决方案，即一定要保持 GDP 的高速增长，这样一方面能迅速提高我国人民的生活水平，同时也能较好地解决未来的就业压力。失业者可领取一定的失业救济金，但其数额少于就业时的工资水平，因而生活相对恶化，促使其重新就业。从这一点上来说，不少西方经济学家认为，一个合理的失业率及其失业现象的存在，是促进社会发展所必需的条件之一。

解决减少失业，降低失业率可以采取扩张性财政政策，如增加政府购买支出、增加转移支付、减少税收；采取扩张性货币政策，如降低法定准备金率、降低再贴现率、在公开市场上购买证券；也可以采用供给政策，如通过使工人对工作职位做出更积极的反应而影响劳动供给，促使雇主愿意接受或雇用现有技能的工人，以突破他们对劳动就业的限制，减少工会等垄断组织对增加就业的制约。

四、降低失业率的对策

1．增加总需求

在潜在产出一定且实际产出小于潜在产出的条件下，只要增加需求，就可以增加实际产出，从而可以扩大就业，降低失业率，如图 8-3 所示。

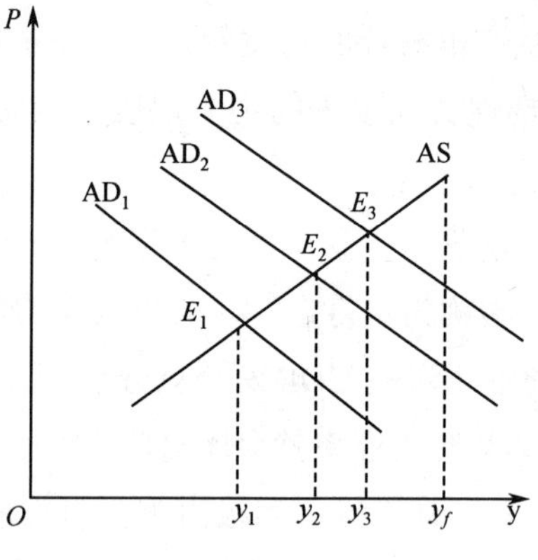

图 8-3 增加总需求，降低失业率

图 8-3 表明，当潜在产出 y_f 和总供给 AS 一定时，不断增加总需求，从 AD_1 增到 AD_2，再增到 AD_3，那么实际产出就从 y_1 增到 y_2，再从 y_2 增到 y_3，随着实际产出的增长，失业率相应下降。

2．增加总供给

在实际产出越来越接近潜在产出时，提高总需求所带来的产出效应越来越小，而提高物价的效应越来越大。在这种情况下，要进一步降低失业率，就必须提高潜在产出和总供给。当潜在产出和总供给曲线向右移动以后，就可以使实际产出增长，降低失业率。如图 8-4 所示。

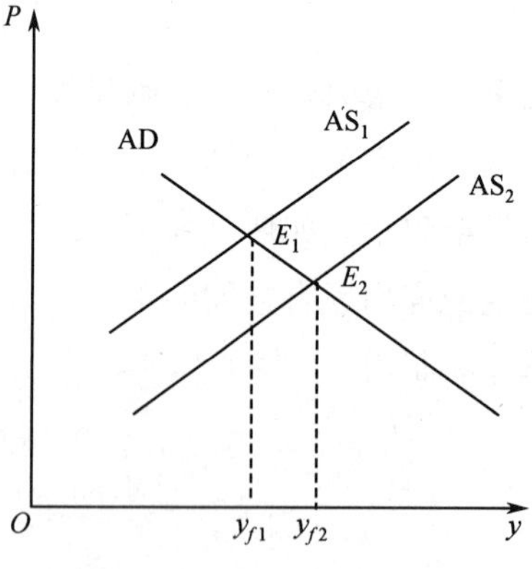

图 8-4 增加总供给，降低失业率

图 8-4 表明，当潜在产出由 y_{f1} 提高到 y_{f2} 时，总供给也相应地从 AS_1 提高到 AS_2。这时，

总需求曲线与新的总供给曲线相交，都提高了实际产出，同时也可以降低失业率。

第三节　通货膨胀

一、通货膨胀的概念及衡量

在实践中，通货（Currency）就是市面上流通的货币，是对现实流通中一切流通手段的总称。它既包括硬币和纸币，也包括支票、债券、信用卡等信用工具。因为，在资本主义社会，它们和纸币一样也在市面上流通。通货膨胀（Inflation）指因货币供给大于货币实际需求，即现实购买力大于产出供给，导致货币贬值，而引起的一段时间内物价持续而普遍上涨现象。其实质是社会总需求大于社会总供给（供远小于求）。纸币、含金量低的铸币、信用货币过度发行都会导致通胀。通货膨胀也可以表述为信用货币制度下，流通中的货币数量超过经济实际需要，而引起的货币贬值和物价水平全面而持续的上涨。通货膨胀不是指一种或几种商品的物价上升，也不是指物价水平一时的上升，而是指物价总水平的全面、持续上涨，或者说货币价值在一定时期内持续的下降过程。物价总水平或一般物价水平是指所有商品和劳务交易价格总额的加权平均数。这个加权平均数，就是价格指数。

通货膨胀率是指从一个时期到另一个时期价格水平变动的百分比。如果用 π_t 表示通货膨胀率，用 P_t 和 P_{t-1} 分别表示第 t 期和第 $t-1$ 期的价格水平，则通货膨胀率的公式如下。

$$\pi_t = \frac{P_t - P_{t-1}}{P_{t-1}}$$

衡量通货膨胀率的价格指数一般有三种：消费价格指数、生产者价格指数、国内生产总值价格折算指数。消费价格指数（Consumer Price Index，CPI）是表示在普通家庭的支出中，购买具有代表性的一组商品，现在要比过去多花多少钱。消费者物价指数是反映与居民生活有关的产品及劳务价格统计出来的物价变动指标，通常作为观察通货膨胀水平的重要指标。如果消费者物价指数升幅过大，表明通胀已经成为经济不稳定因素，央行会有紧缩货币政策和财政政策的风险，从而造成经济前景不明朗。因此，该指数过高的升幅往往不被市场欢迎。例如，在过去 12 个月，消费者物价指数上升 2.3%，那表示，生活成本比 12 个月前平均上升 2.3%。当生活成本提高，你的金钱价值便随之下降。也就是说，一年前收到的一张 100 元纸币，今日只可以买到价值 97.75 元的货品及服务。一般来说，当 CPI>3% 的增幅时我们称为通货膨胀；而当 CPI>5%的增幅时，我们把它称为严重的通货膨胀。消费者价格指数，是对一个固定的消费品篮子价格的衡量，主要反映消费者支付商品和劳务的价格变化情况，也是一种度量通货膨胀水平的工具，以百分比变化为表达形式。

$$CPI=\frac{当前总的市场价值}{基期总的市场价值}$$

例如，2003 年购买一组商品所花费的支出是 857 元，2010 年购买同样的商品，支出是 1 174 元，则 2010 年的消费物价指数是 $\frac{1174}{857}=137$ 。

零售物价指数（Retail Sales Index，RPI）是反映城乡商品零售价格变动趋势的一种经济指数。国内生产总值价格折算指数见第 1 章。

二、通货膨胀的分类

一般来说，通货膨胀必然引起物价上涨，但不能说凡是物价上涨都是通货膨胀引起的。影响物价上涨的因素是多方面的。纸币的发行量必须以流通中所需要的数量为限度，如果纸币发行过多，引起纸币贬值，物价就会上涨；商品价格与商品价值成正比，商品价值量增加，商品的价格就会上涨；价格受供求关系影响，商品供不应求时，价格就会上涨；政策性调整，理顺价格关系会引起上涨；商品流通不畅，市场管理不善，乱收费、乱罚款，也会引起商品价格的上涨。可见，只有在物价上涨是因纸币发行过多而引起的情况下，才是通货膨胀。具体来看通货膨胀的类型。

根据物价的上升速度，通货膨胀可以分为温和通货膨胀（年物价水平在 10%以内，此时价格上涨缓慢且可以预测，物价相对来说比较稳定，人们对货币比较信任）、严重通货膨胀（年物价水平上升速度在 10%～100%）、奔腾式的通货膨胀（也称为恶性通货膨胀或超级通货膨胀，年物价水平上升速度在 100%以上，这种通货膨胀局面一旦形成并稳固下来，便会出现严重的经济扭曲）。

根据物价的上升预料程度，通货膨胀可以分为未预期型通货膨胀（价格上升速度超乎意料）、预期型通货膨胀（物价有规律的变动）。

根据物价的上升对价格的影响，通货膨胀可以分为平衡型通货膨胀（每种商品的价格都同比例上升）、非平衡型通货膨胀（各种商品价格上升比例不完全相同）。

根据物价上升的表现形式，通货膨胀可以分为公开型通货膨胀（即通货膨胀可以通过物价水平统计反映出来）、隐蔽型通货膨胀（即通货膨没有通过物价水平统计反映出来）、抑制型通货膨胀（即在价格管制条件下，通过排队、搜寻、寻租等途径反映出来的通货膨胀）。

第四节　通货膨胀的成因

纸币是由国家发行并强制流通的价值符号，在货币流通的条件下，如果纸币的发行量超过了流通中实际需要的数量，多余的部分继续在流通中流转，就会造成通货膨胀。造成通货膨胀的直接原因是国家财政赤字的增加。政府为了挽救经济危机或弥补庞大的财政赤字，不顾商品流通的实际需要，滥发纸币。他们之所以要利用这种办法来弥补财政赤字，是因为这种办法比起增加税收、增发国债等办法富于隐蔽性，并且简便易行。出现通胀与以下原因也有关联。

一、货币主义对通货膨胀的解释

货币主义认为，通货膨胀导因于货币供给率高于经济规模增长。此说主张以比较 GDP 平减指数与货币供给增长来做测量，并由中央银行设定利率来维持货币数量。此观点不同于下述奥地利学派在于其着重于货币的数量而非实质。在货币主义架构下，货币的聚集是重点所在。货币数量理论认为经济体所耗货币总量取决于现存货币总量。在消费品总供应量对消费品总需求量相对下降，或者消费品总需求量对消费品总供应量相对上升时，一般消费品物价会随之提高。基于总开销主要基于现存货币总量的观点，货币主义的经济学者们以货币总量计算消费品总需求量。于是，他们断定总开销与消费品总需求量随着货币总量提高。于是相信货币数量理论的学者们同样也相信物价上涨的唯一原因就是经济成长（表示消费品总供给量正提高），以及央行因之以货币政策提高现存货币总量。以此观点来说，通货膨胀的最根本原因是货币供给量多于需求量，于是“通货膨胀是一定会到处发生的货币现象”，弗里德曼如是说。意指通货膨胀的控制有赖于货币上与财政上的限制。政府不可令借支过于容易，其自身也不可超额贷款。此观点着重于中央政府预算赤字与利率，以及经济生产力，也就是由生产成本所推动的通货膨胀。

二、需求拉动通货膨胀

需求拉动通货膨胀也称为需求拉上通货膨胀，是指超额需求，即总需求超过总供给所引起的一般价格水平的持续显著上涨。一般来说，总需求的增加会引起物价水平的上升和生产总量的增加，但在达到充分就业的情况下，即达到实际产量的极限之后，总需求任何一点的增加，都会引起价格水平的进一步提高，也就是通货膨胀更加明显。这种通货膨胀被认为是“过多的货币追逐过少的商品”。如图 8-5 所示，在 AS 凯恩斯区域，此时资源闲置，总产量较低，总需求的增加不会引起价格上涨。例如，总需求从 AD_0 增加到 AD_1 的过程中价格仍然保持在 P_0 的水平。在 AS 中间区域，总需求增加会引起价格上涨。例如，总需求从 AD_1 增加到 AD_2 增加到 AD_3 的过程中价格由 P_1 增加到 P_2，又上升到 P_3 的水平。P_2 上升到 P_3 的水平是由于劳动、原料、生产设备等不足，导致成本提高，即供给瓶颈。该区域的通胀被称为瓶颈式通货膨胀。在 AS 古典区域，例如，总需求从 AD_4 增加到 AD_5 的过程中只有价格由 P_3 上升到 P_4 的水平，这是由于充分就业了，资源已得到充分利用。总需求继续增加，只会导致价格上涨，而产量不变。而且可以看到，当总供给曲线越来越接近潜在产出时，需求增加推动国民收入增长的作用在下降，而推动物价上涨的作用则在上升。总之，当总供给曲线一定时，连续增加总需求，就会在推动国民收入增长的同时，推动物价水平的上涨。这样，当太多的货币支出追逐太少的商品时，就发生了需求拉动的通货膨胀。

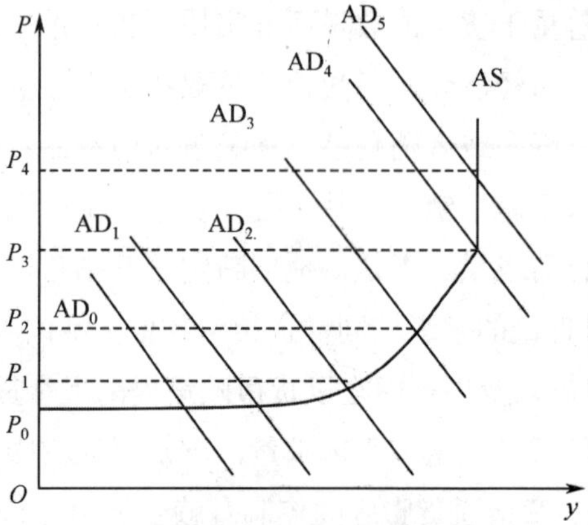

图 8-5　需求拉动通货膨胀

三、成本推动通货膨胀

成本推动通货膨胀又称成本通货膨胀或供给通货膨胀，是指在没有超额需求的情况下由于供给方面成本的提高所引起的一般价格水平持续和显著的上涨。来自供给方面的冲击主要是受国际市场供给价格和数量的变化、农业的丰歉及劳动生产率变化而造成的“工资推动”或“利润推动”。

成本推动的通货膨胀，如图 8-6 所示，成本的增加使得 AS 曲线不断地向左上方移动，从 AS_1 移动到 AS_2 又移动到 AS_3 的过程中，价格水平逐渐地从 P_1 上升到 P_2，又上升到 P_3。这种由于成本上升而使价格逐步提高的通货膨胀就称为成本推动通货膨胀。

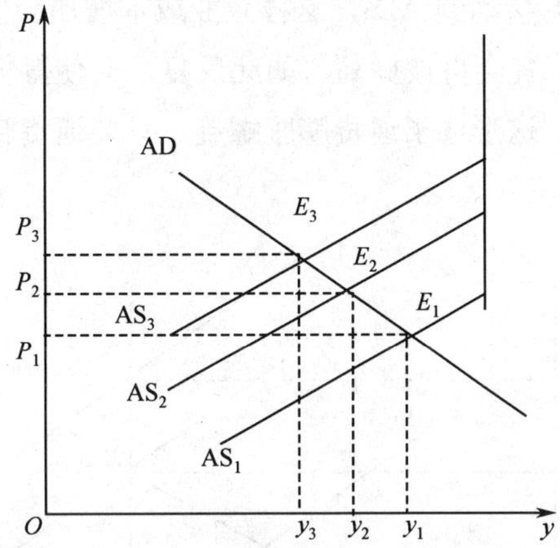

图 8-6　成本推动通货膨胀

成本推动通货膨胀由于成本上升时的原因不同，可以分为三种类型：工资推动、利润推动、进口和出口推动。

（一）工资推动通货膨胀

工资推动通货膨胀是指不完全竞争的劳动市场造成的过高工资所导致的一般价格水平的上涨。西方学者认为，在完全竞争劳动市场上，工资率完全取决于劳动的供求，工资的提高不会导致通货膨胀；而在不完全竞争劳动市场上，由于工会组织的存在，工资不再是竞争工资，而是工会和雇主集体议价的工资，并且由于工资的增长率超过生产增长率，工资的提高就导致成本的提高，从而导致一般价格水平上涨，这就是所谓的工资推动通货膨胀。西方学者进而认为，工资提高和价格上涨之间存在因果关系：工资提高引起价格上涨，价格上涨又引起工资提高。这样工资提高和价格上涨形成了螺旋式的上升运动，即所谓的工资–价格螺旋。许多经济学家将欧洲大多数国家在 20 世纪 60 年代末 70 年代初经历的通货膨胀认定为工资推动的通货膨胀。如在联邦德国，工时报酬的年增长率从 1968 年的 7.5%跃居到 1970 年的 17.5%。在同一时期，美国的工时报酬年增长率由 7%上升到 15.5%。主要原因：工会或某些非市场因素压力的存在，会使工人货币工资增长率超过劳动生产率的增长。通货膨胀螺旋也是指大多数人预期到通货膨胀，这种预期会变成现实，使通货膨胀产生一种惯性，具有不断持续下去的趋势。如图 8-7 所示，如果通货膨胀时期，个人要求工资提高，以保证实际工资不降低，银行贷款要求提高名义利率，以获得一定的实际收益率，随着工资、利息等生产要素收入提高，社会总需求就会上升，AD 曲线会不断地向右上方移动，AD_1 移动到 AD_2 移动到 AD_3，这样企业成本增加会使 AS 曲线不停地向左上方移动，AS_1 移动到 AS_2，工资会再被提高，如此反复，会使得价格水平不停地被拉高，从 P_1 上升到 P_2 再上升到 P_3，这形成了通货膨胀螺旋。只要通货膨胀一发生，成本推动和需求拉动就同时发挥作用。

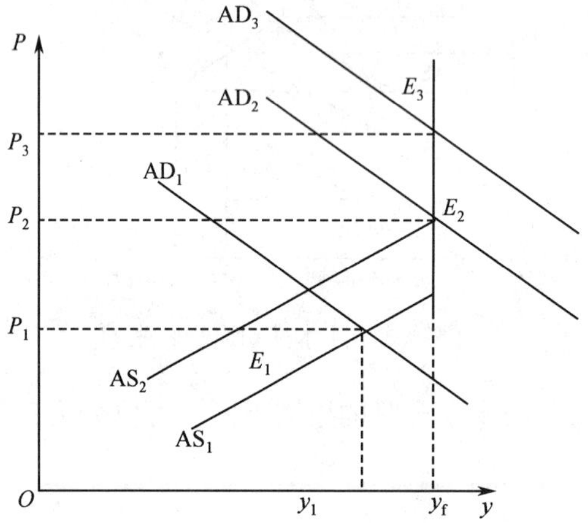

图 8-7 通货膨胀螺旋

所以说通货膨胀是需求和成本混合推进的。在实际中，造成通货膨胀的原因并不是单一的，因各种原因同时推进的价格水平上涨，就是供求混合推进的通货膨胀。假设通货膨胀是由需求拉动开始的，即过度的需求增加导致价格总水平上涨，价格总水平的上涨又成为工资上涨的理由，工资上涨又形成成本推进的通货膨胀。

（二）利润推动通货膨胀

寡头企业和垄断企业为保持利润水平不变，依靠其垄断市场的力量，运用价格上涨的手段来抵消成本的增加；或者为追求更大利润，以成本增加作为借口提高商品价格，从而导致价格总水平上升。其中最为典型的是，在 1973—1974 年，石油输出国组织（OPEC）历史性地将石油价格提高了 4 倍，到 1979 年，石油价格又被再一次提高，引发“石油危机”。

（三）进口和出口推动通货膨胀

进口和出口推动通货膨胀是由于进口品价格上涨，特别是进口原材料价格上涨，引起的通货膨胀。由于出口猛增加，使国内市场产品不足，也能引起物价上涨和通货膨胀。控制的方法就是控制工人工资增长速度，使之与生产率增长同步；压缩企业利润空间；控制进出口，使进出口处于平衡。

四、结构性通货膨胀

结构性通货膨胀是指物价上涨是在总需求并不过多的情况下，而对某些部门的产品需求过多造成部分产品的价格上涨现象，如钢铁、猪肉、楼市、食用油等。如果结构性通胀没能有效抑制就会变成成本推动通胀，进而造成全面通胀。

结构性通货膨胀是由鲍莫尔在 1967 年提出的。他把经济活动分为两个部分：一是劳动生产率不断提高的先进部门(工业部门)；二是劳动生产率保持不变的保守部门(服务部门)。当前者由于劳动生产率的提高而增加货币工资时，由于攀比，后者的货币工资也以同样的比例提高。在成本加成定价的通常做法下，整个经济必然产生一种由工资成本推动的通货膨胀。因此，在经济结构的变化中，某一部门的工资上升，将引起其他部门向它看齐，从而以同一比例上升。

五、预期和通货膨胀惯性

在实际中，一旦形成通货膨胀，便会持续一段时期，这种现象被称为通货膨胀惯性，对通货膨胀惯性的一种解释是人们会对通货膨胀做出相应预期。

预期是人们对未来经济变量做出的一种估计。人们往往会根据过去的通货膨胀的经验和对未来经济形势的判断，做出对未来通货膨胀走势的判断和估计，从而形成对通胀的预期。

预期对人们经济行为有重要的影响，人们对通货膨胀的预期会导致通货膨胀具有惯性，如人们预期的通胀率为 10%，在订立有关合同时，厂商会要求价格上涨 10%，而工人与厂商签订合同中也会要求增加 10%的工资，这样，在其他条件不变的情况下，每单位产品的成本会增加 10%，从而通货膨胀率按 10%持续下去，必然形成通货膨胀惯性。通货膨胀惯性，也称为通货膨胀黏性，Fuhrer 1995 年给出了其现代定义，在受到随机扰动的冲击之后，通货膨胀偏离其均衡状态所持续的时间。基于这一定义，持续的时间越长，表明通货膨胀的惯性越大。通货膨胀惯性产生的原因：工资及价格黏性导致通胀的调整具有一定的惯性；对通货膨胀的预期的变化或对货币政策的信心，在某种程度上决定了通胀的调整速度；随机冲击的性质与程度，也是影响通胀调整的重要因素，如这一次美国金融危机对我国的通胀产生前所未有的冲击，在很大程度上导致2008年上半年的高通胀和随后的快速回落。尽管以上3个因素从不同的角度解释了通胀惯性的存在，但是中央银行在实施或改变一项货币政策时，预期政策实施使通货膨胀回复其均值（均衡值）所持续的时间，也就是货币政策产生效应所需的时间，显然这也是货币当局所设定的政策目标。

第五节 通货膨胀的经济效应

一、通货膨胀对再分配的影响

通货膨胀能够改变不同人收入与财富的实际价值，使一部分人的实际收入与财富增长，而另一部分人的实际收入与财富减少，即使社会总收入和总财富在不同的集团之间进行再调整，形成再分配效应。

（1）通货膨胀不利于靠固定收入维持生活的人，有利于有变动收入的人。对于那些主要依赖固定收入生活的人，如领取退休金和社会保险金的退休人员、政府雇员等，其收入的增长速度一般要慢于通货膨胀率，通货膨胀的发生会使其实际收入减少，导致其生活水平下降。相反，对于那些弹性收入者，即能够根据通胀率变化及时调整货币收入者，通货膨胀的不利影响要小得多，甚至是有益的。比如，在20世纪90年代国企的工资有的达到了1 000元，这是很高的。而现在他们的工资依然是1 000元，差不多是低收入了。可是那些做小买卖的、私企的职工的收入却大幅提高了。

（2）通货膨胀对储蓄者不利。随着物价上涨，储蓄在银行里的钱的实际购买力下降，同样，像保险金、养老金及其他固定价值的证券财产等，它们本来是作为防患未然和储蓄养老的，在通胀中，它们的价值也会降低。

（3）在债务人与债权人之间，通货膨胀将有利于债务人而不利于债权人。当你在20世纪90年代欠别人10 000元，现在来还时，你就合适多了，即使存在利息。在通常情况下，借贷的债务契约都是根据签约时的通货膨胀率来确定名义利息率，所以当发生了未预期的通货膨胀之后，债务契约无法更改，从而就使实际利息率下降，债务人受益，而债权人受损。其结果是对贷款，特别是长期贷款带来不利的影响，使债权人不愿意发放贷款。贷款的减少会影响投资，最后使投资减少。

（4）在雇主与工人之间，通货膨胀将有利于雇主而不利于工人。这是因为，在不可预期的通货膨胀下，工资增长率不能迅速地根据通货膨胀率来调整，从而即使在名义工资不变或略有增长的情况下，使实际工资下降。实际工资下降会使利润增加。利润的增加有利于刺激投资，这正是一些经济学家主张以温和的通货膨胀来刺激经济发展的理由。

（5）在政府与公众之间，通货膨胀将有利于政府而不利于公众。由于在不可预期的通货膨胀之下，名义工资总会有所增加（尽管并不一定能保持原有的实际工资水平），随着名义工资的提高，达到纳税起征点的人增加了，有许多人进入了更高的纳税等级，这就使得政府的税收增加。但公众纳税数额增加，实际收入却减少了。政府由这种通货膨胀中所得到的税收称为“通货膨胀税”。一些经济学家认为，这实际上是政府对公众的掠夺。这种通货膨胀税的存在，既不利于储蓄的增加，也影响了私人与企业投资的积极性。

但是一方面由于居民往往同时是收入获得者、金融证券的持有者和实际财产（不动产）的所有者，因而通货膨胀对他们的影响可以相互抵消；另一方面由于通货膨胀的再分配效应是自发的，它本身并不存在从谁手中拿点收入给其他人。

二、通货膨胀的其他效应

世界各国经济发展实证分析表明，通货膨胀所带来的效应总是弊大于利，但也不能一概而论，这需要具体情况具体分析。事实上，由于国内原因形成的温和的通货膨胀，如 20 世纪五六十年代的美国的通货膨胀，并未多大地减少经济体系的真实收入，它只是把某一集团的收入重新分配到另一个集团。理由很简单，一个人的成本正是另一个人的收入，但奔腾式通货膨胀所带来的后果就严重得多。1923 年德国的通货膨胀，人们在排队购买商品的过程中，有时会发现队刚排到半途而价格已上涨了一倍，临到他们买到时可能价格已涨了四倍，在这种气氛下货币不再执行它作为财富贮藏的重要职能。一个有理性的人也将少费精力去从事财货的生产而把更多的精力用在如何尽快花钱上。毫无疑问，奔腾式通货膨胀或超级通货膨胀会伤害经济的士气和生命力，而温和的通货膨胀也许在收入和财产分配上只有较少的影响。不仅如此，未预期的通货膨胀和可以预期的通货膨胀所带来的影响完全不同。如果通货膨胀是可以预期的，则政府、企业和居民可以（根据对通货膨胀的预期）在价格、收入等方面进行相应的调整，从而大大减弱它的影响。如果通货膨胀是不可预期的，则它对一国经济会产生多种影响。

通货膨胀的代价取决于两个方面。第一，它是一个平衡的通货膨胀吗？第二，它是预期到的吗？如果对两个问题都回答“是”，那么我们就处于表的左上部分，而代价就可以忽略不计。另外，如果通货膨胀造成相对价格严重失调，而且它是未预期到的，那么就可能是效率损失严重和大量的再分配。

下面我们具体分析通货膨胀对社会经济的影响。

（1）通货膨胀时对于经济效益的影响。通货膨胀造成人们对货币贬值的预期，导致流通中的囤积居奇，出现“投资不如投机，生产不如囤积，存钱不如存货”现象。导致生产下降，通货膨胀恶化，企业不再致力于提高产品质量，提高生产效率，降低成本，而是乘通货膨胀之机，抬高物价，粗制滥造，结果形成资源浪费，生产能力降低，严重影响经济效益。

（2）通货膨胀对经济增长的影响。从短期看，当有效需求不足而且社会存在闲置生产能力时，通货膨胀可以刺激政府的投资性支出，扩大总需求，从而能够刺激经济增长。从长期看，通货膨胀会增加生产性投资风险，提高经营成本，使生产投资下降，从而不利于经济增长。

（3）通货膨胀对国际收支的影响。通货膨胀的国家，国内市场商品价格上涨，出口商品价格也上涨，从而影响出口商品在国际市场上的竞争能力，出口减少。而本国货币贬值，必然导致进口商品价格降低，进口增加，致使国际收支恶化。

通货膨胀具有优化资源配置的效应，各种商品价格的不同上涨，实际上是对现有社会生产要素的再分配，在有效需求不足时，通过通货膨胀可以刺激有效需求的扩大，从而扩大生产和就业。

（4）通货膨胀对资源配置效率的影响。一般来说，通货膨胀会扭曲市场价格信号，导致价格机制无法正常发挥作用。因为若市场上各类商品的价格保持一种正常升降状态，则生产者和消费者可据此清楚地判断它们之间相对价格的变化及其目前的供求状况，从而正确做出购买或售出商品的决策，而当高通货膨胀率发生时，人们很难区分相对的价格变化与整体的价格变化，对是否继续进行某种商品交易变得难以适从。

（5）通货膨胀同样会扭曲货币的使用。流通中的现金是名义利率为零的货币，若年利率从 0 上升至 10%，则现金的实际利率就从每年的零降为−10%。在这种情况下，人们会急于将现金脱手，或者频繁地去银行提取，并迅速将现金换成实物或其他的硬通货，减少手持现金，增加存货，这不仅浪费了时间，也造成资源的浪费。在恶性通货膨胀中，甚至会迫使人们回到物物交换的低效率形式中。

（6）通货膨胀还会增加企业的“菜单”成本，即当通货膨胀发生时，企业需为频繁地调整自己产品的价格而支付很多成本，如印刷新价格清单和目录的成本、为新价格做广告的成本、重新定价的成本、处理顾客对新价格变动的纠纷的成本等。

（7）通货膨胀对产出的影响。在长期中，通货膨胀和产出之间不存在必然的联系。但在短期内，这种影响很大，且不具有确定性。

在社会存在大量闲置资源，社会产出还没有达到充分就业的产量水平时，如果发生了人们未曾预期的轻微通货膨胀，则名义工资会上升，而实际工资下降，促进厂商增加生产要素投入，进而导致就业和产量的增加。当然，当工人们意识到实际工资水平下降时，很难长期对此容忍，会要求提高工资，而一旦工资提高，这种效应就会消失。在总需求水平不变时，如果发生了成本推进型通货膨胀，则原来总需求所能购买的实际产品的数量就会减少，即当成本推进的压力抬高物价水平时，一个既定的总需求只能在市场上支持一个较小的实际产出。因此，实际产出会下降，失业会上升。当通货膨胀非常严重时，会极度扭曲市场价格体系，引起生产和失业的剧烈调整，人们丧失对货币的信心，经济状况出现异常不稳定甚至崩溃的局面。

在有通货膨胀的情况下，必将对社会经济生活产生影响。如果社会的通货膨胀率是稳定的，人们可以完全预期，那么通货膨胀率对社会经济生活的影响很小。因为在这种可预期的通货膨胀之下，各种名义变量（如名义工资、名义利息率等）都可以根据通货膨胀率进行调整，从而使实际变量（如实际工资、实际利息率等）不变。这时通货膨胀对社会经济生活的唯一影响，是人们将减少他们所持有的现金量。但是，在通货膨胀率不能完全预期的情况下，通货膨胀将会影响社会收入分配及经济活动。因为这时人们无法准确地根据通货膨胀率来调整各种名义变量，以及他们应采取的经济行为。

三、通货膨胀治理

改革开放以来，中国经历了三次比较严重的通货膨胀，分别发生在 1980 年、1988 年和 1994 年。1980 年的通货膨胀率是 6%，高额的财政赤字，财政赤字为 127.5 亿元，货币超额投放，货币流通增长率为 22.6%。1988 年的通货膨胀率是 18.5%，货币超额投放，为了启动经济，货币流通量增长了 31.8%。通货膨胀预期导致消费者抢购，消费需求膨胀。1994 年的通货膨胀率是 21.7%，货币超额投放，为了启动经济，1992 年货币流通量增长了 43.2%，投资高速增长导致货币超额投放。社会投资增长率 1993 年为 12.1%。中国 2012 年

6 月 CPI 同比增幅跌至“2 时代”，并创下近两年半低点，PPI 同比则连续第四个月为负值。通胀持续下行，为政府放宽货币政策提供更多空间，也解释了中国央行缘何匆忙在短短一个月内两度降息。

反通货膨胀，国家中央银行（如美联储）可经由设定利率及其他货币政策来有力地影响通货膨胀率。

（一）高利率

高利率为央行反通胀的典型手法，以降低就业及生产来抑制物价上涨。然而，不同国家的央行对控制通货膨胀有不同的观点。例如，有些央行密切注意对称性通货膨胀目标，而有些仅在通货膨胀率过高时加以控制。欧洲中央银行因在面对高失业率时采用后者而受指责。货币主义者着重经由金融政策以降低资金供给来提高利率。凯恩斯主义者则着重于经由增税或降低政府开支等财政手段来普遍性地降低需求。其对金融政策的解释部分来自罗伯特·索罗对日用品价格上涨所作的研究成果。供给学派所主张的抵抗通货膨胀方法为：固定货币与黄金等固定参考物的兑换率，或者降低浮动货币结构中的边际税率以鼓励形成资本。所有这些政策可通过公开市场操作达成。

（二）直接控制薪资与物价

美国在 20 世纪 70 年代早期，尼克松主政下，曾试验过这种方法。其中一个主要的问题是，这些政策与刺激需求面同时实施。故供给面的限制（控制手段、潜在产出）与需求增长产生冲突。经济学家一般视物价控制为不良做法，因其助长短缺、降低生产品质，从而扭曲经济运行。然而，若能避免因经济严重衰退导致成本升高，或者在抵抗通货膨胀的情形下，这样的代价或许值得。

（三）改变预期

改变预期是指在相信政府有控制通货膨胀能力的基础上改变对通货膨胀率的预期。改变预期就可以制止工资与物价螺旋上升。斯蒂格利茨认为，对通货膨胀的心理预期对通货膨胀起着巨大的作用。要想实现引导企业和工人不涨物价和不涨工资的目标，在很大程度上应当打破企业和工人对通货膨胀的心理预期。要打破人们对通货膨胀的心理预期，政府必须对经济实行剧烈的、持久的干预。政府要敢于务求实效，否则，就不能实现改变预期以控制通货膨胀的目的。

如果政府控制通货膨胀率的措施足以使人们相信政府控制通货膨胀的能力，人们就会降低甚至消除对通货膨胀的预期，使政府为增加就业而采取的政策产生有效性。如果政府控制通货膨胀率的措施不足以使人们相信政府控制通货膨胀，人们的通货膨胀预期就不能消除，通货膨胀率预期就继续推动通货膨胀过程。人们一旦形成对通货膨胀的心理预期就具有惯性，而改变这种具有惯性的心理预期，不下猛料是实现不了的。正因为如此，上面介绍的渐进式降低通货膨胀的方法和激进式降低通货膨胀的方法相比较，激进式降低通货膨胀的方法在降低通货膨胀的作用上比渐进式降低通货膨胀的方法更有效，因为它更体现政府控制通货膨胀的决心，因此，更能使人们增强对政府控制通货膨胀的信心，从而降低和消除通货膨胀的心理预期。

第六节　菲利普斯曲线

一、菲利普斯曲线的含义

英国经济学家 A·W·菲利普斯（Phillips）通过研究 1861—1957 年英国的失业率与货币工资增长率的统计资料，做出了一条表示失业率与工资变动率之间依存关系的曲线，这条曲线就被称为菲利普斯曲线。菲利普斯曲线是一条向右下方倾斜的曲线，力图揭示出失业与货币工资的变动之间存在着一种反向关系：当失业率较低时，货币工资趋向上升；当失业率较高时，货币工资趋向下降。菲利普斯曲线如图 8-8 所示。

菲利普斯曲线经后凯恩斯主义主流学派的萨缪尔森等人的改造，菲利普斯曲线中的工资变动率，变成为通货膨胀率。萨缪尔森认为，经过他们改造的菲利普斯曲线，可以阐明失业与通货膨胀之间的交替关系。经过改造的菲利普斯曲线如图 8-9 所示。以下所谈的菲

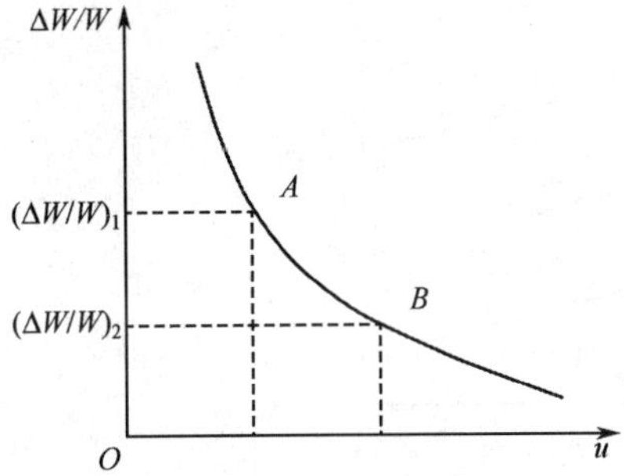

图 8-8　菲利普斯曲线

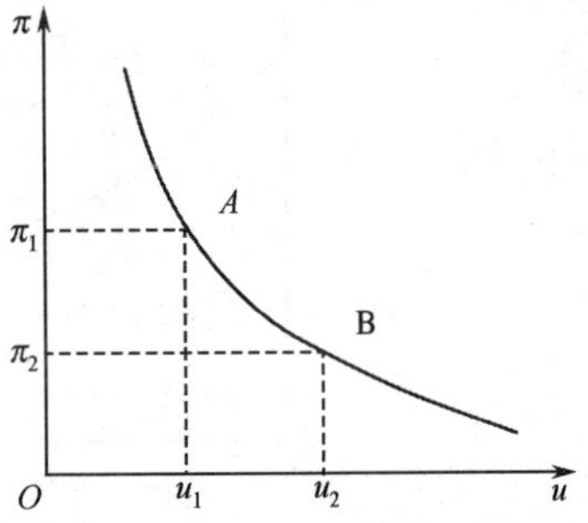

图 8-9　改造后的菲利普斯曲线

利普斯曲线，其含义都是改造过的菲利普斯曲线。菲利普斯曲线是揭示通货膨胀率与失业率之间存在着替换关系的曲线：低水平的失业率，伴随着高水平的通货膨胀率；反之，低水平的通货膨胀率，对应着高水平的失业率。

二、菲利普斯曲线的移动

（一）菲利普斯曲线上的点的移动

在同一条菲利普斯曲线上，存在着点的移动，每次移动都是失业率与通货膨胀率的新的组合。当在失业上选取高失业率时，菲利普斯曲线上的点就在同一条菲利普斯曲线上向右下方移动，于是就有更低的通货膨胀率与之搭配。反之，在失业上选取低失业率，就有高通货膨胀率与之搭配。菲利普斯上点的移动反映的是假定没有通货膨胀预期的条件下出现的失业率与通货膨胀率的交替关系。

（二）整条菲利普斯曲线的移动

当人们对通货膨胀率具有一定预期后，就会出现：在失业率相同时，存在着比原来的菲利普斯曲线更高的通货膨胀率。或者说，在通货膨胀率相同时，存在着更高的失业率。如图 8-10 所示，菲利普斯曲线就由原来的菲利普斯曲线 Ph_1 沿着通货膨胀率提高的方向向上移动，形成一条新的菲利普斯曲线 Ph_2。依次类推，还可以形成代表更高通货膨胀率的菲利普斯曲线 Ph_3 等。

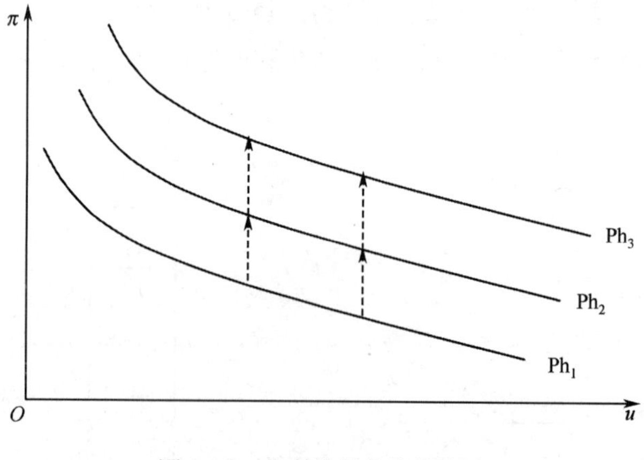

图 8-10　菲利普斯曲线的移动

三、短期菲利普斯曲线与长期菲利普斯曲线

（一）自然率假说和菲利普斯曲线的划分

货币主义者提出了自然率假说。所谓自然率也称为自然失业率，是指没有货币干扰、劳动市场和产品市场处于均衡时的失业率。所以，自然失业率也被定义为是能使价格和工资膨胀的向上及向下的力量处于平衡状态的失业率。当处于自然失业率时，通货膨胀率是稳定的，不会表现出逐渐加剧或者下降的趋势。货币主义者认为，自然失业率取决于实际的经济因素，与货币因素无关。货币主义者根据失业率是否稳定在自然失业率的状况，把菲利普斯曲线划分为短期菲利普斯曲线和长期菲利普斯曲线。

（二）短期菲利普斯曲线

短期菲利普斯曲线是可以围绕自然失业率上下波动的菲利普斯曲线，其典型的特征是存在着通货膨胀与失业的替代关系。如图 8-11 所示。

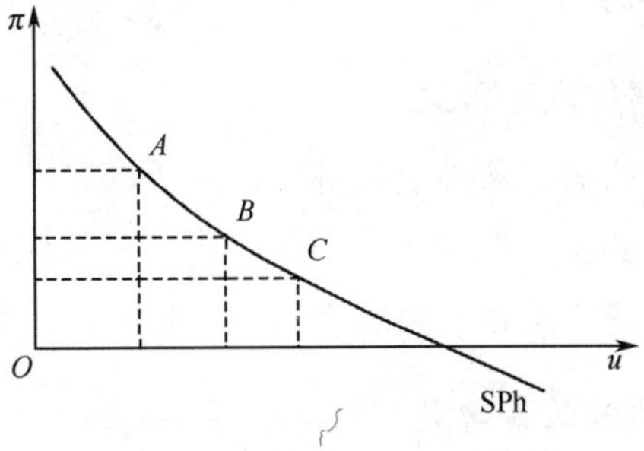

图 8-11　短期的菲利普斯曲线

图 8-9 所表示的短期菲利普斯曲线 SPh 上有三个点 *A*、*B*、*C*，*B* 点的失业率是自然失业率，*A* 点的失业率小于自然失业率，*C* 点的失业率大于自然失业率。

（三）长期菲利普斯曲线

长期菲利普斯曲线是一条垂直于横轴的直线，它表示在长期中不存在通货膨胀与失业的替代关系。长期菲利普斯曲线是由短期菲利普斯曲线的移动形成的，如图 8-12 所示。

短期菲利普斯曲线的移动受人们对通货膨胀的预期的影响。通货膨胀率预期形成后，当失业率低于自然失业率时，通货膨胀率的现实使工人坚信通货膨胀还会持续下去，于是要求提高工资，当工资增加后推动了物价上升，使菲利普斯曲线向上移动。之后，尽管失

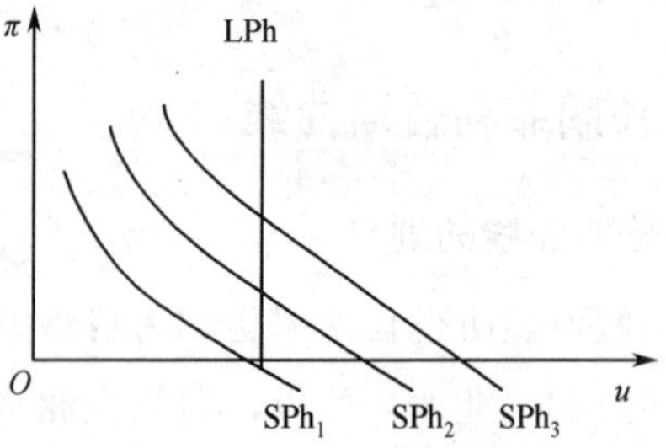

图 8-12 垂直的长期菲利普斯曲线

业率增加到自然失业率的水平，但通货膨胀率仍然停留在通货膨胀预期的水平上。随着对通货膨胀预期的提高，在失业率为自然失业率时的通货膨胀率也相继提高。因此，长期菲利普斯曲线是垂直的，它不存在通货膨胀与失业的替代关系。政府减少失业、刺激就业的通货膨胀政策，在短期内是有效的，但在长期中，由于人们理性预期的存在，就失去有效性。实行通货膨胀的结果是物价不断上升，但失业并不会减少。

四、菲利普斯曲线的政策含义

（一）短期菲利普斯曲线的政策含义

短期菲利普斯曲线隐含的假定条件是实际产出小于潜在产出，因此，政府实行扩大需求的政策，虽然会引起通货膨胀，但却可以增加产出，降低失业率。也就是说，要想减少失业，就采取通货膨胀的政策。反之，要想降低通货膨胀率，就应使失业率增加。

（二）长期菲利普斯曲线的政策含义

在长期中，政府连续实行扩大需求的政策，会使实际产出与潜在产出的差距越来越小，最终等于零，这时增加货币投放刺激需求，并不能提高总产出和降低失业率，而只是刺激通货膨胀率的上升。长期菲利普斯曲线的政策含义是：要想使刺激需求的政策产生积极效应，就必须提高供给和潜在产出能力。

课后习题

一、名词解释

失业率、自然失业率、结构性失业、周期性失业、奥肯定律、通货膨胀、消费价格指数、短期菲利普斯曲线、长期菲利普斯曲线

二、简答题

1. 简述为什么随着经济的发展自然失业率逐渐上升。
2. 简述奥肯定律。
3. 简述通货膨胀的原因有哪些。
4. 成本推动的通货膨胀有哪几种成本在起作用？
5. 简述通货膨胀的再分配效应。
6. 简述什么是短期菲利普斯曲线。
7. 简述什么是长期菲利普斯曲线。

第九章 国际经济理论

本章主要知识点

1. 古典国际贸易理论
2. 现代国际贸易理论
3. 国际收支的平衡关系
4. 汇率及汇率的决定
5. BP 曲线
6. IS–LM–BP 模型
7. 开放条件下的宏观经济政策

考核要求

1. 识记：汇率、BP 曲线、IS–LM–BP 模型。

2. 领会：了解有关的国际贸易和国际金融的基本知识，理解国际经济的均衡、IS–LM–BP 模型、汇率的决定、实际汇率、净出口函数、净资本流出函数、BP 曲线。

3. 应用：结合实际掌握对外经济理论下的市场均衡。

第一节　国际贸易基本理论

一、古典国际贸易理论

（一）重商主义

在 15 世纪末 16 世纪初的资本主义原始积累时期，出现了重商主义（Mercantilism）的国际贸易观点，也称贸易差额论（晚期重商主义），其核心是追求贸易顺差，代表人物有英国的托马斯·孟（Thomas Mun）。重商主义认为，财富的唯一形式即金银，金银的多少是衡量一国富裕程度的唯一尺度，而获得金银的主要渠道就是国际贸易。通过奖出限入求得顺差，使金银流入，国家就会富裕。

（二）重农学派

17 世纪下半期，在法国出现了反对重商主义，主张经济自由和重视农业的思想，形成了重农学派（physiocratic school），其创始人是弗朗斯瓦·魁奈（F.Quesnay）。重农学派的核心思想是主张自由经济，包括自由贸易。他们认为“自然秩序”（包括自由贸易）是保证市场均衡和物价稳定的重要机制。

（三）绝对优势论和比较优势论

18 世纪末，重商主义的贸易观点受到古典经济学派的挑战，亚当·斯密（Adam Smith）在生产分工理论的基础上提出了国际贸易的绝对优势理论。在《国民财富的性质及原因的研究》《国富论》中，斯密指出国际贸易的基础，在于各国商品之间存在劳动生产率和生产成本的绝对差异，而这种差异来源于自然禀赋和后天的生产条件。亚当·斯密认为在国际分工中，每个国家应该专门生产自己具有绝对优势的产品，并用其中一部分交换其具有绝对劣势的产品，这样就会使各国的资源得到最有效率的利用，更好地促进分工和交换，使每个国家都获得最大利益。

鉴于绝对优势理论的局限性，大卫·李嘉图（David Ricardo）在《政治经济学及赋税原理》中继承和发展了斯密的理论。李嘉图认为国际贸易分工的基础不限于绝对成本差异，即使一国在所有产品的生产中劳动生产率都处于全面优势或全面劣势的地位，只要有利或不利的程度有所不同，该国就可以通过生产劳动生产率差异较小的产品参加国际贸易，从而获得比较利益。比较优势理论遵循“两优取其重，两劣取其轻”的原则，认为国家间技术水平的相对差异产生了比较成本的差异，构成国际贸易的原因，并决定着国际贸易的模式。

（四）相互需求理论

李嘉图的比较优势理论只论证了建立在各国专业化生产前提下的互利贸易基础和利益所在，没有说明总的贸易利益如何在贸易双方进行分配。约翰·穆勒（John Stuart Mill）在《政治经济学原理》中，从相互需求角度出发，确定了国际间商品交换的价格问题，以解释两国间贸易利益是如何分配的。相互需求理论实质上是指由供求关系决定商品价值的理论，是对比较优势理论的完善和补充。该理论用两国商品交换比例的上下限解释双方获利的范围；用贸易条件说明在利益的分配中双方各占的比例；用相互需求强度来解释贸易条件的变动。

二、现代国际贸易理论

（一）资源禀赋论

资源禀赋论（赫克歇尔·俄林理论）的核心：一国应专业化生产并出口那种相对密集地使用其相对丰裕的生产要素进行生产的商品，进口那种相对密集地使用其相对稀缺的生产要素进行生产的商品，通过贸易双方都会从中获益。

（二）里昂惕夫之谜

资本丰裕型的美国向全世界其他国家出口的是劳动密集型的商品，进口的是资本密集型的商品。20世纪50年代初，美籍苏联经济学家里昂惕夫用美国1947年200个行业的统计数据对其进出口贸易结构进行验证时，结果却得出了与赫克歇尔·俄林理论截然相悖的结论，在国际贸易界被称为里昂惕夫之谜（The Leontief paradox）。里昂惕夫悖论虽没有形成系统的理论观点，但它对原有国际分工和贸易理论提出了严峻的挑战，引发了对国际贸易主流思想的反思，推动了第二次世界大战后新的国际贸易理论的诞生。

（三）人力技能与人力资本理论

人力技能与人力资本理论认为，不论在人与人之间还是在国与国之间，作为生产要素的劳动力或人力所具有的劳动技能存在极大的差别。在计算某一生产部门的资本/劳动比例，即人均资本量时，就不仅要计算工人所使用的非人力物质资本，而且要计算该部门中工人所含的人力资本。

（四）技术进展和技术差距理论

技术进展和技术差距理论的主要内容：当一国通过技术创新研究开发出新产品后，它可以凭借这种技术上的比较优势向其他国家出口这种新产品，这种贸易活动将持续到外国通过进口此新产品或技术合作等方式逐渐掌握该先进技术，能够模仿生产并满足本国消费需要为止。

（五）产品生命周期理论

雷蒙德·弗农（Raymond Vernon）将市场营销学中的产品生命周期理论与技术进步结合起来阐述国际贸易的形成和发展。1966 年他在《产品周期中的国际投资与国际贸易》一文中指出，美国企业对外直接投资与产品生命周期有密切关系。这一产品生产的国家转移理论，假设国家间信息传递受到一定的限制、生产函数可变及各国的消费结构不同，指出产品在其生命周期的不同阶段对生产要素的需要是不同的，而不同国家具有的生产要素富饶程度决定了该国的产品生产阶段和出口状况。产品生命周期理论将比较优势论与资源禀赋论动态化，很好地解释了战后一些国家从某些产品的出口国变为进口国的现象。

（六）偏好相似理论

1961 年林德（S. B. Linder）在《论贸易和转变》一书中提出了偏好相似理论，第一次从需求方面寻找贸易的原因。他认为，要素禀赋学说只适用于解释初级产品贸易，工业品双向贸易的发生是由相互重叠的需求决定的。偏好相似理论的基本观点有：产品出口的可能性决定于它的国内需求；两国的贸易流向、流量取决于两国需求偏好相似的程度，需求结构越相似则贸易量越大；平均收入水平是影响需求结构的最主要因素。

第二节　国际收支与汇率

一、国际收支平衡表

（一）国际收支

国际收支是一定时期内一国与他国之间经济交易的系统记录。一国国际经济交易的内容包括商品、劳务与商品、劳务之间的交换，金融资产与商品、劳务的交换及金融资产与金融资产等的交换。狭义的国际收支是指一国在一定时期内同其他国家为清算到期的债权债务所发生的外汇收支的总和。因此，国际收支也可以表示一国在一定时期内，从国外收进的全部货币资金和向国外支付的全部货币资金的对比关系。一国国际收支的状况集中反映在一国的国际收支平衡表上。

（二）国际收支平衡表的构成

国际收支平衡表是一定时期内（通常为一年）一国与其他国家间所发生的国际收支按项目分类统计的一览表，它集中反映了该国国际收支的具体构成和总体面貌。

国际收支平衡表按照现代会计学复式簿记原理编制，即以借、贷为符号，以“有借必有贷，借贷必相等”为原则来记录每笔国际经济交易。其记账规则是：

凡引起本国外汇收入的项目记入贷方，记为“+”（通常省略）；凡引起本国外汇支出的项目记入借方，记为“-”。

国际收支平衡表由以下几个账户构成。

（1）经常账户。经常账户记录商品与劳务的交易及转移支付。

（2）资本和金融账户。资本和金融账户记录国际间的资本流动或一国资本的输入、输出情况。

（3）净差错与遗漏。在实际国际收支平衡表中借贷并不总是相等的，其原因包括统计中的重复计算和漏算、走私或资本外逃等人为因素造成的统计资料不完整等。净差错与遗漏账户专门记录这个借贷余额。

（4）储备与相关项目。储备与相关项目是平衡项目，如果上述项目总差额为“-”，则该项目记“+”，表示储备资产减少或官方对外负债增加；如果上述项目总差额为“+”，则该项目记“-”，表示储备资产增加或官方对外负债减少。这个项目借贷记录的符号与其他项目的记录符号相反，其目的是达到国际收支平衡表借贷关系的最终平衡。

（三）国际收支的平衡关系

按照复式簿记原理进行编制的国际收支平衡表本身的借贷总是相等的，因此判断国际收支平衡与否不能以国际收支平衡表中的最终平衡关系为依据，而要以国际收支平衡表中的经常账户和资本金融账户的借贷关系平衡与否为依据。如果经常账户和资本金融账户出现借方金额与贷方金额不相等，则表明该国的国际收支不平衡。其中经常账户的借贷关系不相等，又称为贸易不平衡。当借方金额大于贷方金额，余额为“-”时，称为有国际收支逆差或贸易逆差；当借方金额小于贷方金额，余额为“+”时，称为有国际收支顺差或贸易顺差。

（四）开放经济中的内外均衡

在封闭经济中的国民经济均衡分析只考虑国内充分就业与价格稳定问题，一旦实现了充分就业和物价稳定也就实现了宏观经济管理的目标。但在开放经济中，国民经济的均衡不仅要考虑对内均衡，而且要考虑对外均衡，在这里对外均衡就是指国际收支均衡。由于对外经济是国内经济的向外延伸，对内不均衡必然会影响对外不均衡。同样对外不均衡也一定会影响对内不均衡。因此，如何同时实现对内均衡和对外均衡是开放条件下的宏观分析所要解决的理论课题。

二、汇率与汇率制度

（一）汇率

汇率是两个国家（或地区）不同货币之间的兑换比率。汇率通常有两种表示方法：一种是直接标价法，它以外币作为标准单位，以一定数额的本币表示对单位外币交换的比率。例如，在香港外汇市场上，某日的外汇汇率标价为 1 美元兑换 7.7550 港元。另一种是间接标价法，它以本国货币为标准单位折算成一定数额的外国货币。例如，同样是 1 美元兑换 7.7550 港元的汇率标价，如果出现在美国纽约外汇市场上就是一种汇率的间接标价，因为此时美元是本币，港元是外币。

在直接标价下，汇率直观地表现为交换一个单位的外币所需支付的本币数量，因此汇率又常常被称为外币的价格。汇率上升意味着外币升值，本币贬值，即外币变得更贵，汇率市场上外汇牌价中的数字变大；汇率下降则意味着外币贬值，本币升值，即外币变得更便宜，汇率市场上外汇牌价中的数字变小。在本章分析中所指的汇率都是以直接标价法表示的汇率。

（二）汇率制度

汇率制度是一国货币当局对本国货币与外币交换时汇率确定方法的安排与规定，安排与规定的内容不同汇率制度就不同。当今世界上的汇率制度主要有两大类，一类是固定汇率制度；另一类是浮动汇率制度。

固定汇率制就是两国货币比价基本固定，汇率的波动被控制在一定幅度之内。为了维持固定汇率，一国的货币当局必须经常运用贴现政策工具调控市场汇率，或者动用黄金外汇储备平抑市场汇率的波动。当这些办法仍不能平衡汇率的波动时，货币当局也可以实行外汇管制乃至宣布货币法定贬值或升值来重新调整本币对其他各国货币的比价关系。

浮动汇率制就是货币当局不规定汇率波动的幅度，听任外汇市场根据市场供求状况的变化自发决定汇率，政府不承诺维持固定汇率，对外汇市场一般也不进行干预。

（三）汇率的决定

汇率的决定根据各国汇率制度的不同而不同。

（1）浮动汇率制下的汇率决定。在自由浮动汇率制下，汇率由外汇市场上的供求关系决定。在外汇交易市场上存在着外汇供给和外汇需求两种力量。人们由于购买外国商品、在国外进行投资和投机活动或出于保值等动机而对外汇有需求。外汇需求随着外汇汇率的上升而减少，随着外汇汇率的下降而增加，因此外汇的需求曲线是向右下方倾斜的线，如图 9-1 中的 D 线。图中横轴代表外汇交易量，用 Q 表示，纵轴代表汇率，用 e 表示。另外，出口商人、从国外抽回投资的经营者及在外汇市场上的投机者等构成外汇市场的供方力量，外汇的供给与外汇汇率同方向变动。在图 9-1 中，供给曲线 S 是向右上方倾斜的。在供求两种相反力量的相互作用下，汇率最终在 D 线与 S 线的交点 E 点达到均衡，此时的汇率 e_0 是市场均衡汇率，外汇交易量 Q_0 是市场均衡的交易量。

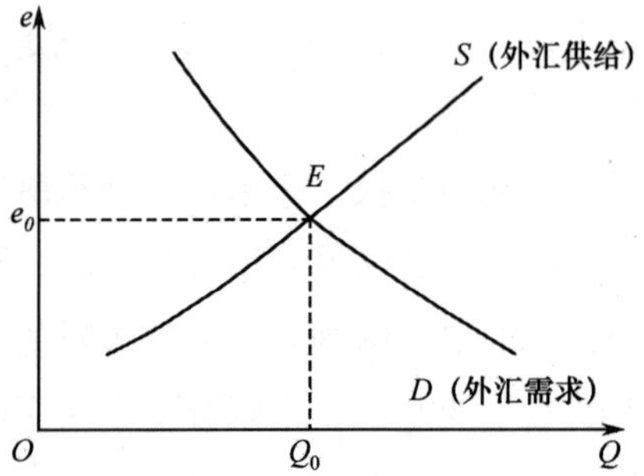

图 9-1　汇率的决定

在同一汇率水平下，外汇需求的增加会引起需求曲线向右移动，如由于进口增加或对外投资增加，D 线从 D_0 移至 D_1 的位置，如图 9-2 所示。另外，在同一汇率水平下外汇供给的增加会使供给曲线向右移动，如出口能力增加或吸引外资能力增加使 S 线从 S_0 移动到 S_1 的位置。需求曲线和供给曲线的移动改变均衡汇率的水平，形成新的均衡点。

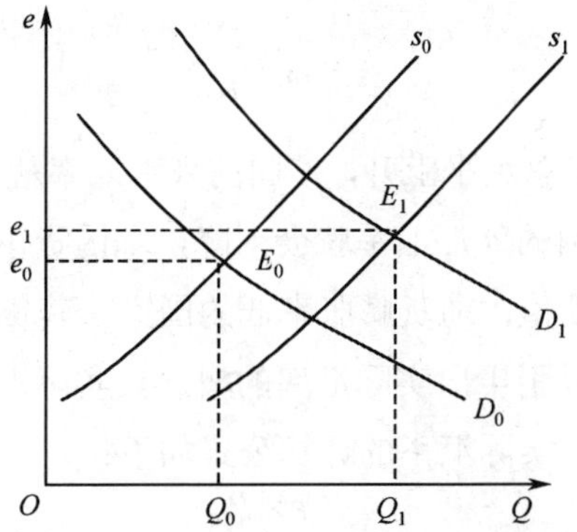

图 9-2　均衡汇率的变动

（2）固定汇率制下的汇率决定。在固定汇率制下，本国货币与外国货币之间的交换比率由一国的货币当局来决定。但是一国货币当局在决定本国货币与外国货币的交换比率时也不能随心所欲，而要有一定的依据，即要有一个平价或基准价。实行固定汇率制国家的政府在实际决定汇率时要考虑的因素很多，如本国经济实力、出口能力、吸引外资能力等，从理论上说，汇率决定的依据主要是购买力平价。

购买力平价理论认为，本国人需要外国货币是因为外国货币在其发行国有购买力，外国人需要本国货币是因为本国货币在本国有购买力。当人们按一定比率用本币购买外币时也就是购进了外币的购买力，因此两国货币之间的兑换率要由两国货币的实际购买力决定。因为货币的购买力是一般物价水平的倒数，所以两国货币的汇率就可以由两国一般物价水平之比来决定，即：

$$e=\frac{\sum P_{\mathrm{A}}}{\sum P_{\mathrm{B}}}$$

式中，$\sum P_{\mathrm{A}}$代表 A 国一般物价水平；$\sum P_{\mathrm{B}}$代表 B 国一般物价水平；e 代表汇率，表示 1 单位 B 国货币以 A 国货币表示的价格。

购买力平价理论的理论依据是“一价定律”。一价定律是指假设各国间贸易费用和关税为零，在完全自由贸易条件下，商人们在国际间的商品套购活动会使各国商品价格趋于一致，这时尽管各国的商品标价不同，不过是按照汇率把以一国货币标价的商品价格折算成以另一国货币标价的价格而已。两国汇率的变化程度取决于各自货币购买力的变化程度，假定起初的汇率为 e_0，如果 A 国的价格总水平变化率为 P_{a}，B 国的价格总水平变化率为 P_{b}，则汇率变化为：

$$e_1 = e_0 \times \frac{P_a}{P_b}$$

由上式可知，一国的价格总水平上升，该国的外汇汇率就会上升，本国货币就会贬值；外国的价格总水平上升，该国的外汇汇率就会下降，本国货币就会升值。换句话说，通货膨胀率高的国家，其货币会贬值；通货膨胀率低的国家，其货币会升值。

从购买力平价理论还可以引申出实际汇率的概念。实际汇率是以同一种货币衡量的国外与国内价格总水平的比率。实际汇率的计算公式如下：

$$E = \frac{e \times P_f}{P}$$

式中，E 为实际汇率；e 为名义汇率；P_f 为国外价格总水平；P 为国内价格总水平。

实际汇率反映了国内价格与国外价格总水平的相对比值。其他条件不变，E 值上升（本币贬值）意味着国外商品相对于国内商品变得更贵，这时国内商品在国际市场上更具有竞争力；反之，E 值下降（本币升值）意味着国内商品相对于国外商品变得更贵，国内商品在国际市场上的竞争力下降。

三、汇率变动的效应与“J 曲线”

（一）马歇尔-勒纳条件

汇率变动会对一国的国际收支状况发生影响，一般来说，外汇汇率上浮（本币贬值）有利于出口，不利于进口；有利于劳务输出，不利于劳务输入；有利于资本流入，不利于资本流出，因此有利于改善国际收支状况。外汇汇率下降（本币升值）情况则相反，一般会恶化国际收支。如果不考虑资本流动等其他因素，假设外汇供求只由贸易收支决定，那么一国贸易收支的状况就代表一国的国际收支状况。以本币表示的经常项目差额即贸易收支余额可以表示为：

$$\mathrm{CA} = PX - eP_f M$$

式中，CA 表示贸易差额；P 表示国内价格总水平；X 表示本国出口量；e 表示汇率；P_f 表示外国价格总水平；M 表示本国的进口量。

汇率变动会改变本国出口商品和从外国进口商品的价格而影响进出口贸易数量，从而使贸易差额 CA 得以调整。假设国外价格不变，本币贬值时以本币表示的进口商品价格将上升，以本币表示的出口商品的价格虽然形式上不变，但换算成外币后的出口价格将下降。

所以本币贬值的直接效果是出口商品价格下降，进口商品价格上升。

一般而言，出口商品价格下降会增加出口量，进口商品价格上升会减少进口量，但是进出口商品量增减的幅度会由于不同商品的需求弹性不同而不同。如果出口商品的需求弹性大于1，出口商品数量的增长幅度大于出口商品的降价幅度，贸易收支就能够改善；如果出口商品的需求弹性小于1，出口商品量的增长幅度小于出口商品降价的幅度，贸易收支就不能改善；如果出口商品的需求弹性等于零（需求曲线垂直于横轴），那么不管价格如何下降，出口量都不能增加，出口商品降价反而会减少外汇收入，从而恶化国际收支状况。

当进口商品的需求弹性大于1时，进口数量减少的幅度大于进口商品价格上涨的幅度，进口支出将减少，从而有利于贸易收支的改善；当进口商品的需求弹性小于1时，则进口商品数量减少的幅度小于进口商品价格上涨的幅度，进口支出将增加，从而不利于贸易收支的改善。

综合进出口商品两方面需求弹性的情况，可以得到一国货币贬值能够改善一国国际收支状况的“马歇尔-勒纳”条件：

$$|\eta x+\eta m|>1$$

式中，ηx 为出口商品需求价格弹性；ηm 为进口商品需求价格弹性。由于 ηx、ηm 都为负值，因此取绝对值形式。

马歇尔-勒纳条件实际上是在国内外商品价格水平不变、进出口商品供给弹性无穷大的前提条件下，一国货币贬值能够改变国际贸易状况，从而改善国际收支状况的条件。

（二）J 曲线

用货币贬值的方法来改善国际收支状况时，其效果具有时滞效应。所谓货币贬值的时滞效应，是指当一国的货币当局采取本币贬值的措施时，相关实际部门贸易量的调整不会同步进行，调整需要一个过程。在贬值的初期，出口商品价格降低，但出口商品数量由于认识的时滞、决策的时滞、生产的时滞和交货的时滞等原因，不能立即同步增加，因此，出口收入会因价格下降而减少，表现为⊿CA 曲线先向下降，如图 9-3 所示。经过一段时间后，汇率贬值引起的出口商品价格降低使出口量大幅度上升，国际收支状况才会逐步改善，⊿CA 曲线就掉头向上升。

反映由本币贬值引起的国际收支状况变化的⊿CA 曲线，在形状上类似英文字母 J，呈现先降后升的趋势，故被称为“J 曲线”。

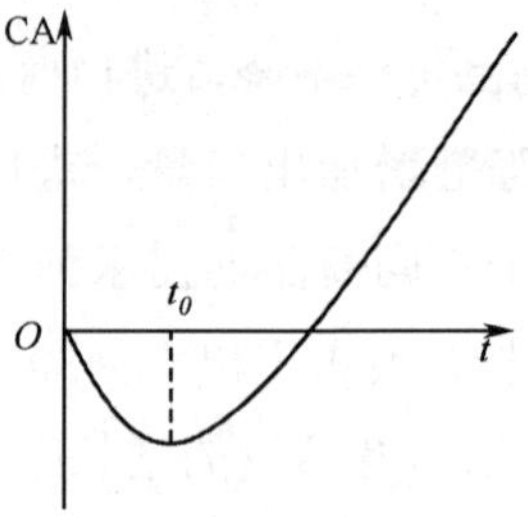

图 9-3 时滞效应—J 曲线

第三节 国际收支均衡曲线——BP 曲线

一、BP 曲线的含义

国际收支均衡函数为：

$$r=\frac{\gamma}{\sigma}y+\left(r_W-\frac{n}{\sigma}\times\frac{EP_f}{P}-\frac{q}{\sigma}\right)$$

假如国外利率 r_w 给定，汇率 e 不变，国内外价格总水平 P 和 P_f 不变，且 n、m、δ、q 等参数给定，那么国际收支均衡函数就表现了国际收支均衡时国民收入 y 和利率 r 的相互关系，从式中可知 y 与 r 是同方向变动关系。

国际收支均衡函数的几何表达就是国际收支均衡曲线——BP 曲线，如图 9-4 所示 BP 曲线上的各点均为国际收支的均衡点。BP 曲线的斜率为正，曲线向右上方倾斜。

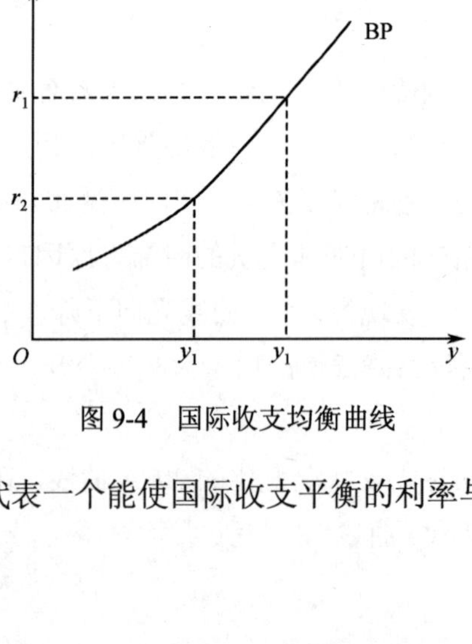

图 9-4 国际收支均衡曲线

BP 曲线上的每个点都代表一个能使国际收支平衡的利率与国民收入的组合，在 BP 曲线以外的任何一点，都表示国际收支处于不平衡状态，即存在着国际收支逆差或顺差。一般而言，所有在 BP 线左方的点均表示 $nx>F$，有国际收支顺差；所有在 BP 线右方的点均表示 $nx<F$，有国际收支逆差。

从 BP 曲线上还可以看出，要想保持国际收支均衡，利率 r 与国民收入 y 一定要同方向变动。假设起始的均衡点在 A 点，这时国际收支是平衡的。如果国内利率提高，如从 r_1 提高到 r_2，就会吸引更多的国外资本流入，从而使国际收支出现盈余，此时只有通过减少净出口才能抵消资本净流入的增加，而净出口又取决于实际国民收入，只有在实际国民收入提高的情况下才能使进口增加、经常项目出现逆差，进而抵消资本和金融项目的盈余，使国际收支重新恢复平衡。同样，利率下降所引起的资本和金融项目的逆差必须由实际国民收入下降所引起的经常项目顺差来抵消，才能保持国际收支平衡。由此可见，要保持国际收支平衡，利率与国民收入一定要同方向变动。

二、BP 曲线的特殊形态

BP 曲线的形状存在着两种极端情况，一种是 BP 曲线垂直的形态，如图 9-5（a）所示。在完全没有资本流动的情况下，利率变化对国际收支没有直接影响，也就是说，当资本流动对利率无弹性时，BP 曲线的斜率趋于无穷大，是一条位于某一收入水平上垂直于横轴的直线。另一种极端情况则是资本完全自由流动的情况，如图 9-5（b）所示。假定资本流动对于利率变动具有完全的弹性，任何高于国外利率水平的国内利率都会导致巨额资本流入，使国际收支处于顺差；任何低于国外利率水平的国内利率都会导致巨额资本流出，使国际收支处于逆差。这时的 BP 曲线斜率为零，BP 曲线为一条位于国际均衡利率 r_w 上的水平线。

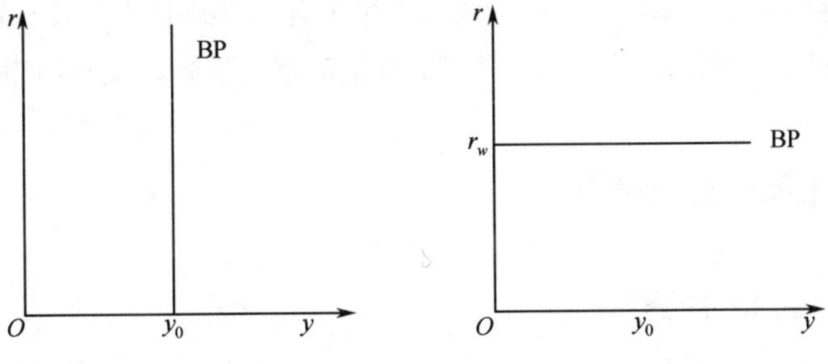

图 9-5　BP 曲线的特殊形态

三、影响 BP 曲线移动的因素

凡是能影响汇率变动的因素都会使 BP 曲线移动。如图 9-4 所示，BP 曲线的推导中可以看出，当其他条件不变而净出口 nx 增加时，nx 曲线向右移，从而使 BP 曲线向右移；净出口减少则会使 BP 曲线向左移动。在影响 nx 变动的众多因素中，汇率是一个基本影响因素，从净出口函数 $nx = q - \gamma y + n\frac{EP_f}{P}$ 中可以看出，汇率 e 上升（本币贬值）会使 nx 增加；汇率 e 下降（本币升值），会使 nx 减少。可见汇率下降会使 BP 线向左移，汇率上升会使 BP 线向右移，下面从几个方面进一步加以说明。

（一）国际收支状况的影响

当一个国家的国际收支出现较大数额的逆差时会增加对外币的需求，对外币需求的增加通过外汇市场供求关系的变化导致外汇汇率上升，BP 线向右移动；而当顺差很大时外汇汇率会向下调降，外汇汇率的下调又会影响国际收支均衡线向左移动。

（二）价格总水平变动的影响

价格总水平的变动对 BP 曲线的影响机制是价格总水平的变动先影响汇率，然后通过汇率的变动进而影响 BP 曲线。假定在总产量不变的条件下，一国的货币供给量增加一倍，则该国的价格总水平也将提高一倍。价格总水平的提高意味着该国货币的购买力下降，如果这时其他国家的价格总水平不变，即其他国家货币的购买力不变，根据购买力平价理论，一国外汇汇率为本国的价格总水平与外国价格总水平之比，即：

$$e = \frac{P}{P_F}$$

由上式可知，一国的外汇汇率同本国价格总水平成正比，同外国的价格总水平成反比。根据以上分析可得出以下结论：一国的价格总水平上升，该国的外汇汇率上升，从而引起 BP 曲线向右移动；相反，一国的价格总水平下降，外汇汇率将下降，从而引起 BP 曲线向左移动。

第四节 IS-LM-BP 模型

一、开放经济中的 IS 曲线

在开放经济中，也就是在包括四部门的经济中，国民收入的恒等式为：

$$y = c+i+g+nx$$

在开放经济条件下，支出行为方程中除了消费函数和投资函数外，还包括净出口函数。将净出口函数 $nx = q - \gamma y + n\frac{EP_f}{P}$ 代入收入恒等式 $y = c+i+g+nx$ 中，有：

$$y = c + i + g + nx = \alpha + \beta(y - t) + (e - dr) + g + \left(q - \gamma y + n\frac{EP_f}{P}\right)$$

由上式可知，净出口的变动会改变 IS 曲线的位置，给定其他条件不变，净出口的增加会使 IS 曲线向右移动；净出口的减少会使 IS 曲线向左移动。因此在其他条件不变时，外汇汇率提高会使 IS 曲线向右移动，外汇汇率下降会使 IS 曲线向左移动。

二、IS–LM–BP 模型

将 BP 曲线引入 IS–LM 模型，即在产品市场和货币市场同时均衡条件下加入国际收支均衡的条件，便可以形成开放条件下的宏观经济模型，这一模型被称为 IS–LM–BP 模型。

IS–LM–BP 模型中的经济均衡要同时满足以下条件。

（1）产品市场的均衡条件：

$$\mathrm{I(r)+ G + nx = S + T}$$

（2）货币市场的均衡条件：

$$\frac{M}{P} = L_1(y) + L_2(r)$$

（3）劳动市场均衡条件：

$$f(N) = \frac{W}{P}，\ W = \overline{W}$$

（4）国际收支均衡条件：

$$\mathrm{nx} = F(r)$$

以上四个条件共同决定 y、r 和 e 的水平。

在以纵坐标表示利率、横坐标表示国民收入的坐标系中，IS–LM–BP 模型可以用三条曲线，即 IS 曲线、LM 曲线和 BP 曲线来表示，如图 9-6 所示。开放经济的均衡要求商品市场、货币市场和国际收支同时达到均衡，而当 IS 曲线、LM 曲线和 BP 曲线恰好交于一点时，便会有唯一的一组利率 r_0、实际国民收入 y_0 和汇率 e_0，使得产品市场均衡、货币市场均衡及国际收支均衡同时实现。这三条曲线的共同交点是唯一的一个三重均衡点。

在图 9-6 中，IS 曲线、LM 曲线和 BP 曲线相交于 E 点，表示经济同时达到了内外均衡。IS 曲线与 LM 曲线的交点所对应的状态为内部均衡或国内均衡，BP 曲线上的每一点都是国

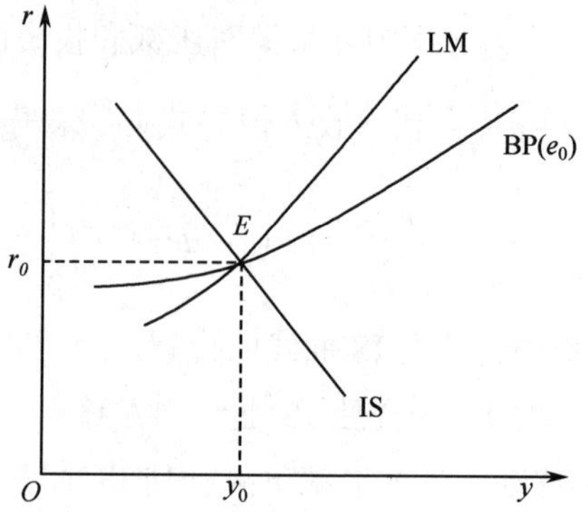

图 9-6 IS-LM-BP 模型

际收支平衡点或外部均衡点，BP 曲线在 E 点穿过 IS 曲线与 LM 曲线的交点，表示国内均衡和国外均衡同时得以实现。

三、资本不流动的 IS-LM-BP 模型

在资本完全不能流动的情况下，国内利率 r 对国际收支没有直接影响，国际收支均衡曲线是一条位于某个收入水平上垂直于横轴的直线。在资本不能流动的情况下运用 IS-LM-BP 模型可以分析以下几种情况。

（一）充分就业的均衡

如图 9-7 所示，IS、LM、BP 线相交于 E 点，不但实现了内外同时均衡，而且 BP 线所处的国民收入水平正是充分就业的国民收入水平，这是一种完全理想的状态。

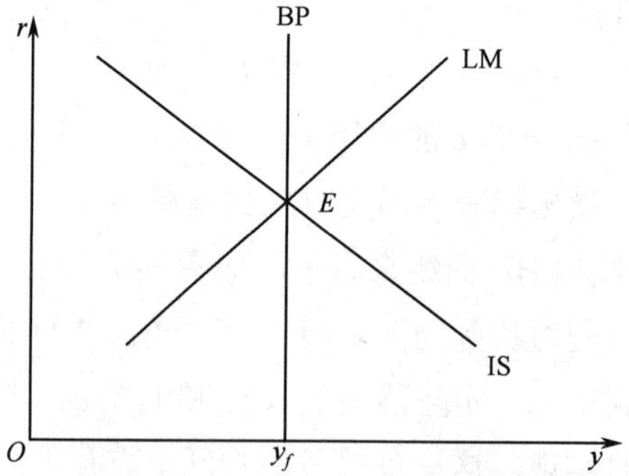

图 9-7 充分就业的内外均衡

（二）非充分就业的均衡

如图 9-8 所示，IS、LM、BP 线相交于 E 点，但 BP 线所处的位置小于充分就业量 y_f，因此是非充分就业的均衡。政府要达到充分就业的均衡目标，一方面要运用财政政策和货币政策使 IS、LM 线移动到充分就业水平，同时还要运用汇率政策工具使 BP 线移动到充分就业的水平。

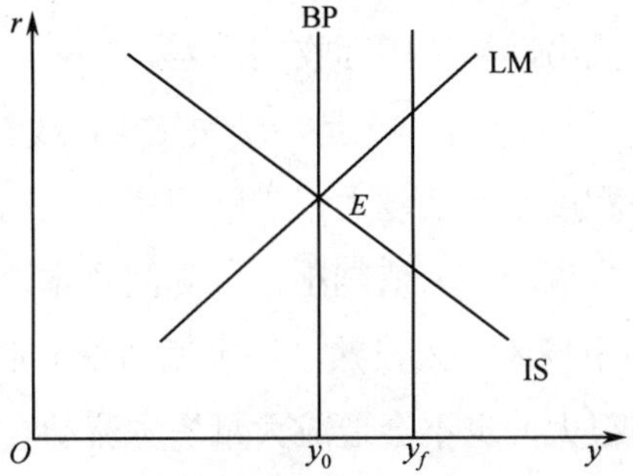

图 9-8　非充分就业的内外均衡

（三）国际收支不均衡状态

如图 9-9 所示，IS、LM 线在 y_f 的水平上达到了内部均衡，但是 BP 线位于内部均衡点 E 的左边，表明存在着国际收支逆差，因此是一个有国际收支逆差的均衡。由于资本不能流动，利率政策对改善国际收支没有直接影响，此时只有采取本币贬值的政策抑制进口、刺激出口，才能改善国际收支状况。当本币贬值使 BP 线向右移动到 y_f 的位置时，就可以实现国际收支的均衡，并达到内部和外部的同时均衡。

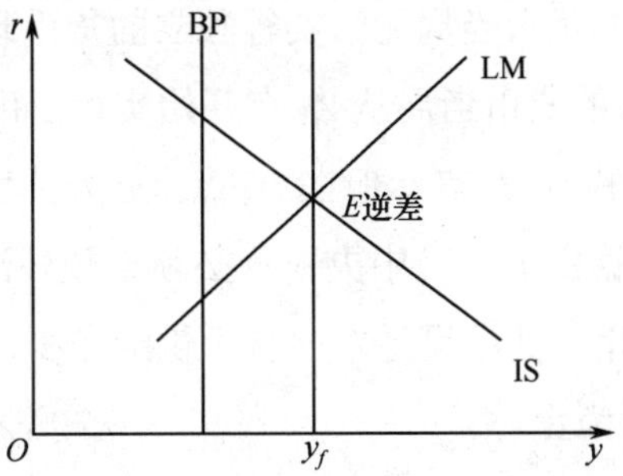

图 9-9　国际收支不均衡

四、资本完全流动的 IS-LM-BP 模型

BP 线在资本完全自由流动条件下是一条位于国外利率水平 r_w 上的水平线。在水平线以上的点是国际收支顺差的状况，在水平线以下的点是国际收支逆差的状况。如果国外利率 r_w 是既定的，在资本完全流动的假定下，当国内利率高于国外水平时，资本会无限地流入国内，导致大量的资本金融账户顺差和国际总收支的顺差。反之，当国内利率低于国外水平时，资本又会无限向外流出，导致国际收支逆差。

在净资本流出函数 $F=\delta(r_w-r)$ 中，δ 是一个决定 BP 线斜率的重要参数。δ 的值反映的是国家间资本流动的难易程度，δ 值越大，国际间资本流动越容易，国内与国外的极小的利率差都会引起大量的资本流动；δ 值越小，国际间资本流动越困难。一国若有一个较小的 δ 值，表示该国的金融市场还不太成熟，资本流动受一定的限制。在这种条件下，即使国内利率与国外利率差别很大，也不会造成大量资本流动。

假定资本可以完全自由流动，即 $\delta\to\infty$，那么 BP 线方程 $r=\frac{m}{\delta}y+r_W-\frac{n}{\delta}\times\frac{eP_F}{P}-\frac{q}{\sigma}$ 就简化为 $r=r_w$，这时的 BP 线就是一条位于国外利率 r_w 上的水平线。

在固定汇率制和浮动汇率制下，资本完全流动时的 IS-LM-BP 均衡状况会有所不同。

（一）固定汇率制度下资本完全流动的均衡模型

在资本完全流动条件下，BP 线为一条水平线，国内外极小的利率差也会引起巨大的资本流动，这就意味着只有国内利率水平等于国外利率，即 $r=r_w$，该国才能实现国际收支的平衡，在任何其他的利率水平上，由于资本的剧烈流动都无法实现国际收支平衡。因此，在资本完全流动条件下一国的货币当局无法实行独立的货币政策。

在图 9-10 中，假定一国的货币当局从 A_1 点开始实行货币扩张政策使得 LM_1 线向右移动到 LM_2，这时内部均衡点移到 A_2 点，但在 A_2 点上会发生大规模的国际收支逆差，因而存在本币贬值的压力。为了稳定汇率，中央银行必须干预外汇市场，即在外汇市场上出售外国货币，同时接受本国货币，其结果是本国货币供给减少，这又使 LM_2 线向左移动，直到在 A_1 点的均衡得到恢复时为止。

另外，一国货币当局任何紧缩货币的政策都将导致大规模的国际收支盈余和本币升值的压力，迫使中央银行抛出本币，收回外币以保持汇率稳定，这又会引起本国货币供

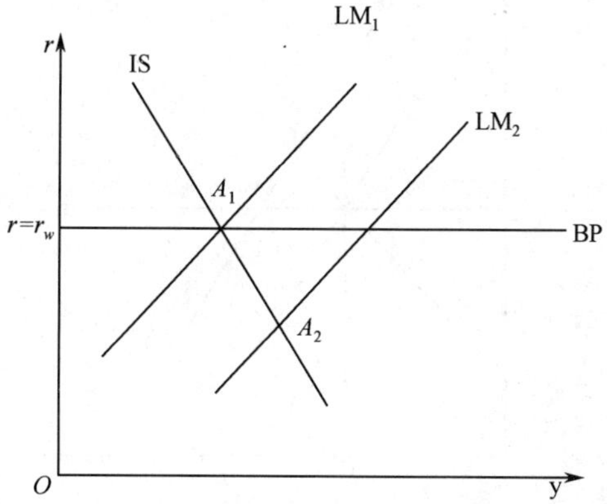

图 9-10　固定汇率下资本完全流动的货币政策效应

给量增加，结果是抵消了最初的货币紧缩的政策效应，而均衡利率仍然保持在 $r=r_w$ 的水平。总之，在固定汇率制和资本完全流动条件下，一国无法实行独立的货币政策，也不可能偏离世界市场通行的利率水平。任何独立执行货币政策的企图都将引起资本的大量流入或流出，并迫使货币当局增加或减少货币供给，从而使利率回到世界市场通行的水平，经济重新恢复到原来的均衡状态。

（二）浮动汇率制下资本完全流动的均衡模型

在汇率完全自由浮动的情况下，一国的货币当局不干预外汇市场，汇率自发进行调整以使外汇市场供求平衡。下面以出口需求变化为例考察资本完全自由流动时均衡状态的形成。

在图 9-11 中，初始均衡点为 A_1 点，出口需求的增加使 IS_1 线向右移动到 IS_2。这时新的内部均衡点为 A_2 点。但在 A_2 点，本国的利率超过了国外水平。作为国际资本对较高国内利率的反应，国外资本开始流入国内，导致国际收支顺差、本国货币升值，而本币升值意味着本国商品的国际竞争力下降，即进口商品的价格下降、本国出口商品变得相对昂贵。市场对本国商品需求的减少和对进口商品需求的上升会使净出口额下降，从而使 IS 线从 IS_2 向左移动。只要本国的利率水平仍高于国际利率水平 r_w，本币就将一直保持升值的趋势，直到 IS 线移动到最初的均衡位置 IS_1 时为止。因此，在浮动汇率和资本完全流动条件下，出口增加对均衡产出并没有影响。

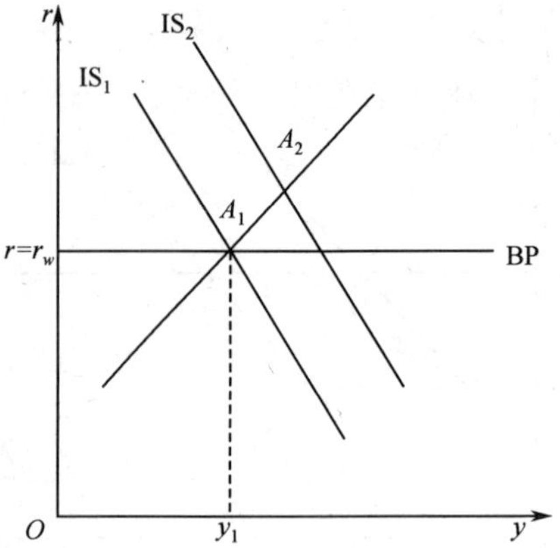

图 9-11　浮动汇率制度和资本完全流动时出口需求变动效应

第五节　开放条件下的宏观经济政策

在开放经济中，经济的理想状态是在国内经济中实现充分就业的均衡、在国际经济中实现国际收支的平衡，即实现内部与外部的同时均衡。一国宏观经济政策的运用有两大目标：一是在内部实现充分就业、物价稳定和经济增长；二是在对外经济中保持国际收支平衡。

一、开放条件下的宏观经济均衡与不均衡

所谓开放条件下的宏观经济均衡，是指国内经济与国际收支同时达到了充分就业均衡。如图 9-12 所示，y_f为充分就业的收入水平，r_0为均衡利率，IS 曲线和 LM 曲线的交点位于

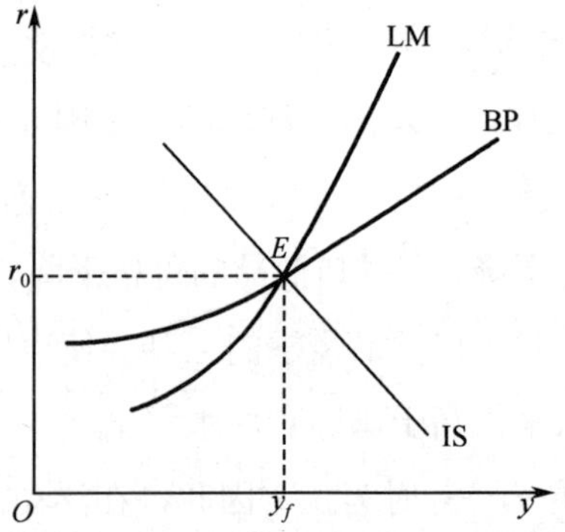

图 9-12　开放条件下理想的宏观经济均衡

充分就业的收入水平 y_f之上，是实现了充分就业的国内均衡。由于 BP 曲线正好通过 IS 曲线和 LM 曲线的交点，因而国际收支也处于平衡状态，这是开放条件下理想的经济均衡。

在现实经济中理想的均衡状态很少出现，开放条件下经常出现的宏观经济不均衡主要有以下几种情况。

（1）国内经济和国际收支都不均衡的状况。在图 9-13 中，除了 *E* 点及 BP 线上各点，其他的点都是国内经济和国际收支都不均衡的点，如 *A* 点。

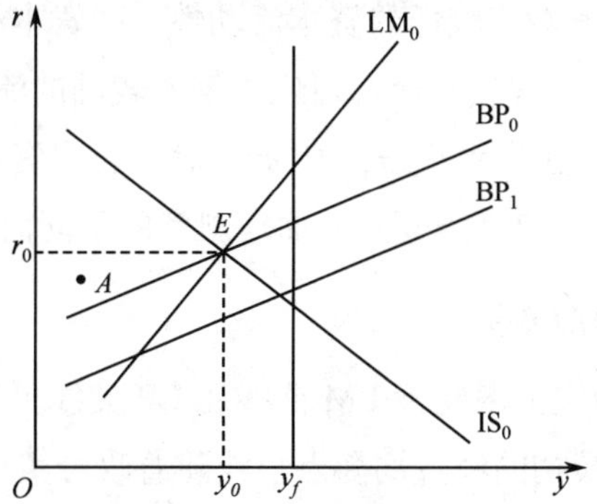

图 9-13　国内外均衡与不均衡

（2）国内外经济均衡，但不是充分就业的理想均衡。图 9-13 中的 *E* 点就是非充分就业的国内外经济均衡点。

（3）国内经济为非充分就业均衡，国际收支不均衡。如在图中，当国际收支均衡曲线为 BP1、国内均衡点为 *E* 时，有国际收支顺差。

（4）国内经济充分就业均衡，国际收支不均衡。当 IS 和 LM 曲线的交点落在 y_f线上，而 BP 线不穿过这一交点的情况就是国内经济充分就业均衡、国际收支不均衡的状况。

以上各种不均衡情况均需要进行宏观经济调控，以达到理想的均衡状态，在本章中主要研究对国际收支不均衡的调整。

对国际收支不均衡的宏观经济调控主要有直接行政干预和间接运用经济杠杆调控两类手段。直接行政干预主要包括外汇管制、多重汇率、关税及非关税壁、数量限制乃至国家外贸垄断等手段。这些方法可以严格控制进出口数量和资本流出入数量，因此很容易保持国际收支的平衡，但以上手段的运用是以牺牲自由贸易和国际经济合作所能带来的利益为代价的，同时也不符合市场经济运行的基本规则，因此这些方法的运用越来越受到限制。现今的各国政府对国际收支的调节更多的是运用经济手段，他们一方面运用财政政策、货币政策和汇率政策的政策工具进行调控，另一方面各国之间经常进行政策措施的协调配合以达到充分就业均衡和国际收支平衡的目标。下面将进一步分析在不同情况下各种政策工具运用的不同效果。

二、开放经济的财政政策效应

在净资本流出函数 $F=\delta(r_w-r)$ 中，δ 决定 BP 曲线的斜率。当 δ 值较小时，BP 曲线较陡，其经济含义是较小的 δ 值对应较低的资本流动性，即资本流动量变化对利率变化的反应迟钝；当 δ 值较大时，BP 曲线较平缓，对应于资本较高的流动性；当 $\delta\to\infty$ 时表明资本具有完全流动性，对应的 BP 线为水平线；当 $\delta=0$ 时，表明资本完全不具有流动性，对应的 BP 线为垂直线。各种调控政策效果因 BP 曲线斜率的不同而不同。

（一）固定汇率制下的财政政策

图 9-14（a）描述了在固定汇率制下 LM 曲线比 BP 曲线更陡时，政府实行扩张性财政政策的效果。图中，A 点为最初的经济均衡点，伴随着政府实行扩张性的财政政策，IS 曲线从 IS_0 向右移动到 IS_1，从而形成新的内部均衡点 B。由于 B 点位于 BP 曲线上方，故有顺差存在。这种情况说明尽管收入的提高会引起经常账户收支的恶化，但国内利率上升又会使更多的外国资本流入，最终导致国际收支出现盈余。

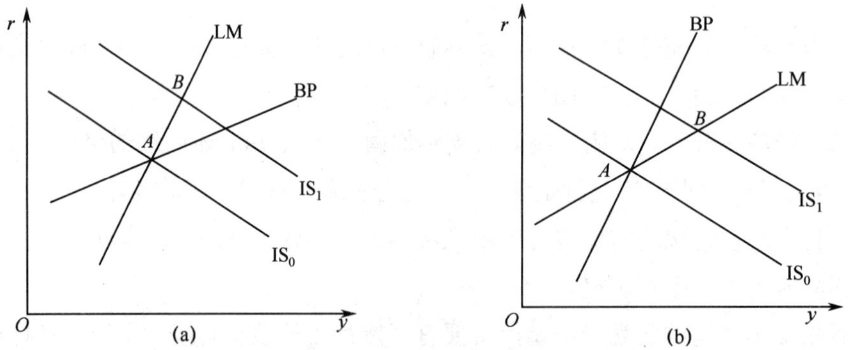

图 9-14　固定汇率制下的财政政策效应

当 BP 曲线比 LM 曲线更陡时，财政扩张政策的效果正好相反。在图 9-14（b）中，BP 线是一条比 LM 线更陡的线。当政府实行扩张性的财政政策时，IS 线从 IS_0 向右移至 IS_1，内部均衡从 A 点移动到 B 点，由于 B 点位于 BP 线右下方，因此有国际收支逆差存在。这种情况说明国民收入增长导致了进口增加和出口减少，从而净出口下降，尽管利率的上升会导致资本流入增加，但资本流入的增加幅度不足以弥补经常账户收支的恶化，最终会导致国际收支出现逆差。

（二）浮动汇率制下的财政政策

在浮动汇率制下，一国货币当局不会通过行政干预来稳定汇率，而是听任汇率在外汇市场上自发形成。在图 9-15 中，假定 LM 线比 BP 线陡，当政府扩张性的财政政策使 IS 曲线从 IS_0 向右移动到 IS_1 时，内部经济在 *B* 点达到新均衡，这时的国际收支处于顺差状态，因此，在外汇市场上外汇供给大于外汇需求，本币将升值而外汇汇率下降。当汇率从 e_0 降为 e_1 时，BP 线从 BP（e_0）向左移动到 BP（e_1）。与此同时，汇率下降使净出口减少，IS 曲线又会向左移动，因此经济均衡点不会在 *B* 点稳定下来，而是在汇率下调的作用下反向调整，最终在 *C* 点达到均衡。可见当 LM 线比 BP 线陡时，财政扩张政策的效果比在封闭经济时的效果要小一些。

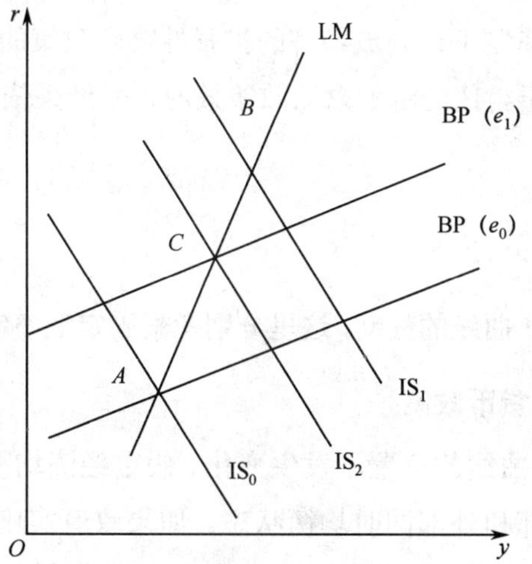

图 9-15 浮动汇率下的财政扩张效应

相反，当 BP 曲线比 LM 曲线陡时，与封闭经济的情形相比，扩张性财政政策对实际收入的影响作用将会被放大而不是被抑制。如图 9-16 所示，当政府扩张性财政政策使 IS 曲线向右移动到 IS_1 时，新的内部均衡点 *B* 位于 BP（e_0）曲线的右下方，国际收支处于逆差状态，外汇市场上外汇需求大于外汇供给，在浮动汇率制下，这意味着本币币值将向下调整而外汇汇率提高，BP 线向右移动。伴随着汇率提高、净出口增加，又会使 IS 曲线进一步向右移动

到 IS_2，经济最终在 C 点达到均衡，超过了国民收入在封闭经济情形下的相应水平。

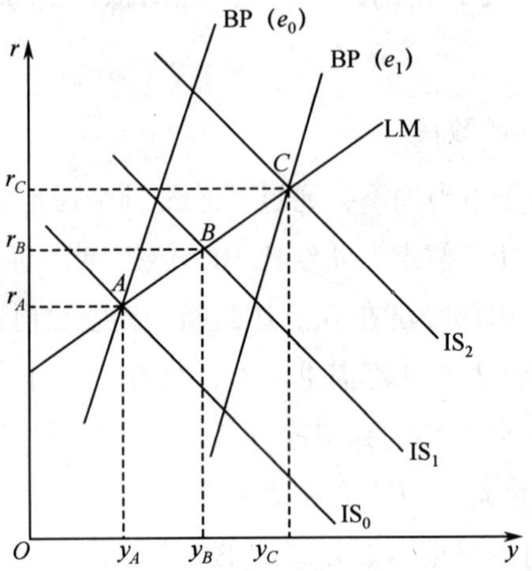

图 9-16 浮动汇率下的财政扩张效应

由此可见，在浮动汇率制下，开放经济的扩张性财政政策的效应有时低于封闭经济的财政政策效应，有时则高于封闭经济的财政政策效应，其结果依赖于 LM 曲线与 BP 曲线斜率的关系。

三、开放经济的货币政策效应

货币政策主要影响 LM 曲线的移动，这里分别考察固定汇率制和浮动汇率制两种情况。

（一）固定汇率制下的货币政策

在固定汇率制下，BP 曲线的位置不发生变化。假定经济均衡最初处于图 9-17 所示的 A 点，这时的经济处于内部和外部同时均衡状态。如果政府实施扩张性的货币政策使 LM 曲线向右移动，经济的内部均衡点移动到 B 点，而 B 点位于 BP 曲线的右下方，故国际收支存在逆差。这时要保持汇率稳定的货币当局必须动用其外汇储备来稳定外汇市场上的汇率。

由于这时产生逆差的原因一是利率下降导致资本流出；二是国民收入水平提高导致净出口减少，因此，在这种情况下内部均衡和外部均衡之间存在着不可调和的矛盾，扩张性的货币政策尽管提高了收入水平，但导致了国际收支的逆差。

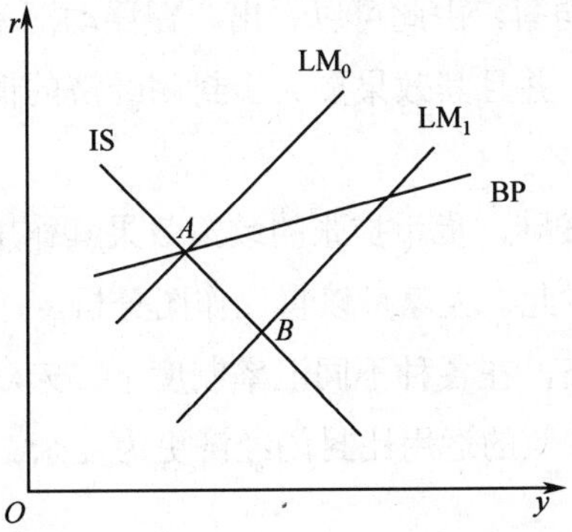

图 9-17　固定汇率制下的货币扩张效应

一般而言，固定汇率制下货币扩张的效果同 BP 曲线与 LM 曲线斜率的关系没有什么直接联系，无论 BP 曲线的斜率大于还是小于 LM 曲线的斜率，扩张性的货币政策总是导致国际收支逆差的产生。相反，紧缩性的货币政策会导致国际收支顺差的产生。

（二）浮动汇率制下的货币政策

这里仍然以扩张性的货币政策为例。假定 LM 曲线比 BP 曲线陡，货币扩张的效应如图 9-18 所示。最初经济在 A 点达到内部和外部同时均衡，如果货币从 M_0 扩张到 M_1，首先影响 LM 曲线从 LM_0 向右移动到 LM_1，并与 IS 曲线相交于 B 点。在 B 点，经济虽然是内部均衡点，但 B 点在 BP 曲线的右下方，这意味着存在国际逆差。国际收支的逆差推动汇率进行调整，即本国货币贬值，外汇汇率上升。随着汇率从 e_0 上升到 e_1，IS 曲线会向右

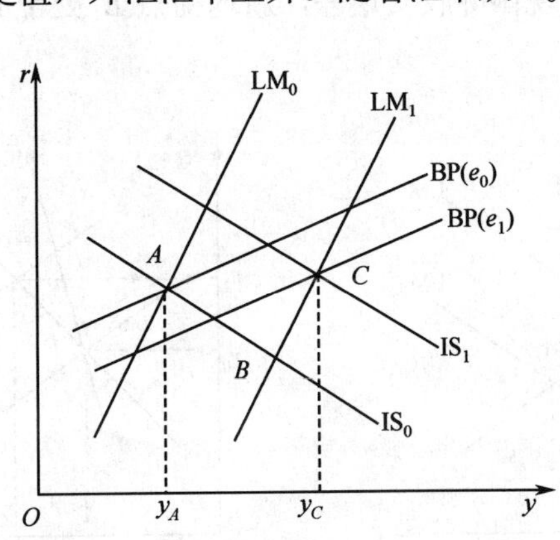

图 9-18　浮动汇率制下的货币扩张效应

移动，最终在 C 点达到新的均衡。由此可以看出，在浮动汇率制下货币扩张政策的效果是使汇率和国民收入水平提高，并且其效果要大于封闭经济的情况。但是对于利率水平的影响不很明确。

假如 BP 曲线比 LM 曲线陡，货币扩张的政策效果其作用方向是一样的，但引起国民收入变化的程度要小一些。对此，大家可以自己作图分析。

从以上的分析中可以看出，在各种不同汇率制度下，宏观经济政策的效果差异极大，因此在开放经济中宏观经济政策的运用比封闭经济更为复杂。

四、内部均衡与外部均衡的政策选择

西方各国政府在第二次世界大战之后相当长的一段时间里，仅仅使用总需求政策一种方式来干预经济，也就是通过财政政策和货币政策来实现需求管理，结果逐渐形成了一个宏观经济政策的两难困境，即仅仅使用总需求政策不可能既改善国内需求水平，又改善国际收支状况。

从图 9-19 中可以看到在固定汇率制下，政府在宏观经济管理中的两难困境。图 9-19 中左图是政府采用扩张性货币政策的经济效果，由图可知，扩张的货币政策会导致 LM 曲线右移，结果在新的均衡点上国民收入因总需求上升而增加，而利率下降又促使资本外流和总支出增加，最终导致国际收支逆差，新的均衡点 E_1 处于 BP 曲线右下方。图 9-19 中的右图则反映了扩张性财政政策的影响，扩张性财政政策导致总支出和国民收入增加，而贸易收支会恶化，最终也将出现国际收支逆差，新均衡点 E_1 处于 BP 曲线右方。紧缩性经济政策的影响刚好相反。

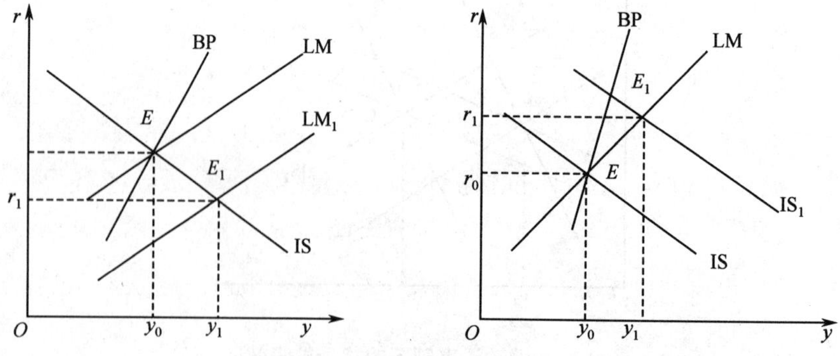

图 9-19 宏观经济政策的两难困境

这样，在国内经济处于高失业的状态下，若采取扩张性货币政策和财政政策刺激总需求并增加就业，就会导致国际收支逆差。如果此时的国际收支状况刚好处于盈余状态，扩张政策将使国际收支趋于平衡，但如果国际收支已经出现了逆差，那么扩张政策就将进一步恶化国际收支状况。而当国内经济处于高通货膨胀状态下时，采取紧缩性政策抑制总需求增长缓解通胀压力，就会导致国际收支顺差。如果最初的国际收支为逆差，那么紧缩政策刚好有利于国际收支的调整，但如果国际收支已经是顺差，则紧缩政策将进一步恶化国际收支的不平衡状态。由于仅靠总需求政策一种工具不可能令人满意地同时达到内外平衡两个经济目标，所以，必须针对不同的经济目标选择适当的政策工具。

蒙代尔和弗莱明在对需求政策两难困境进行深入研究时发现，货币政策和财政政策对国内平衡和国外平衡有相对不同的影响，其主要差异在于较松的货币政策趋向于降低利率，而较松的财政政策则趋向于提高利率。这种差异意味着确实有两种政策工具可供选择，将其搭配使用可以解决总需求政策解决不了的问题。蒙代尔和弗莱明在此种分析的基础上形成了一种分配法则，即根据财政政策和货币政策的不同作用，将稳定国内经济的任务分配给财政政策，使国内经济在没有过度通货膨胀的情况下达到充分就业，而将稳定国际收支的任务分配给货币政策。

具体的政策搭配方法是，当高失业与国际收支逆差同时存在时，配合使用扩张的财政政策和紧缩的货币政策；在高通胀与国际收支顺差共存的情况下，可以采取紧缩的财政政策和扩张的货币政策相配合的方法；如果通货紧缩和国际收支顺差并存，那么扩张性的财政政策和扩张性的货币政策并用效果会更好。

下面我们以一些具体情况为例进一步说明宏观经济政策的选择和搭配。

（1）固定汇率制下国际收支逆差的调整。前面的分析表明，在固定汇率制下由于汇率不变、BP 线的位置固定不变，因此经常会出现国际收支顺差或逆差。当国内均衡点位于 BP 线右下方时，存在着国际收支逆差。在图 9-20 中，初始国内均衡点为 *A* 点，位于 BP 线右下方，有汇率下降的潜在压力，这时政府可以宣布货币贬值，使 BP 线向下移到与 *A* 点相交的位置来调整逆差。但在通常情况下，政府并不愿意使用货币贬值的剧烈手段来平衡逆差，那么，首先可以考虑采取紧缩的货币政策减少货币供给，使 LM 曲线由 LM_0 移动到 LM_1，LM_1、IS_0、BP 三条曲线交于 *B* 点实现三重均衡。由此可见，单纯运用紧缩性货币政策就可以消除国际收支逆差。如果国内最初存在着通货膨胀，紧缩性货币政策还可以同时降低通货膨胀率。单纯的紧缩性货币政策最大的缺点是导致总产量或实际国民收入下降，如果国内经济已处于衰退状态，单纯的紧缩性货币政策就会在消除国际收支逆差的同时加深国内的经济衰退。在这种情况下可以考虑采取扩张性的财政政策来配合紧缩的货币政策。因为当同时采取紧缩性货币政策和扩张性财政政策时，一方面 LM 曲线会向左移，如移动到 LM_2 的位置；另一方面 IS 曲线会向右移，当移动到 IS_1 的位置时，三重均衡将在 C 点实现，这时国际收支逆差会被消除，经济衰退也会由于总产量的增加而得到克服。

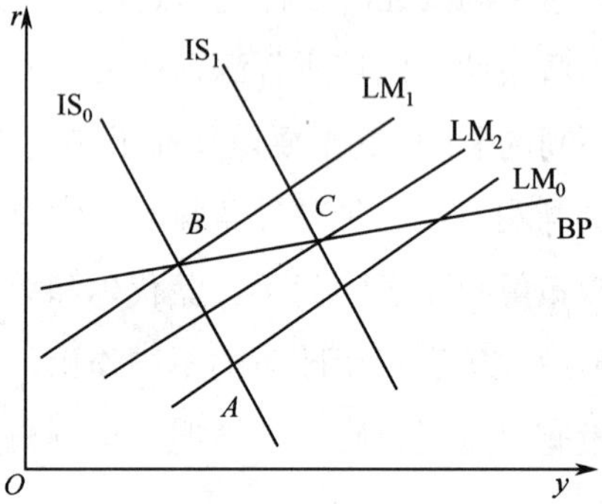

图 9-20 固定汇率制下国际收支逆差的调整

（2）固定汇率下国际收支顺差的调整。在图 9-21 中，IS_0 线与 LM_0 线的交点 A 最初位于 BP 曲线的左边，存在国际收支顺差。假定政府并不希望本币升值，同时迫于贸易伙伴国的压力又必须消除国际收支顺差以帮助其贸易伙伴国纠正国际收支逆差。在这种情况下

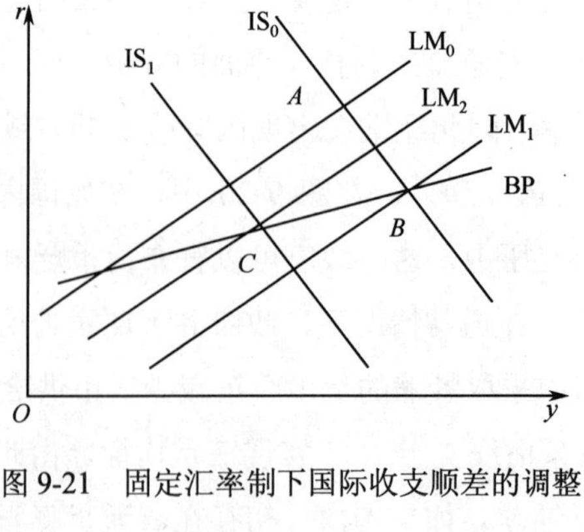

图 9-21 固定汇率制下国际收支顺差的调整

可以采取扩张性的货币政策来增加货币供给使 LM 曲线向右移动到 LM_1 的位置，在 B 点实现三重均衡。

如果经济恰好处于衰退状态，单纯采用扩张性货币政策就是一最佳选择，既可以克服经济衰退，又可以在本币不升值的情况下消除国际收支顺差，改善与伙伴国的经济关系。如果国内正处在严重通货膨胀状态，采取单纯的扩张性货币政策就会因增大总需求而加剧通货膨胀。这时，政府可以采用紧缩性财政政策来弥补单纯扩张性货币政策的不足。紧缩性的财政政策会在 LM 曲线向右移的同时使 IS 曲线向左移动到 IS_1，其结果是 IS_1、LM_2 和 BP 线在 C 点实现三重均衡，这样既消除了国际收支顺差，又没有加剧通货膨胀。

（3）浮动汇率制下国际收支顺差的调整。在图 9-22 中，初始国内经济均衡点 A 点位于 BP_0 线左上方，存在国际收支顺差，在外汇市场有外汇的过剩供给。也就是说，向外输出商品和劳务或实物资产和金融资产所获得的外汇量，超过从外国购买商品、劳务和资产需要支付的外汇量，因而造成了外汇的过剩供给。在浮动汇率制度下，外汇的过剩供给将导致本币升值，外汇汇率下降，本国商品相对于外国商品更加昂贵，净出口就会减少。一方面，净出口的减少会使 IS 曲线向左移动；另一方面，汇率下降会使 BP 曲线向左移动，当 IS 曲线从 IS_0 移动到 IS_1 而 BP 曲线从 BP_0 移动到 BP_1 时，IS_1、LM 和 BP_1 相交于 B 点，同时实现了内部均衡和外部均衡。

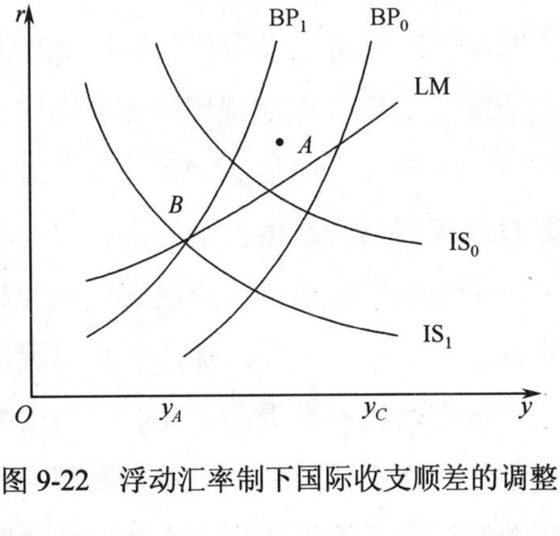

图 9-22　浮动汇率制下国际收支顺差的调整

这里应该指出的是，国际收支顺差的调整是在市场机制的作用下，通过 BP 曲线和 IS 曲线的移动实现的。在浮动汇率制度下，中央银行不必为平衡国际收支而改变本国货币供给量，因此 LM 曲线不会发生移动。

（4）浮动汇率制下国际收支逆差及失业的调整。在图 9-23 中，国内经济均衡点的初始位置是 IS_0 与 LM_0 的交点 *A*，该均衡点位于 BP_0 曲线右下方，所以是一种存在国际收支逆差的外部不均衡状态；同时 *A* 点又位于 y_f 线的左边，说明这又是一个低于充分就业的均衡，在国内经济中存在失业问题。

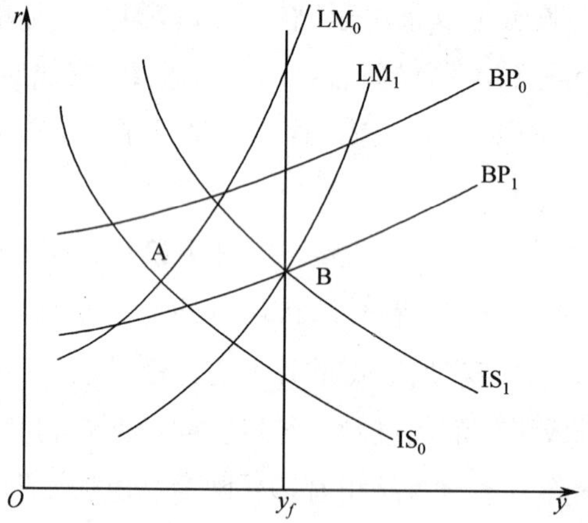

图 9-23 浮动汇率制下国际收支均衡与充分就业均衡 的调整

在浮动汇率制下，国际收支逆差的存在会使本币贬值、外汇汇率升值，BP 线向右移动，同时外汇汇率升值又会使净出口额增加，IS 曲线向右移动。由于在浮动汇率制下货币政策的效果要比在固定汇率制下明显，政府可以采用扩张性货币政策使 LM 曲线向右移动。最后当 IS_1、LM_1 和 BP_1 在 *B* 点上相交时就可以实现国际收支和国内经济在充分就业水平上的同时均衡。

在浮动汇率制下实行财政政策的效应是很复杂的，任何一种财政政策都有可能产生双重的作用。例如，当政府采用扩张性财政政策来解决国内失业和外部均衡问题时，一方面国内总需求会扩大，国民收入水平上升，进口增加，贸易出现逆差，本国货币贬值。另一方面，随着国内总需求的上升、市场的利率提高，又会引起国外资本的流入使本国货币出现升值压力。本币的这两种走势是完全冲突的，很难判断哪一种走势会占优势。因此，在浮动汇率制下，运用货币政策和汇率政策来达到对内和对外的同时均衡要比使用财政政策更能得到理想的结果。

课后习题

一、名词解释

汇率、BP 曲线、IS-LM-BP 模型

二、简答题

1．简述 BP 曲线的含义。

2．简述影响 BP 曲线移动的因素。

3．简述 IS-LM-BP 模型。

4．简述固定汇率制度下资本完全流动的均衡模型的形成。

第十章 经济增长和经济周期理论

本章主要知识点

1. 经济增长与经济发展的区别
2. 哈罗德-多马模型
3. 新古典增长理论
4. 乘数-加速数模型
5. 经济增长源泉
6. 新古典增长理论的概念及缺陷
7. 经济周期的概念、类型及成因

考核要求

1. 识记：经济增长、经济发展、经济周期。

2. 领会：了解经济增长的含义，哈罗德-多马模型，重点掌握经济增长源泉的分析和经济周期理论，理解乘数-加速数模型对经济周期的影响。

3. 应用：结合实际分析经济增长的原因和经济周期的发展。

第一节　经济增长模型

一、哈罗德-多马经济增长模型

（一）哈罗德-多马经济增长模型的假定

哈罗德-多马经济增长模型的假定：经济社会生产单一产品；只有劳动和资本两种生产要素；在一定时期内技术水平不变，故资本-产量比率不变，规模报酬也不变；在边际消费倾向不变的条件下，储蓄率不变。

在这些假定基础上，哈罗德-多马经济增长模型集中考察了社会再生产过程中的几个变量及它们之间的相互关系，提出了一个国家在长期内实现经济稳定、均衡增长所需具备的条件。

（二）哈罗德经济增长模型

哈罗德模型是从国民收入、资本-产量比率和储蓄率三个经济变量及其相互关系的分析中来考察决定经济增长的因素。用 G 表示经济增长率，Y 表示国民收入，ΔY 表示国民收入的增量，则有：

$$G=\frac{\Delta Y}{Y}$$

用 v 表示资本-产量比率，即前面提到的加速系数 a，则有：

$$v=\frac{K}{Y}=\frac{\Delta K}{\Delta Y}=\frac{I}{\Delta Y}$$

用 s 表示储蓄-收入比率（储蓄率），则有：

$$s=\frac{S}{Y}$$

把 $v=\frac{K}{Y}=\frac{\Delta K}{\Delta Y}=\frac{I}{\Delta Y}$ 式和 $s=\frac{S}{Y}$ 式做些变化，分别变成 $I=\Delta Y\cdot v$、$S=s\cdot Y$ 的形式，使 $I=S$，经整理，并用 G 表示 $\Delta Y/Y$，于是得到 G、v、s 三者之间的如下关系：

$$G=\frac{s}{v}$$

$G=\frac{s}{v}$ 就是哈罗德模型的基本公式，它说明：第一，经济增长率与储蓄率成正比，储蓄率越高，经济增长率也越高。第二，经济增长率与资本-产量比率成反比，即资本-产量比率越高，经济增长率越低。

哈罗德经济增长模型是以凯恩斯收入理论为基础的动态经济分析。

（三）多马经济增长模型

多马经济增长模型研究的是三个变量及其相互关系，这三个变量是：收入增长率（G）、储蓄在收入中的比例（s）、资本生产率又称投资效率，即每单位资本的产出或收入，由σ代表。前两个变量与哈罗德公式中的两个变量是一致的，后一个变量即资本生产率σ实际上就是哈罗德的资本-产量比率的倒数。

多马的基本公式是：

$$G=s\sigma$$

将$G=\frac{\Delta Y}{Y}$，$s=\frac{S}{Y}$，$\sigma=\frac{\Delta Y}{I}$代入$G=s\sigma$中，得：

$$\frac{\Delta Y}{Y}=\frac{S}{Y}\cdot\frac{\Delta Y}{I}$$

即

$$S=I$$

由于多马模型的基本公式$G=s\sigma$与哈罗德的基本公式$Gv=s$是完全一致的，因此，西方经济学家一般把两个模型相提并论，称作“哈罗德-多马模型”。

从以上分析可以看到，哈罗德-多马经济增长模型是建立在凯恩斯储蓄-投资理论基础上的，是凯恩斯理论的发展。但是，哈罗德-多马经济增长模型与凯恩斯理论又有明显的区别。首先，凯恩斯理论是从短期的角度、静态的方法来说明投资和储蓄的均衡以及由此实现的国民收入均衡。哈罗德-多马经济增长理论则将凯恩斯的储蓄-投资的分析加以长期化、动态化。所谓长期化，就是将人口、资本和技术等关系经济增长的因素看做随着时间的推移而变动的变量；所谓动态化，就是阐述长期内投资和储蓄的均衡及其对国民收入均衡变动的影响。其次，凯恩斯短期静态的投资-储蓄分析理论，只注意增加投资对刺激收入增长的重要作用，而哈罗德-多马经济增长理论则强调投资既增加需求又增加供给的双重作用。

（四）均衡增长率、实际增长率和自然增长率

（1）均衡增长率。均衡增长率是指经济在实现充分就业条件下均衡的、稳定的增长所需要的增长率。在经济稳定增长条件下，只有保证使增加的储蓄能全部转化为投资，才能使总供给和总需求相等，实现均衡增长。假设在充分就业条件下人们愿意的储蓄率为s_w（称

合意的储蓄率），用 v_w 表示合意的资本-产出比率（用投资-收入增量比率 $I/\Delta Y$ 表示），为了必须使投资者在保证实现最大利润条件下愿意按资本-产出比率增加投资，则为实现充分就业的有保证的均衡经济增长率（G_w）应是：

$$G_w = \frac{s_w}{v_w}$$

实际的资本存量等于合意的资本存量、实际的与合意的资本存量增长率等于投资增长率也等于储蓄增长率，同时总供给等于总需求（储蓄=投资）时，经济就能在保持充分就业条件下获得均衡增长。

（2）实际增长率及其与均衡增长率之间的关系。实际增长率就是在事后统计的实际达到的增长率。$G=s/v$ 中的数字 s、v 如果是实际的统计数字，则 G 就是实际增长率，此时的 G 可表达为 G_A。实际增长率可能大于均衡增长率，也可能低于均衡增长率。

均衡增长率高于实际增长率条件下，实际资本存量超过合意的资本存量（企业家所需要的资本存量），表示有过剩的资本存量。这是因为，较低的经济增长率造成的商品滞销，必然导致库存增加、生产能力过剩。在这种情况下，企业家就要用逐步削减投资的办法来减少库存，使实际资本存量降低到与合意的资本存量相当的水平。由此造成的实际投资下降，会通过乘数和加速系数作用而引起经济过程的累积性收缩，其结果是经济的衰退与萧条。

反之，如果实际增长率大于均衡增长率，就会有实际资本存量小于合意资本存量的情况出现。在资本不足的情况下，企业家就会通过增加投资使实际资本存量同合意资本存量相当。这就意味着实际的储蓄率或实际的投资率会大于合意的储蓄率或合意的投资率，从而使实际的需求大于合意的供给。这样就会形成经济的累积性的扩张，可能导致通货膨胀。

以上两种情况都会导致社会经济发生短期性的周期波动，经济就处于收缩与扩张的不断交替中。只有当实际增长率等于合意的增长率时，经济才能保持在充分就业条件下的长期、稳定的增长。

（3）自然增长率与均衡增长率的关系。自然增长率是指与人口增长率相对应的经济增长率。从长期的经济发展来看，人口的增长和技术的进步对经济增长的影响是极其重要的。哈罗德的增长模型中引进了这两种因素，把人口增长归纳为劳动力增长、把技术进步归为劳动生产率增长。用 n 代表劳动力增长率，ε 代表劳动生产率增长率，则经济的自然增长率（G_n）等于两者之和，即：

$$G_n = n + \varepsilon$$

如果劳动力增长率 n=1%，劳动生产率增长率 ε=5%，则自然增长率为 6%。这样，保证实现长期充分就业的均衡增长率就是 6%。如果均衡增长率偏离自然增长率，就会使经济过程出现波动。

当均衡增长率大于自然增长率，说明储蓄和投资的增长率超过了人口增长与技术进步所能允许的程度，这时的生产增长受到劳动力的不足与技术水平的限制，将会出现储蓄与投资过度现象，也就是社会总供给大于社会总需求，从而使经济呈现长期停滞的趋势。反之，当均衡的增长率小于自然增长率，说明储蓄和投资的增长率还没有达到人口增长同步所允许的程度。这时，生产的增加不会受劳动力不足与技术水平的限制，生产者将增加雇佣工人以扩大再生产，从而使经济出现长期的繁荣、扩张的趋势。

哈罗德认为，只有实际增长率、合意增长率、自然增长率这三个增长率相等，即：$G_A = G_w = G_n$，经济社会才能实现合乎理想的长期的均衡增长，G_A=G_w=G_n 也就是理想的、长期的均衡增长条件。但是，事实上要达到实际增长率、合意增长率、自然增长率三者一致是极其困难的，因为要达到三个增长率相等必须取决于其他六个要素。三个增长率常常不一致，就导致了经济的长期波动。

综上所述，哈罗德–多马经济增长模型得出的结论是：尽管经济在长期中均衡增长的可能性是存在的，但经济的长期、均衡增长的可能性极小；一般情况下，资本主义经济很难稳定在一个不变的增长速度上，表现出的是或者连续上升或者连续下降的剧烈波动状态。

第二节 新古典经济增长模型

一、新古典经济增长理论的假定

新古典增长模型有如下几个假定：社会储蓄函数为 $S=sY$，s 为储蓄率；劳动力按照一个不变的比率 n 增长；技术水平不变；生产的规模报酬不变；在完全竞争的市场条件下，劳动和资本可以通过市场调节而充分地相互替代。

根据以上四个假定，生产函数可以表示为人均形式：

$$y=f(k)$$

式中，y 为人均产量；k 为人均资本量；$y=f(k)$表示人均产量取决于人均资本量。人均资本量的增加会使人均产量增加，但是，由于报酬递减规律，人均资本量会以递减的速度增长。图 10-1 是生产函数的图示。

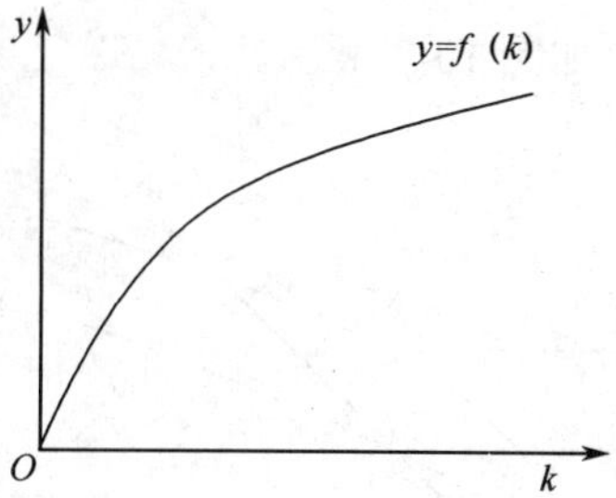

图 10-1　人均生产函数曲线

二、新古典经济增长模型的基本方程

$$sy=\Delta k+(n+\delta)k$$

上式就是新古典增长模型的基本方程，式中，sy 为人均储蓄，Δk 为人均资本增量。$(n+\delta)k$ 由两部分组成，一部分是 nk，即人均储蓄中用于装备新增劳动力的花费，另一部分是 δk，即人均储蓄中用于替换旧资本的花费，即人均折旧量，$(n+\delta)k$ 被称为资本的广化。人均储蓄中超过资本的广化的部分会使得人均资本增多，即 $\Delta k>0$，Δk 就是资本的深化。因此，新古典增长模型的基本方程可以表述为，人均储蓄是资本深化与资本广化之和，或者说，人均储蓄用于资本深化与资本广化两部分。

三、稳态分析

稳态是指一种长期稳定、均衡的状态，是人均资本与人均产量达到均衡数值并维持在均衡水平不变。在稳态下，k 和 y 达到一个持久的水平。也就是说，要实现稳态，资本的深化为零，即人均储蓄全部用于资本的广化。因此，稳态条件是：

$$sy=(n+\delta)k$$

稳态时，$\Delta k=0$。

虽然在稳态时 y 和 k 的数值不变，但总产量 Y 与总资本存量 K 都在增长。由于 $y=\frac{Y}{N}$、$k=\frac{K}{N}$，所以，总产量 Y 与总资本存量 K 的增长率必须与劳动力数量 N 的增长率 n 相等。这就是说，在稳态时，总产量与总资本存量的增长率相等，且都与劳动力的增长率 n 相等，即：

$$\frac{\Delta Y}{Y}=\frac{\Delta K}{K}=\frac{\Delta N}{N}=n$$

还可以用图形来分析稳态，如图 10-2 所示。

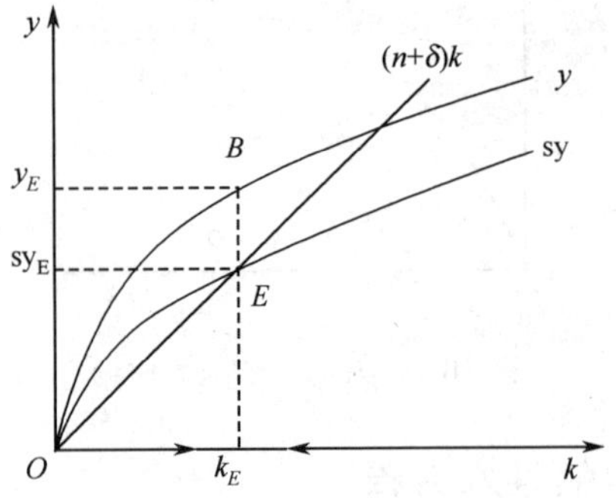

图 10-2　经济增长的稳态

由于 $0<s<1$，故储蓄曲线 sy 与人均生产函数曲线 y 的形状相同；又由于 $sy<y$，所以储蓄曲线 sy 位于人均生产函数曲线 y 下方。资本广化曲线$(n+\delta)k$ 是通过原点、向右上方倾斜的直线。

由于 $sy=(n+\delta)k$ 是稳态条件，所以，稳态时，sy 曲线与$(n+\delta)k$ 曲线一定相交，交点是 E 点。稳态时的人均资本为 k_E，人均产量为 y_E，人均储蓄量为 sy_E，此时，$sy_E=(n+\delta)k_E$，即人均储蓄正好全部用来为增加的劳动力购买资本品（花费为 nk_E）和替换旧的资本品（花费为 δk_E），人均资本没有变化（即 $\Delta k=0$）。

从上图中可以看到，在 E 点之左，sy 曲线高于$(n+\delta)k$ 曲线，表明人均储蓄大于资本广化，存在资本深化即 $\Delta k>0$。这时，人均资本 k 有增多的趋势，人均资本 k 会逐步地增加，逐渐接近于 k_E。当 k 的数量为 k_E 即 $k=k_E$ 时，经济实现稳定状态。反之，在 E 点之右，人均储蓄小于资本广化，即 $sy<(n+\delta)k$，此时有 $\Delta k<0$，人均资本 k 有下降趋势。人均资本 k 的下降会一直持续到 k_E 的数量上，达到稳态。

以上论述表明，当经济偏离稳定状态时，无论是人均资本过多还是过少，经济都会在市场力量的作用下恢复到长期、稳定、均衡状态。

显然，新古典增长模型“稳定、均衡”的结论与哈罗德-多马经济增长模型“稳定、均衡的极小可能性及经济的剧烈波动”的结论存在重大差别。

四、稳态的变化

如果储蓄率和人口增长率发生了变化，稳态也会相应变化。先来看储蓄率的提高对稳态的影响。

图 10-3 中，由于人均储蓄曲线 s_0y_0 与$(n+\delta)k$ 曲线相交，所以经济处于稳态均衡，E_0 点表示最初的经济稳态均衡，此时的人均储蓄为 E_0k_0、人均资本量为 k_0。当储蓄率由 s_0 提高到 s'以后，人均储蓄曲线 s_0y_0 上升到 $s'y'$的位置。由于人均储蓄曲线 $s'y'$与$(n+\delta)k$ 曲线相交，所以经济仍然处于稳态均衡，新的稳态均衡状态由 E'点表示。新的稳态下，人均储蓄为 $E'k'$，多于旧均衡的 E_0k_0；人均资本量为 k'，也多于原先均衡时的人均资本量为 k_0。显然，储蓄率的提高增加了稳态的人均资本量。新的稳态均衡时的人均收入大于旧稳态均衡时的人均收入。因此，储蓄率的提高还增加了人均收入。

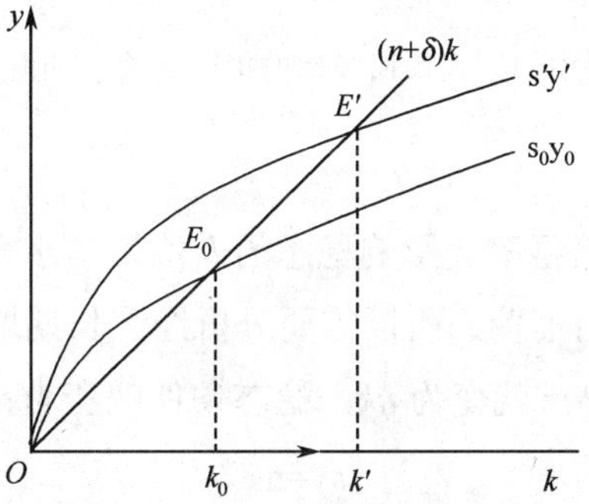

图 10-3　储蓄率提高对稳态的影响

由于 E_0 点与 E'点都表示稳态，所以，这里所提到的稳态变化不是指由稳态到非稳态，而是指旧的稳态变化到新的稳态，经济变化前后都是稳态。这就是说，储蓄率的提高不能影响稳态增长率 n，但能提高稳态的人均资本与人均收入水平。

以上分析的都是经济按照不变的劳动力增长率 n 来增长，现在就来分析把 n 看做参数时，下面来看人口增长率提高对稳态的影响

图 10-4 中，最初的经济位于 N_1 点所表示的稳态均衡，此时的人口增长率为 n_1、人均资本量为 k_1。当劳动力的增长率由 n_1 提高到 n_2 以后，$(n_1+\delta)k$ 曲线上升到$(n_2+\delta)k$ 的位置，$(n_2+\delta)k$ 曲线与 sy 曲线相交于 N_2 点，实现了新的稳态。由于 sy 曲线向右上方倾斜，$(n_1+\delta)k$ 曲线上升后的新的均衡点 N_2 点一定低于 N_1 点。可以看到，人口增长率的增长降低了人均资本的稳态水平，人均资本由 k_1 降低到 k_2。又由于 sy 曲线的上方有一条人均收入曲线，所以，新稳态均衡时的人均收入显然低于旧稳态均衡时的人均收入。因此，人口增长率的提高又减少了人均收入，即降低了人均产量的稳态水平。这一结论揭示了发展中国家人均产量下降由人口增长率上升引起的现象，并且两个储蓄率相同的国家，人均收入会由于人口增长率不同而不同。

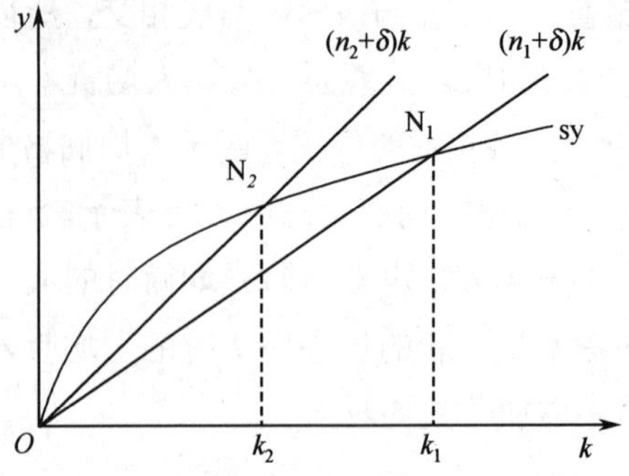

图 10-4 人口增长率的提高对稳态的影响

5. **黄金分割率**

以上的稳态分析表明，储蓄率会影响稳态的人均资本水平，人均资本水平又影响人均产量。由于产量要用于积累与消费，所以需要分析经济长期增长过程中的人均消费。

假定不存在折旧，则$(n+\delta)k$就变为nk，稳态条件就变为：

$$sy=nk$$

稳态时，人均消费 Ca 就是人均收入与人均储蓄之差，即：

$$Ca=y-sy$$

又由于 sy=nk，$y=f(k)$，故可得到：$Ca=f(k)-nk$

人均消费 Ca 最大化的一阶条件是：

$f'(k)-(nk)'=0$，即：

$$f'(k)=n$$

上式就是黄金分割率表达式，其含义为：要想使得稳态人均消费最大化，稳态人均资本量的选择就应该使资本的边际产品等于劳动的增长率。

还可以用图 10-5 表示人均消费最大化。图中，稳态时的人均消费就是人均收入曲线 y 与直线 nk 之间的垂直距离。最大的人均消费量出现在人均资本等于 k^*的时候。因为在人均资本等于 k^*的时候，y 曲线切线的斜率正好等于 n，即这条切线与直线 nk 平行。这种情况下，人均收入曲线 y 与直线 nk 之间的垂直距离 M′M 最大即消费最大，M′M 表示的消费量大于人均资本分别等于 k_1、k_2 时的消费 G′G、H′H。G′G、H′H 之所以小于 M′M，是因为人均资本为 k_1、k_2 时所做的曲线 y 的切线都不与直线 nk 平行。这一结论与 $f'(k)=n$ 式的意思完全相同。

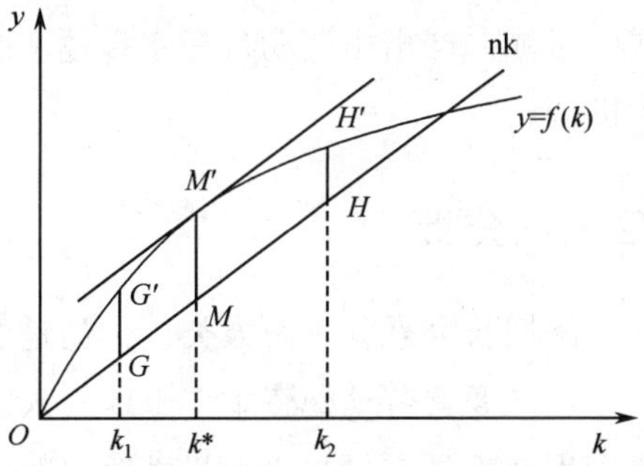

图 10-5　经济增长的黄金分割率

从黄金分割率可知，稳态时，如果人均资本量多于黄金分割的水平，则需要通过消费掉一部分资本使人均资本减少到黄金分割的水平，这就能够提高人均消费水平。反之，人均资本量少于黄金分割的水平，则需要减少消费、增加储蓄，再通过储蓄转化为资本，使人均资本增加到黄金分割的水平。

第三节　经济增长因素与新经济增长理论

作为经济和社会现象的经济增长，会受很多因素的影响，正确认识这些影响因素，对于认识现实的经济增长和制定促进经济增长的政策具有重要意义。因此，需要对影响经济增长的因素进行分析。

一、经济增长源泉

如果宏观生产函数表示为：

$$Y_t=A_t f(L_t, K_t)$$

式中，Y_t、L_t、K_t 分别为 t 时期的总产出、投入的劳动量和投入的资本量；A_t 为 t 时期的技术状况。

投入要素增长率、产出增长率与技术进步增长率之间关系的方程，即经济增长率的分解式：

$$G_Y=G_A+\alpha G_L+\beta G_K$$

式中，G_Y 为经济增长率；G_A 为技术进步增长率；G_L、G_K 分别为劳动和资本的增长率；α、β 为参数，分别是劳动和资本的产出弹性。

从经济增长率的分解式中可知，产出由劳动、资本和技术进步决定，或者说经济增长的源泉是劳动、资本和技术进步。

二、丹尼森对经济增长因素的分析

美国经济学家丹尼森把经济增长因素分为两大类，一类是生产要素投入量，另一类是生产要素生产率。经济增长是生产要素劳动、资本、土地投入的结果，其中劳动、资本是可变的，土地是不变的。要素生产率是产量与投入量之比，即单位投入量的产出量。要素生产率取决于资源配置状况、规模经济与知识进展。具体讲，影响经济增长的因素包括六个：劳动、资本存量的规模、资源配置状况、规模经济、知识进展和其他因素。

丹尼森分析经济增长因素的目的在于确定各个影响因素对经济增长所做的贡献，以此来比较各个影响因素的相对重要性。

丹尼森根据美国1929—1982年的历史统计数据，对经济增长因素进行了考察与分析。经过计算与分析，劳动力增加对经济增长的贡献相当大，部分原因在于劳动的产出弹性相对较大，劳动增长率就占有较大的权重。资源配置状况对经济增长也做出了重要贡献，比如劳动者转换工作、农村劳动力的流动等，都导致了产量或收入的增加。在收入的年平均增长中超过10%的部分来自规模经济，因为规模的扩大使得单位产量的投入更少，可以节约生产资源，从而带来规模经济效应。在所有因素中，知识进展对经济增长的贡献约占2/3。

据此，丹尼森的结论是：知识进展是发达资本主义国家最重要的增长因素。丹尼森所讲的知识进展包括的范围很广，包括技术知识、管理知识的进步和由于采用新知识而在结构与设备方面产生的更有效的设计，还包括从经验与观察中得到的知识。丹尼森认为，技术进步对经济增长的贡献是明显的，但也不能把生产率的增长主要归因于技术知识，因为管理知识也是非常重要的。管理知识更有可能降低生产资本、增加国民收入，它对国民收入增长的贡献比改善产品物理特性而产生的影响更大。因此，管理知识与技术知识都是很重要的，不能只重视技术知识而忽略管理知识。

三、库兹涅茨对经济增长因素的分析

美国经济学家库兹涅茨认为经济增长因素主要是知识存量的增加、劳动生产率的提高和经济结构的优化。

第一，知识存量的增加。随着社会的发展与进步，人类社会迅速增加了技术知识和社会知识的存量，当这种存量被利用的时候，它就成为推动经济增长的重要源泉。当然，知识本身并不直接是生产力，它转化为现实生产力需要一系列的诸如劳动力的训练、对适用知识的判断、企业家克服困难的能力等中介因素。在这些中介因素的作用下，知识才会转变为现实的生产力。

第二，劳动生产率的提高。现代经济增长的重要特征是人均产值的高增长率，通过对劳动投入和资本投入对经济增长贡献的长期分析，库兹涅茨认为，人均产值的高增长率来自劳动生产率的提高。

第三，经济结构的优化。发达资本主义国家的经济增长过程中，经济结构迅速转变。比如，农业活动转向工业活动，再由工业活动转向服务性行业。与此相对应，劳动力的部门分配和社会产值比重也发生变化，第三产业劳动力数量占社会劳动力数量的比例和第三产业产值占国民收入的比重不断上升，特别在现在的一个世纪里，这两个比例迅速变化，这都是经济结构迅速变化的结果。同时，生产规模由家庭企业、独资企业发展到全国性甚至跨国性的大公司。发达国家现在的总体增长率与经济结构的变化速度比其现代化之前的要高得多。库兹涅茨也认为，不发达国家传统的生产技术和组织方式、劳动力在农业部门占有太大的比重、制造业结构不能满足现代经济的要求、需求结构变化缓慢、消费水平低等因素或状况，不能形成对经济增长的强有力的刺激。

四、库兹涅茨的“倒 U 字假说”

在经济增长与收入分配的关系上，库兹涅茨提出了所谓的“倒 U 字假说”。库兹涅茨认为，随着经济发展而来的“创造”与“破坏”改变着社会、经济结构，并影响者收入分配。库兹涅茨利用各国的资料进行对比研究，得出以下结论：“在经济未充分发展的阶段，收入分配将随同经济发展而趋于不平等。其后，经历收入分配暂时无大变化的时期，到达经济充分发展的阶段，收入分配将趋于平等。”

根据库兹涅茨的表述，我们可以用曲线的形式，大致将库兹涅茨的结论描述出来。如果用横轴表示经济发展的某些指标（通常为人均收入），纵轴表示收入分配不平等程度的指标，则库兹涅茨揭示的收入分配与经济增长的关系呈现“倒 U 字”的形状，因而被命名为库兹涅茨“倒 U 字假说”，又叫库兹涅茨曲线，如图 10-6 所示，图中的 *Ku* 曲线就是库兹涅茨曲线。从 *A* 点到 *B* 点的曲线比较陡峭，表示随着人均收入的增长，收入分配趋向于不平等；*B* 点与 *C* 点之间的曲线较为平缓，表示收入分配没有太大的变化；从 *C* 点开始，曲线向右下方倾斜，故 *C* 点趋向于 *D* 点就表示收入分配趋于平等。

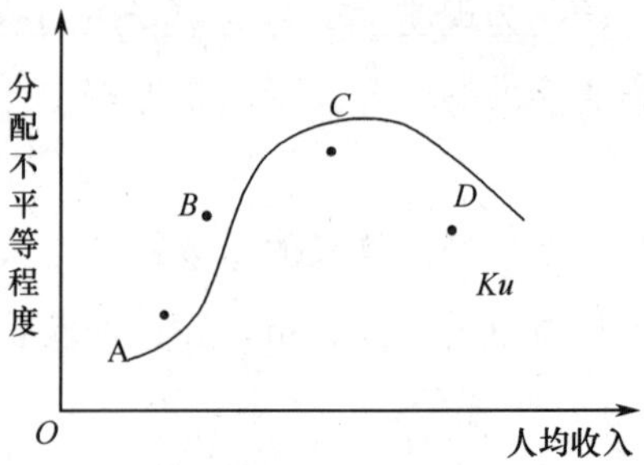

图 10-6　库兹涅茨曲线

库兹涅茨在说明这一“倒 U 字假说”时，将收入部门划分为农业与非农业两个部门，再用三个因素即“按部门划分的个体数的比例、部门之间收入的差别、部门内部各方收入的分配不平等程度”的变化来说明两个部门收入分配平等程度的变化。库兹涅茨推断这三个因素将同经济的发展而起如下作用：①经济发展初期，由于不平等程度较高的非农业部门的比率加大，整个社会的分配趋于不平等。②一旦经济发展到较高水平，由于非农业部门的比率居于支配地位，比率变化所起的作用将缩小。③部门之间的收入差别将缩小。④使不平等程度提高的重要因素财产收入所占的比率将降低、收入再分配的各项政策的实施等，各部门内部的分配将趋于平等，总体来说分配将趋于平等。

库兹涅茨的“倒 U 字假说”提出后，西方学者对“倒 U 字”的形成过程、原因以及平等化进程等进行过讨论。有人认为“倒 U 字假说”不符合第三世界国家的实际情况，或者说，随着第三世界经济发展的进程，收入不平等程度越来越大，而不是越来越平等。

五、新经济增长理论概述

（一）新古典增长理论的缺陷

新古典增长理论也日益暴露出一些不足或缺陷。一是生产规模报酬不变的假定与事实越来越不相符合。大多数工业化国家由于资源配置合理化、部门协调效率较高、信息传递有效等，其经济资源的利用率高，产生了规模报酬递增的现象，而发展中国家则由于种种原因出现了规模报酬递减的状况。二是该模型无法对劳动力增长率和技术进步率做出解释，也未能对控制人口增长、提高技术进步速度提出相应的建议。在新古典增长模型中，稳态增长率即人口增长率是外生变量，但人口增长率与技术进步率对经济增长至关重要。所以，许多西方学者认为增长率的外生化是新古典增长模型在理论上的主要缺陷。三是新古典增长理论在解释现实方面显得无力。新古典增长理论的一个重要结论是，具有相同的技术和相同人口增长率的不同国家的增长率具有趋同性，但许多国家的增长率存在着较大或相当大的差异的现实却与新古典增长理论的趋同论相悖。

（二）新经济增长理论概述

正是在这样的背景下，出现了“新经济增长理论”。新经济增长理论是用规模收益递增和内生技术进步来说明长期经济增长和各国增长率差异的理论总称。新增长理论的重要特征是将增长率内生化。在规模收益递增的原因上，新增长理论大多强调技术的溢出效应。企业采用了新技术而增加了技术知识，从而对整个社会产生了有利影响，技术的这种正的外部性就叫技术的溢出效应。新增长理论还特别论证了知识对经济增长的极端重要性。

新经济增长理论中，罗默的增长理论与实际情况较为符合。罗默在1983年写的题目为《外部因素、收益递增和无限增长条件下的动态竞争均衡》的博士论文，标志着新增长理论的兴起。罗默的新增长理论表现在以下几个方面。

一是承认知识是一个生产要素，与获得资本一样，知识必须通过放弃当前的消费才能得到。

二是过去投入的资本可以使知识得到积累，并且知识又能刺激投资，投资的持续增长能够永久地提高一国的经济增长率。

三是知识能够提高投资收益。

四是资本、人力资本、非熟练劳动、专利等都属于生产要素，这些生产要素的组合使得规模报酬递增。

五是国际贸易有利于将新技术、新知识及人力资本引入一个国家，会促进一国的经济增长，使世界经济具有持续的增长动力，各国经济增长的差别源于不同的知识、人力资本等。

罗默的新经济增长理论奠定了随后出现的增长理论的基础。

卢卡斯依据人力资本理论，沿着罗默的思路，进一步研究了一般的人力资本与个人的、特殊的人力资本的区别，提出“私人人力资本积累带动经济增长”的卢卡斯模式，认为必须重视人力资本的投入、重视包括在职训练、边学边干等形式的教育，不断积累人力资本，多对研究与发展进行投资。这样，一国才能实现长期、稳定、均衡的经济增长。

牛津大学经济学教授斯科特认为应当用资本即总投资的变化来说明产出的变化，他把总投资与技术进步看成一回事，认为发明是由预期的利润所激发和促成的，这与促成投资的因素是完全相同的。

美国哈佛大学的巴罗认为，穷国追赶不上富国的原因并不是穷国缺乏投资，而在于穷国缺乏人力资本，即对教育投资不够。

在技术进步的原因方面，新增长理论的经济学家有不同的看法，罗默认为技术进步表现为私人厂商投资于研究活动而生产出新知识，卢卡斯认为技术进步是教育部门进行人力资本投资的结果，巴罗认为技术进步表现为政府提供服务所带来的私人厂商生产率与社会生产率的提高。

另外，新增长理论还对税收、国际贸易等影响经济增长的因素进行了分析。

从新增长理论的内容来看，新增长理论具有重要的政策意义。如果一个国家的政府认真考虑教育、投资、研究与发展、税收与贸易政策等问题，并实施正确的政策，就能够促进一国的经济增长。

第四节 经济周期理论概论

一、经济周期的概念与阶段

（一）经济周期的概念

所谓经济波动，是指国民经济中的许多重要变量（如国民收入、投资和储蓄、物价水平、利润率、利息率、就业量等），每年均不是按相同的幅度增长，而是在一定时期内呈现出波浪式的上升与下降。国民经济表现出的有规律的扩张与收缩相互交替的运动过程，就是经济周期。

（二）经济周期的四个阶段

一个经济周期通常分为萧条、复苏、繁荣、衰退四个阶段。假定一个经济周期从繁荣阶段开始，此时的经济处于高水平时期，消费旺盛，就业增加，产量扩大，社会总产出逐渐达到最高水平。繁荣阶段不可能长期保持下去，当消费趋缓、投资下降时，经济就开始下滑，走向衰退阶段。在的衰退阶段初期，由于消费需求的减少，投资也逐步减少，进而生产下降、失业增多。随着消费的不断减少，产品滞销，价格下降，企业利润减少，致使企业投资进一步减少，相应地，社会收入也不断减少，最终使得经济跌落到萧条阶段。在萧条阶段，经济活动处于最低水平，这一阶段存在着大量的失业，大批生产能力闲置，工厂亏损甚至倒闭。随着时间的推移，现有设备不断损耗和消费引起的库存减少，企业开始增加投资，于是就业开始增加，产量逐渐扩大，经济便进入复苏阶段。复苏阶段是经济走出萧条并走向上升的阶段。这一阶段的生产和销售逐渐回升，就业增加，价格有所上涨，整个经济呈现上升的势头。随着就业与生产的继续扩大，价格上升，经济又走向繁荣阶段，开始了又一个经济循环。

二、经济周期的类型

根据一个经济周期的长短，将经济周期分为长周期、中周期和短周期。

长周期又叫长波，是指长度平均为 50 年左右的经济周期。这一划分是前苏联经济学家康德拉季耶夫于 1926 年发表的《经济生活中的长波》一文中提出的，故长周期还可称为康德拉季耶夫周期。

中周期又叫中波，是指长度平均为 8～10 年的经济周期。关于中周期的研究较早。1860 年，法国经济学家朱格拉在《论法国、英国和美国的商业危机及其发生周期》一书中系统地分析了这种周期，故中周期又叫朱格拉周期。

短周期又叫短波，是指长度平均约 40 个月的经济周期。短周期由美国经济学家基钦与 1923 年提出的，所以，短周期还叫基钦周期。

三、经济周期的波动原因

对导致经济周期性波动的原因，西方经济学家做了不少探讨。早期的马尔萨斯与西斯蒙第等人、近代以霍布森为代表的学者，持消费不足的观点。他们认为，由于收入分配不均，产生富人储蓄过度，致使消费品需求无法赶上消费品供给的增长，引起经济萧条，最终导致经济波动。

以哈耶克、密塞斯和卡塞尔为代表的经济学家们认为，由于投资过度，造成了重生产资本品的产业、轻生产消费品的产业，从而导致产业结构的失衡，引起经济周期性的波动。

以庇古、凯恩斯为代表的经济学家则持心理预期论的观点，他们认为，由于生产者对经济繁荣、衰退、萧条、复苏阶段的不同心理预期，引发了经济周期性的波动。

经济学家杰文斯认为，由于太阳黑子的出现，导致了农业减产，进而波及互有联系的工业、商业等产业，对购买力、投资等方面产生消极影响，从而引起整个社会经济的萧条。

太阳黑子的周期出现，致使国家经济的波动也相应地产生周期。

以霍特里为首的经济学家认为，银行交替地扩张与收缩信用，产生了流通中货币数量的增加与减少，由此引发了经济周期的产生。

经济学家熊彼特、汉森等人认为，创新引发了旧的均衡的破坏和向新的均衡的过渡。持续不断的创新，会产生持续不断的新的平衡，从而引发了一次又一次经济周期的产生。

盖拉斯基、杜夫特以后的诺德豪斯等经济学家持政治说观点。他们中有的人认为，由于政府为阻止周期性的通货膨胀而采取了相应的紧缩措施，人为地制造了一次停滞和衰退，从而引起经济的周期波动。有的人认为，每届到期的政府为了树立良好的政府业绩以争取选民而采取了扩张性的经济政策，以谋求连任；新一届政府上台后就要采取经济紧缩政策，以消除经济扩张政策所带来的经济问题，由于政府的选举与产生具有周期性，因此经济也出了相应的周期。

以萨缪尔森、希克斯等为代表的经济学家，运用乘数和加速系数的交互作用，来解释经济周期运动的产生。

综合以上各种不同的周期理论，大致可以分为外部因素和内部因素两大类，诸如太阳黑子、科技创新、政府行为等属外部因素，心理预期、消费投资以及乘数-加速数作用等属于内部因素。

四、加速原理

加速原理是关于收入水平或消费需求的变动会引起投资量变动的经济理论。其基本内容是：收入或消费的变动，要求生产部门增加商品的供给量，如果生产部门的生产能力已经得到充分利用，增加产生就要相应地增加资本存量，就要有新的投资追加到生产中去。所以，加速原理分析的是收入变化与追加投资之间的关系。

（一）自发投资和引致投资

自发投资又称自动投资，是指与国民收入或消费变动无关的投资，而是由人口增长、技术进步、资源开发以及政府政策等方面外在因素的变化而引起的投资。

引致投资又称诱发投资，是指由收入或消费变动而引起的投资。这种投资取决于收入水平或消费需求。加速原理就是研究引致投资与收入变化之间的关系。

（二）资本-产量比率和加速系数

（1）资本-产量比率。资本-产量比率是指生产-单位产品所需要的资本数量，即：

$$\text{资本}-\text{产量比率}=\frac{\text{资本数量}}{\text{产量}}=\frac{K}{Y}$$

式中，K 代表资本数量；Y 代表产量或收入。

（2）加速系数。从资本-产量比率中可看到，在技术不变的条件下，如果要使收入增加，就必须按资本-产量比率相应地增加资本存量。资本-产量比率决定了资本增量与产量增量的比率。通常将资本增量等于投资，所以，把投资增量与收入增量之比叫做加速系数，即：

$$\text{加速系数}=\frac{\text{资本增量}}{\text{产量增量}}=\frac{\text{投资}}{\text{收入增量}}$$

若以 a 代表加速系数，ΔK 表示资本增量(K_t-K_{t-1})，ΔY 表示收入增量(Y_t-Y_{t-1})，I_Y 可引致投资，则上述公式可表示如下：

$$\alpha=\frac{\Delta K}{\Delta Y}=\frac{I_\gamma}{\Delta\gamma}$$

（三）净投资、重置投资与总投资

$\alpha=\frac{\Delta K}{\Delta Y}=\frac{I_\gamma}{\Delta\gamma}$ 中的引致投资 I_Y 是因收入增加而引发的投资，称为净投资。除了净投资外，每年还会有一笔为弥补设备、厂房等资本设备磨损的投资，称为重置投资，其数量取决于原有资本设备的数量、构成和使用年限。净投资和重置投资之和为总投资，即：

$$\text{总投资}=\text{重置投资}+\text{净投资}$$

$$I=I_a+I_Y=I_a+a(Y_t-Y_{t-1})$$

式中，I 为总投资；I_a 为重置投资。

总投资一般来说大于零或等于零，即最低的总投资为零。

一般来说，净投资为负数，意味着企业将把一部分设备卖掉。但是，在正常情况下，如果出现暂时的产量下降，企业不会立即卖掉设备，而是让其暂时闲置。所以，可以将产量下降时的净投资看做零。

根据产量增长率和投资增长率的变化特点，可归纳出加速原理的一些基本特征：

（1）投资的变动取决于产量的变动率，而不是产量变动的绝对量。因此，投资是产量变动率或收入变动率的函数。

（2）投资变动率的幅度要大于产量或收入变动的幅度，产量微小的变化会引起投资的巨大波动。

（3）产量增长率如果放慢，则投资的增长率就会出现停止或下降。因此，产量增长的速度相对放慢也会引起经济的衰退。

（4）加速的含义有两个方面，即如果产量增长时，投资的增长是加速的；反之，如果产量增长率下降或停止增长时，投资的减少也是加速的。

（四）加速原理的假设条件

加速原理的作用以下述假设条件为前提。

（1）假设技术水平不变，资本-产量比率不变。从历史发展的观点来看，技术的进步从来没有停止过，因此，资本与产量的比率也是不断变化的。但是，加速原理的分析必须假定技术水平不变为前提，即假定产量增加同资本存量的增加保持同步增长。

（2）假设企业没有闲置的生产设备。加速原理的主要参数加速系数是以固定的资本-产量比率为假定条件，要增加产量，必须增加资本存量，所以，一定要假设企业的设备已达到充分利用，那么，增加产量就要添置新的设备。当然，如果企业有闲置生产设备，需要增加产量时，企业只要动用闲置设备就行了，不必添置新设备，这样就不会增加净投资。

（3）假设社会上还有可利用而尚未利用的资源。这样为增加产出而增加的净投资，就能购买到新的设备。

五、乘数-加速数模型概述

（一）乘数-加速数模型

美国经济学家汉森和萨缪尔森认为，凯恩斯的乘数理论只说明了投资变化引起国民收入和就业的变化，而没有说明收入变化反过来又会引起投资的变化。只有将加速数原理和乘数理论结合起来，才能解释资本主义经济周期性波动的原因和波动的幅度，提出了乘数-加速数模型，又叫“汉森-萨缪尔森模型”。

乘数-加速数模型基于以下收入函数：现期收入等于现期消费、现期投资、自发支出之和，即：

$$Y_t = C_t + I_t + G$$

式中，Y_t为现期国民收入；C_t为现期消费；I_t为现期投资；G为自发支出（如政府支出、自发投资、自发消费）。

假设现期消费是上期收入 Y_{t-1} 的函数，现期投资是本期消费增量(C_t-C_{t-1})的函数，则有消费函数 $C_t=\beta Y_{t-1}$ 和投资函数 $I_t=a(C_t-C_{t-1})$，式中，β 为边际消费倾向，a 为加速系数。

将 $C_t=\beta Y_{t-1}$、$I_t=a(C_t-C_{t-1})$代入 $Y_t=C_t+I_t+G$ 中，

可得：

$$Y_t=\beta Y_{t-1}+a(C_t+C_{t-1})+G$$

根据 $C_t=\beta Y_{t-1}$ 式可知：$C_{t-1}=\beta Y_{t-2}$

将 $C_t=\beta Y_{t-1}$、$C_{t-1}=\beta Y_{t-2}$ 代入 $Y_t=\beta Y_{t-1}+a(C_t-C_{t-1})+G$ 中，经整理可得：

$$Y_t=(1+a)\beta Y_{t-1}-a\beta Y_{t-2}+G$$

这就是汉森-萨缪尔森即乘数-加速数模型。

（二）经济波动的形式

在乘数-加速数模型中，由于加速系数（a）、边际消费倾向（β）的不同值，将会使经济波动呈现出以下五种形式：

第一，减幅振荡，指国民收入波动幅度逐渐缩小，最后趋于消失。

第二，增幅振荡，指国民收入波动的幅度越来越大。

第三，同幅振荡，指国民收入波动的幅度在一定范围内保持不变。

第四，在某种干扰下，国民收入波动的水平以递减的速度上升或下降，没有振荡地从初始的均衡达到新的均衡。

第五，在某种干扰下，国民收入波动的水平以递增的速度上升或下降。

（三）乘数与加速数原理要说明的问题

汉森和萨缪尔森把乘数与加速数的作用结合起来，说明经济会自动地呈现周期性的波动，并决定了经济周期的各个阶段。萨缪尔森认为，加速原理和乘数相互作用造成一个越来越严重的通货收缩（或通货膨胀）的螺旋。由于加速原理的作用，产量或销售量的增加会引起投资加速度增加；同时，因乘数原理所起的作用，即投资的增加反过来又会引起产量或销售量的成倍增加。结果，社会经济呈上升的膨胀螺旋。这时经济波动处于复苏的阶段。但是，由于边际收益递减规律的作用，在一定技术条件下，当实际产出水平接近潜在国民收入时，经济增长速度必将出现递减趋势，周期就从复苏阶段过渡到高涨阶段。根据加速原理的作用，如果产量增加速度递减，则总投资将以更快的速度下降，结果将导致社

会经济呈下降的紧缩螺旋。这时经济波动处于衰退的阶段。但是，这种紧缩螺旋不会无限制地下降，也有一个极限。这个极限就是由于重置投资的存在，使总投资不能小于零，同时，边际消费倾向也不可能等于零，这样，经济的收缩就有了一个限度。一旦经济下降到这一限度，就会停止收缩。这时经济波动处于萧条阶段。由于重置投资的乘数作用仍然起着作用，就会使收入逐渐上升。这样，经济由于收入与投资相互影响而再一次增长起来。此时，经济波动再次处于复苏阶段，一个新的周期使又重新开始。

由上可知，经济的膨胀与收缩是交替出现的，尽管在某一时期，膨胀时期和收缩时期的时间跨度可能由于各种原因而发生变化，但是，这种交替为西方经济学家所主张的政府对经济进行必要的干预以缓和经济波动并维持经济长期稳定的增长建立了理论基础。

课后习题

一、名词解释

经济增长、经济发展、经济周期

二、简答题

1. 哈罗德-多马经济增长模型的假定有哪些？
2. 简述均衡增长率、实际增长率和自然增长率之间的关系。
3. 新古典经济增长理论的假定有哪些？
4. 简述经济周期的四个阶段。
5. 简述经济周期的波动原因。
6. 什么是乘数-加速数？

11

第十一章 宏观经济学的争论和共识

本章主要知识点

1. 货币主义的主要观点及政策主张
2. 理性预期学派的主要观点
3. 理性预期学派观点的简单模型
4. 供给学派的观点
5. 新凯恩斯主义的基本观点
6. 宏观经济学的几点共识

考核要求

1. 识记：自然率假说、理性预期。

2. 领会：了解新古典宏观经济学与新凯恩斯主义经济学的基本理论，把握西方宏观经济学目前的动态。

3. 应用：结合实际经济更好地理解和借鉴宏观经济学的理论为我国经济发展服务。

第一节 货币主义

一、货币主义的两个假设

（一）新货币数量论

先来了解货币主义出现之前的货币数量论。

（1）费希尔的“交易方程”。美国经济学家欧文·费希尔在1911年提出的费希尔的“交易方程”表达式是：

$$Py=MV$$

式中，P 为价格总水平或价格指数；M 为流通中的货币数量；y 为一国的实际国民收入；V 为货币的收入流通速度即名义国民生产总值除以货币总量。

决定 V 的“如公众的支付习惯，使用信用范围的大小，交通和通信的方便与否等制度上的因素”等因素在短期内不会有大的变化，因而 V 在短期内不会迅速变化；Y 决定于资源和技术条件，在充分就业的状态下也不可能发生太大的变化。因此，V 和 y 就被视为常量。这样，价格 P 就随着货币数量 M 正比例地发生变化。由于费希尔强调的是货币作为交易媒介即作为流通手段的作用，费希尔方程故被称为“交易方程”。

（2）“剑桥方程”。剑桥学派的代表人物之一、马歇尔的嫡传弟子庇古根据费希尔的“交易方程”，在1917年发表的《货币的价值》一文中提出了“剑桥方程”。庇古关心的是人们所愿意持有的货币数量，即对货币的需求量。剑桥方程表示如下：

$$M=kY=kPy$$

式中，P 仍然表示价格总水平或价格指数；Y 代表名义国民生产总值；y 为实际国民生产总值；k 为经常持有的货币量，即货币需求总量和名义国民生产总值的比例；k 显然为货币收入流通速度的倒数。

这里的 M 与费希尔方程中的 M 在意义上略有不同，它代表人们对货币的需求量，从而强调货币作为储藏手段的职能，这样，剑桥方程也就是剑桥学派的货币需求方程。剑桥方程表明，人们对货币的需求量取决于货币流通速度和名义国民收入两个因素，与 k 的倒数即货币流通速度成反比，与收入成正比。k 的大小取决于社会的商业习惯和制度等因素，在短期内固定不变，可视为常数，y 在达到充分就业均衡时也是一个已知常数。因此，价

格水平 P 同货币数量 M 成正比例变化，价格水平的高低取决于货币数量。由于剑桥方程强调货币作为储藏手段的职能，也就是把货币作为财产的保存形式，侧重于货币的持有，因此，剑桥方程暗含着利息率对货币需求的影响。

在实质上，费希尔交易方程和剑桥方程是相同的，二者所想说明的内容也是相同的，都想说明货币数量与价格水平之间存在着直接的因果数量关系；物价水平的高低，取决于货币数量的多少，二者成正向关系。二者的不同之处在于：费希尔交易方程强调货币在交易中的媒介作用，剑桥方程则强调对货币的需求。

（3）凯恩斯的货币需求方程。这是第三章已经提到过的内容。凯恩斯提出的以灵活偏好为基础的货币需求方程为：

$$\frac{M}{P}=L(y,r)=L_1(y)+L_2(r)=ky-hr$$

式中，L 为对货币的总需求；L_1 为对货币的交易需求；L_2 为对货币的投机需求；r 为利息率；P 为价格水平。

货币主义认为，凯恩斯的货币数量论比以往的货币数量化虽有进步，但也存在着缺点。缺点主要是只注意到利息率和收入对货币需求的影响，而忽略了人们对财富的持有量也是决定货币需求的重要因素。此外，西方学者认为，凯恩斯把财富的构成看得过于简单，好像在现实的社会中，只有货币和债券两种资产可供人们选择，这些很显然都是有待于改进的。

（4）货币主义的货币需求函数。在吸收和修正凯恩斯灵活偏好论的基础上，弗里德曼推演出了新货币数量论。弗里德曼提出的货币需求函数为：

$$M=f(P,r_b,r_e,\frac{1}{P}\cdot\frac{\mathrm{d}P}{\mathrm{d}t},\omega,Y,u)$$

式中，M 为财富持有者手中保存的名义货币量；P 为一般价格水平；r_b 为市场债券利息率；r_e 为预期的股票收益率；$\frac{1}{P}.\frac{\mathrm{d}p}{\mathrm{d}t}$ 为预期物质资产的收益率即价格的预期变动率（为了说明方便，现令 $r_p=\frac{1}{P}\cdot\frac{\mathrm{d}P}{\mathrm{d}t}$；$\omega$ 为非人力财富与人力财富之间的比例；Y 为名义收入；u 为其他影响货币需求的变量。

弗里德曼认为，如果表示价格及货币收入的单位发生了变化，那么所需要的货币数量应同比例地进行变动。比如，用美元来表示方程 $M=f(P,r_b,r_e,\frac{1}{P}\cdot\frac{\mathrm{d}P}{\mathrm{d}t},\omega,Y,u)$ 式中的 P 与 Y

时，M的大小为某一数量；当改用美分来表示P与Y时，M的大小必然为该数量原来的100倍。或者说，方程$M=f(P,r_b,r_e,\frac{1}{P}\cdot\frac{\mathrm{d}P}{\mathrm{d}t},\omega,Y,u)$式应被看做$P$与$Y$的一次齐次式，即：

$$f(\lambda P, r_b, r_e, r_p, \omega, \lambda Y, u)$$
$$=\lambda f(P, r_b, r_e, r_p, \omega, Y, u)$$

特别地，如果令$\lambda=\frac{1}{P}$，则

$M=f(P,r_b,r_e,\frac{1}{P}\cdot\frac{\mathrm{d}P}{\mathrm{d}t},\omega,Y,u)$变化为：

$$\frac{M}{P}=f(r_b,r_e,r_p,\omega,y,u)$$

式中，$y=\frac{Y}{P}$为实际国民收入，这是新货币数量论常见的表达形式。由于$\frac{M}{P}$表示财富持有者手中的实际货币量，故这一方程代表了对实际货币的需求关系。

从$\frac{M}{P}=f(r_b,r_e,r_p,\omega,y,u)$中，可以看出货币需求量主要取决于四个方面的因素。

第一，总财富。弗里德曼认为，总财富是决定货币需求的一个重要的因素。总财富包括收入或“消费性服务”的一切源泉，其中之一是个人的生产或挣钱能力，也就是弗里德曼早先在消费函数理论中发展的“永久性收入”的概念。由于很难得到总财富的估算值，故只能用收入来代替，y就代表永久性收入。

第二，非人力财富在总财富中所占的比例。弗里德曼把总财富分为非人力财富和人力财富两部分。非人力财富指有形的财富，包括货币持有量、债券、股票、资本品、不动产、耐用消费品等，人力财富指个人挣钱的能力，又称无形财富；非人力财富和人力财富的形式可以互相转换，但由于受到制度上的限制，这种转换有一定的困难，主要是人力财富转为非人力财富比较困难。比如，萧条时期存在大量失业量的时候，工人的人力财富就不容易转变为货币收入，而在转变为收入之前，人们又需要有货币来维持生存。因此，非人力财富在总财富中所占比例对货币需求量就产生影响。当人力财富在总财富中所占比例越大，或非人力财富在总财富中所占比例越小，则对货币的需求也越大。反之亦然。因此ω就成为影响实际货币需求的一个变量。

第三，各种非人力财富的预期报酬率。弗里德曼认为，人们选择保存资产的形式除了各种有价证券外，还包括资本品、不动产、耐用消费品等有形资产；在各种资产中，货币与其他有形资产之间的分割比例，取决于各种资产的预期报酬率。一般情况下，各种有形

资产的预期报酬率越高，愿意持有的货币就越少。因为这时人们用其他有形资产的形式来替代货币的形式保存在手中对自己更为有利。因此，债券的预期报酬率(r_b)、股票的预期报酬率(r_e)和物资资产的预期报酬率(r_p)便成为影响货币需求的因素。

第四，其他影响货币需求的因素，如资本品的转手量、个人偏好等，统统以变量 u 来概括。

如果在方程 $\lambda f(P, r_b, r_e, r_p, \omega, Y, u)$ 式中，令 $\lambda=\dfrac{1}{Y}$，则方程 $M=f(P,r_b,r_e,\dfrac{1}{P}\cdot\dfrac{dP}{dt},\omega,Y,u)$ 化为：

$$\frac{M}{Y}=f(r_b,r_e,r_p,\omega,\frac{P}{Y},u)$$

式中，$\dfrac{M}{Y}$ 为货币收入的流通速度。利用货币流通速度的定义，则 $\dfrac{M}{Y}=f(r_b,r_e,r_p,\omega,\dfrac{P}{Y},u)$ 可改写为：

$$Y=Py=V(r_b, r_e, r_p, \omega, y, u)\cdot M$$

式中的 $V(r_b,r_e,r_p,\omega,y,u)=\dfrac{1}{f(r_b,r_e,r_p,\omega,y,u)}$ 为货币流通速度。

同时，弗里德曼强调，新货币数量论与传统货币数量论的差别在于，传统货币数量论把货币流通速度 V 或（$\dfrac{1}{k}$）当做由制度决定了的一个常数，而新货币数量论则认为流通速度 V 不是某些不变的数值的常数，而是决定它的其他几个数目有限的变量的稳定函数。说得明确点，稳定的是决定 V 的函数，而不是 V 的值本身。总之，货币主义在维持传统货币数量论关于 V 在长期中的一个不变的数量的同时，又认为 V 在短期中可以做出轻微的波动。

（二）自然率假说

自然率主要是指自然失业率而言。按照自然率假说，任何一个资本主义社会都存在着一个自然失业率，自然失业率的大小取决于该社会的技术水平、资源数量和文化传统，而在长期中，该社会的经济总是趋向于自然失业率。这就是说，人为的经济政策的作用可以暂时地或在短期中使实际的失业率大于或小于自然率，但在长期中，人为的经济政策却不会使实际的失业率趋向于自然率。

凯恩斯以前的传统经济学承认，资本主义存在着摩擦失业和自愿失业两种失业，两种失业量之和与全部劳动力之比就是自然失业率。自然率的假说意味着：资本主义在长期中不会存在非自愿失业的现象。

二、货币主义的主要观点及政策主张

在新货币数量论和自然率假说基础上，货币主义形成了以下几个主要观点。

第一，货币供给对名义收入变动具有决定性作用。弗里德曼认为，货币供给完全取决于货币当局的决策及银行制度，而货币需求函数则表明，货币供给与影响货币需求的因素完全无关。新货币数量论的方程式表明，在货币供求均衡时，由于货币流通速度 V 在短期仅仅可以做出轻微的变动，而在长期中又不会变化，于是，货币供给量 M 便是影响名义收入 Y 的决定性因素，即货币数量是名义收入波动的主要原因。

第二，在长期中，货币数量的作用主要在于影响价格以及其他用货币表示的量（如货币工资等），而不会影响就业量和实际国民收入。根据自然率假说，就业量以及实际国民收入是由技术水平、风俗习惯、经济资源的数量等非货币因素决定的，因此方程式中的 y 与 M 无关。由于 V 在长期中是一个不变的常数，因此，货币数量 M 能影响的只能是价格 P 及由货币所表示的变量。换句话说，通货膨胀归根结底是一种货币现象。

第三，在短期中，货币供给量可以影响实际变量，如就业量和实际国民收入。这一观点受到货币流通速度 V 在短期具有轻微变动以及自然率假说的支持。

第四，私人经济具有自身内在的稳定性，国家的经济政策会使其稳定性遭到破坏。自然率假说是货币主义这一观点的理论基础。按照自然率假说，资本主义经济具有趋向于充分就业时的自然率的自行调节机制。因此，市场机制仍然是调节资源在不同用途之间合理配置的有效机制。虽然各种随机扰动使经济出现短期波动，但经济本身的发展仍具有长期均衡的趋势。如果国家的经济政策干扰了市场机制的作用，反而会导致宏观经济的严重失衡。

以弗里德曼为首的货币主义其理论和对经济资料所作分析的基础上，提出了自己的政策主张。这些政策主张主要包括三点：①反对凯恩斯主义的财政政策。弗里德曼认为，以需求管理为宗旨的财政政策最终都是通过货币量的扩张和收缩来实现其经济调节作用的，而由于扩张性财政政策的“挤出效应”，私人投资会随着政府支出的增加而减少，其后果往往为用非生产性的投资去代替生产性的投资，从而影响劳动生产率。此外，过度的政府开支也会带来通货膨胀。因此，财政政策不但无效，反而对经济有害。②反对“斟酌使用”的货币政策。货币主义坚持这一主张的理由在于经济政策的滞后性。因为认识经济中出现的问题、制定相应的政策并最终做出决策、政策效果的实现等都需要时间，政策的滞后会使得宏观经济运行产生更大的波动。③力主单一政策规则。弗里德曼认为，货币政策能够胜任两项任务，一是能够防止货币本身成为经济混乱的主要根源，二是能够为经济提供一个稳定的环境。据此，货币主义提出，在没有通货膨胀的情况下，按平均国民收入的增长率再加上人口增长率来规定并公开宣布一个长期不变的货币增长率，是货币政策唯一的最佳选择。货币主义的这一以货币供给量作为货币政策的唯一控制指标，而排除利率、信贷流量、准备金等因素的政策建议被称为单一政策规则。

第二节　理性预期学派

一、理性预期学派的假设

新古典经济学派相信有四个假设条件，即个体利益最大化、理性预期、市场出清和自然率的假说。现仅对前三个假设加以论述。

（一）个体利益最大化

新古典经济学把微观经济学中的个体利益最大化这一假设与宏观经济学的研究结合在一起。新古典经济学认为，宏观经济现象是个体经济行为的后果，比如，一个社会的总消费量是各个个体消费量的总和。微观经济学表明，个体行为的一个最基本的假设是个体利益最大化。这就是说，宏观经济理论必须具有微观理论的基础，特别是，要符合最大化的基本假设条件。

（二）理性预期

所谓理性预期是在有效地利用一切信息的前提下，对经济变量做出的在长期中平均说来最为准确的，而又与所使用的经济理论、模型相一致的预期。这一假设有三个含义：第一，做出经济决策的经济主体是有理性的。为了追求最大利益，他们总是力求对未来做出正确的预期。第二，为了做出正确的预期，经济主体在做出预期时会收集有关的一切信息，其中包括有关的经济理论和模型、有关的资料与数据，力图对经济变量之间的因果关系做出系统了解。第三，经济主体在预期时不会犯系统的错误。也就是说，由于正确的预期能使经济主体得到最大的利益，所以经济主体会随时随地根据它所得到的信息来修正它的预期值的错误。当预期值高于正确值时，它会降低预期值；当预期值低于正确值时，它会提高预期值。及时修正预期，会使经济主体避免做出高估或低估的一时的错误，但不会犯系统性的错误。这样，从整体上看，在长期中，经济主体对某一经济变量的未来预期值与未来的实际值仍然会是一致的。说得更明确些，“理性预期”的意思是：在长期中，人们会准确地或趋向于预期到经济变量所会有的数值。

（三）市场出清

市场出清假设是说，无论劳动力市场上的工资还是产品市场上的价格都具有充分的灵活性，可以根据供求情况迅速进行调整。这种灵活性使得产品市场和劳动市场都不会存在超额供给。因为一旦产品市场出现超额供给，价格就会下降，直至商品价格降到使买者愿意购买为止；如果劳动市场出现超额供给，工资就会下降，直至工资降到使雇主愿意为所有想工作的失业者提供工作为止。因此，每个市场都处于或趋向于供求相等的一般均衡状态。

二、理性预期学派的主要观点

根据上述的三个假设，新古典学派得到了一系列的观点。

（一）宏观经济政策无效论

宏观经济政策既包括财政政策，也包括货币政策。根据自然率的假设，资本主义经济在长期中会处于自然失业率的状态。宏观经济政策的目的和效果在于使社会脱离这种状态。不管通过经济政策来造成这种脱离是否有必要，即使有必要，按照理性预期的假设条件，也不可能达到目的，即宏观经济政策是无效的。

例如，当经济社会处于自然失业率为 6%的时候，假设实际通货膨胀为零，如图 11-1 所示的菲利普斯曲线的 *A* 点所示。

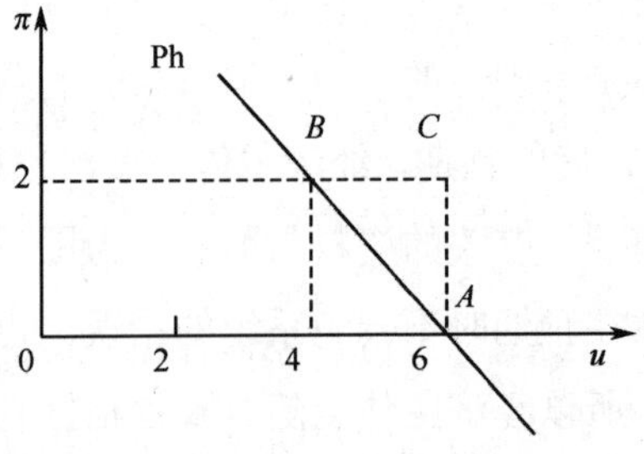

图 11-1　菲利普斯曲线说明政策无效性

人们是根据过去的通货膨胀率而形成现在的预期通胀率，那么，在 A 点，由于过去的实际通胀率为零，所以现在的预期通胀率也为零。这时，如果政府企图把失业率降低到 4%，它必须使用财政政策或货币政策来造成 2%的通胀率，使经济社会沿着菲利普斯曲线到达图中的 B 点，因为，B 点所代表的失业率为 4%，而 4%正是政府的目标。

为什么 2%的通胀率能把失业率降低到 4%？按照理性预期学派的廉洁，当通胀率为 2%时，由于所有的价格都上升了相同的比例，所以劳动者发现，工资上升了 2%；企业家发现，他的产品价格上升了 2%。但是，由于信息的传递和供给等都不够完善，所以他们只看到自己劳动力或者自己的产品价格上升，却未能看到其他产品价格的情况。因此，他们误以为，自己产品价格的上升是自己产品需求增加的讯号。于是，劳动者便因之而增加劳动量，企业家便因之而扩大生产量。这些原因会促使整个社会的国民收入上升到相当于 4%失业率或者说 96%就业率的水平，即到达 B 点。在该点，失业率和实际通胀率分别为 4%和 2%。

然而，新古典学者指出，B 点仅能暂时存在，因为，根据理性预期，劳动者和企业家会很快收集到有关通货膨胀的所有信息，从而发现自己产品价格的上升是通胀的后果，而不是社会对自己产品需求的增加。由于 B 点的实际通胀率为 2%，所以他们的预期通胀率从零变为 2%。这样，他们会减少产量，使社会经济移到 C 点。在 C 点，失业率又回复到原有的 6%，而实际和预期的通胀率均为 2%。这一结果也可以从方程 $\pi_t = \pi_e + h\dfrac{y_{t-1} - y^*}{y^*}$ 中得到。

在 C 点，π_t（实际通胀率）$=\pi_e$（预期通胀率）=2%。

因此，$\pi_t - \pi_e = 0 = h\dfrac{y_{t-1} - y^*}{y^*}$

所以，$y_{t-1}=y^*$，即失业率处于相当于 y^* 的 6%的自然率水平。简言之，这一结果表明：财政和货币政策并没有达到它们的目标，而仅仅造成了通胀率的提高。

根据上述结果，新古典学派得出结论，由于理性预期，一切宏观经济政策都是无效的。

政策无效性的结论意味着：要想使政策有效，它必须具有欺骗性，即让人们得不到有关政策的真实的信息。然而，这一点在事实上又是做不到的，因为政策的真正内容和后果迟早要为公众所知悉。

作为新古典学派先驱的货币主义仅仅反对凯恩斯主义的财政政策，而理性预期学派反对一切宏观经济政策。从中可以看到，以反对凯恩斯主义而论，理性预期学派比货币主义又多走了一步。

（二）适应性预期错误论

适应性预期指人们仅仅根据过去而预测未来的说法。直到 19 世纪 70 年代，凯恩斯主义者还经常在他们的宏观计量经济学模型中使用适应性预期的说法。

然而，新古典学者坚持认为，适应性预期是错误的。因为，人们预期未来时，除了以过去的事实作为依据，也要考虑事态在将来的变化。例如，人们在估计某种商品的价格时，除了考虑该产品过去价格以外，也要照顾到将来的变化对该产品的供求影响。因此，适应性预期不但不符合现实，而且也违反了人们为自己利益的最大化，必然会利用包括将来的信息等一切信息，来寻求最精确的预期这一原则。由于这一原因，一切使用适应性预期的模型都是错误的。

（三）反对凯恩斯主义的“斟酌使用”的或者对经济运行“微调”的经济政策

这个观点的理论基础是“卢卡斯批判”。在一篇被称为“卢卡斯批判”的文章中，卢卡斯指出，人们在对将来的事态做出预期时，不但要考虑过去，还要估计现在的事件对将来的影响，并且根据他们所得到的结果而改变他们的行为。这就是说，他们要估计当前的经济政策对将来事态的影响，并且按照估计的影响来采取对策，即改变他们的行为，以便取得最大的利益。行为的改变会使经济模型的参数发生变化，而参数的变化又是难于衡量的。因此，经济学者很难评价经济政策的效果。仍以方程 $\pi_t = \pi_e + h\dfrac{y_{t-1} - y*}{y*}$ 为例说明这一问题。

在该方程中，π_e 是一个参数，代表人们的预期通货膨胀率的大小，而其大小又部分地取决于人们对目前的政策的态度。这就是说，“斟酌使用”或“微调”政策本身会造成的 π_e 改变，从而会改变政策的效果。例如，假设在过去，用 3%的 y 的减少成功地使 5%的通胀率降为零，那么，这并不意味着：当通胀率为 10%时，6%的 y 的减少就能达到通胀率为零的目标，因为，人们对 3%和 6%的所做出的 π_e 的反应不同，所以不能根据 3%政策的经验来差别 6%政策的效果。

由于“斟酌使用”或“微调”政策表示在某一种具体情况下所执行的特殊性政策，所以，政策的制定者不知道经济模型中的参数的数值的变动，从而也就无从决定政策的力度（3%或 6%）以及效果。简言之，“斟酌使用”或“微调”政策是靠不住的。在货币主义的政策滞后性理由之后，新古典学派又加上一个反对斟酌使用政策的理由。

上述三个观点已经凸显出新古典经济学的倾向性，即沿袭货币主义的道路，以更大的步伐回归到凯恩斯主义前的被称为“古典学派”的传统的西方经济思想，它与传统思想不同的地方，仅在于提出不同的理由和论证的方式，与此同时，也就不可避免地提出更多的反对凯恩斯主义的见解。

新古典学者并没有明确地提出他们的政策建议。凯恩斯主义以前的西方传统思想是国家对经济活动应该不加干预或尽量少干预，因此，传统的学者没有必要来做出政策建议。以此而论，回归到传统思想的新古典经济学当然也就提不出什么政策建议了。

三、理性预期学派观点的简单模型

以下模型是一个简单的对新古典学派的观点和思想做进一步说明的模型，首先需要导出附加预期变量的总供给曲线。

（一）传统的总供给曲线

传统总供给曲线是在货币工资具有完全伸缩的假定下得到的，如图 11-2 所示。

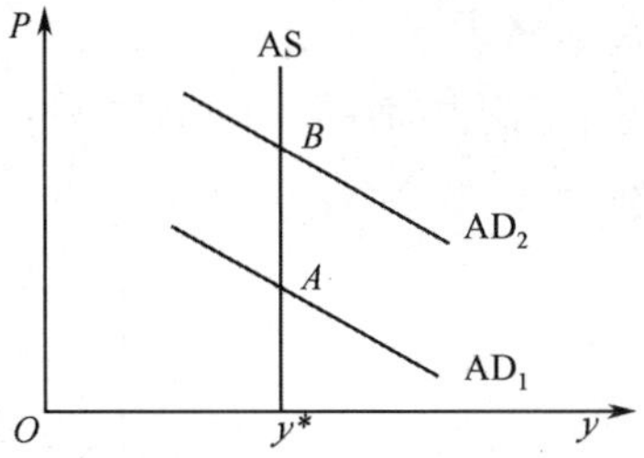

图 11-2 传统的总供给曲线

图 11-2 中，传统总供给曲线 AS 是一条位于充分就业产量 y^*之上的垂直线。它的意义是，不论价格 P 的数值如何变动，经济社会所提供的产量或国民收入均为不变的 y^*。由于总供给曲线为一条垂直线，所以，任何一条总需求曲线与它相交之点均处于垂直线上，如 A、B 点。这表明，资本主义社会的生产总是处于自然就业率的水平，从而长期中不会出现大量的失业现象。正是由于这一原因，传统理论不能解释资本主义的经济波动，从而被凯恩斯主义所代替。

对凯恩斯主义采取否定态度的新古典经济学企图弥补传统理论的这一缺点，他们想在传统理论的基础上来“解释”资本主义的经济波动。为此，他们对传统总供给曲线做了一些修改和补充。

（二）附加预期变量的总供给曲线

理性预期学派对传统总供给曲线所作的修改和补充主要在于给它添加了一个预期变量。关于传统理论的劳动的供给和需求取决于实际工资$\dfrac{W}{P}$的说法，新古典学者是完全同意的，不过，他们认为，在决定实际工资的大小时，劳动供给方面所依据的价格和劳动需求方面所依据的价格并不是同一个价格，其原因如下：

按照新古典学派的说法，社会中的各行业因为都熟悉本行业的行情，所以在任何时候都确切地知道自己产品的价格。但是，它们对整修社会的价格水平的变动，却未必确切地了解，至少在短暂的时期内如此。当通货膨胀出现时，各行业的价格都会上升。在短暂的时期内，各行各业都会感觉到自己产品价格的上升，然而却不知道这种上升是通货膨胀造成的。因此，各行各业都会按照原有的价格或预期的价格 P_e 来决定它们的供给量，而各行各业的需求量则取决于通货膨胀所造成的价格，或实际价格 P。作为社会许多行业中的劳动市场的情况也是如此，即：劳动的供给方面使用预期价格 P_e 来决定实际工资的大小，而在劳动的需求方面，则使用实际价格 P。

把实际的 P（即在劳动的需求曲线方面的 P）和预期的 P（即在劳动的供给曲线方面的 P）的差别考虑在内，可得到图 11-3。

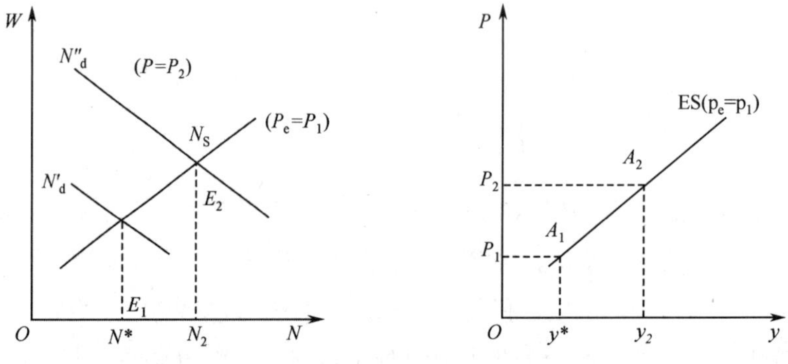

图 11-3　附加预期变量的总供给曲线的推导

在图中，W 为货币工资，N_d 和 N_s 为相当于不同数值的 P 的劳动需求曲线和供给曲线，P_e 为预期价格，N'_d 是根据 P_1 数值的实际价格水平而做出的对劳动的需求曲线；假定 N_s 为劳动者根据 $P_e=P_1$ 做出的劳动供给曲线，即假定预期的价格水平正好等于实际的价格水平，或者说，在需求方面的 P 与在供给方面的 P 是相同的，因此，N_s 与 N_d' 相交的 E_1 点决定了

就业量的数值为 N^*，从而得到对应的产量 y^*。于是在右图中得到点 $A_1(y^*, P_1)$。假设 P_e 的数值不变，而实际价格却由 P_1 上升到 P_2，这时，由于 P_e 不变，所以 N_s 的位置不变；然而，由于 $P_2>P_1$，所以劳动需求曲线的位置由 N'_d 上升到 N''_d，其含义为，由于实际价格的提高，整个社会只有在 W 做出相同比例的上升时，才会雇用原有数量的劳动，现在 N_s 和 N_d'' 相交于 E_2，E_2 点所对应的就业量为 N_2，由此产生出对应的收入 y_2，从而又得到了下右图中的点 $A_2(y_2, P_2)$。按照这一思路继续下去，便可得到一系列点，将其用光滑的曲线连接起来便得到附加预期变量的总供给曲线 ES($P_e=P_1$)。它表示在一定预期的 P_1 下各个实际的价格 P 相对应的 y 的数值。下右图中的 ES 曲线系以 P_e 为某一数值为前提，可以设想，P_e 可以具有许多不同的数值，而相当于每一 P_e 数值都存在着一条相应的 ES 曲线，从理论上讲，ES 曲线与传统总供给曲线都相交于一点。如“附加预期变量的总供给曲线与传统总供给曲线”图所示。

图 11-4 中的 B 点代表预期的 P_e 与实际 P_0 相一致，E 点代表预期的 P_e 与实际的 P^* 相一致，如此等等。10-4 仅表示出两条 ES 曲线，然而，可以想象，该图应具有很多的 ES 线，其中每一条线代表某一数值的预期价格。

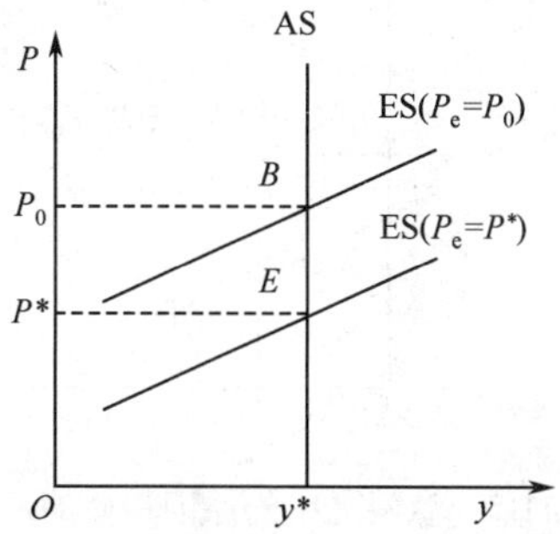

图 11-4　附加预期变量的总供给曲线与传统总供给曲线

上面所论述的仅仅是劳动市场所导致的情况，新古典学派认为，社会一切市场导致的情况都是如此。因此，附加预期变量的总供给曲线必然存在。

（三）理性预期学派的简单模型

下面用一个简单的模型来说明新古典经济学的基本思想。

考虑一个由附加预期变量的总供给曲线 ES 和总需求曲线 AD 构成的经济模型。假定经济社会在开始时处于 y^* 垂直线、ES 和 AD 这三条线相交之点。又假设 AD 曲线在某些因素的影响下发生移动，则这一模型所决定的价格水平和收入水平这时是多少？

新古典学派认为，这一问题的答案取决于 AD 曲线的位置是受到意料之中的因素的影响，还是受到意料之外的因素的影响。

按照西方学者公认的说法，AD 曲线的位置可以因许多外生变量或外界因素的影响而改变，这些外界因素包括财政政策、货币政策、外贸逆差或顺差、外汇行情的波动以及气候变化等自然现象。这其中，有些因素完全是意料之外的，如地震、台风、气候突然的改变等，某些因素则完全是意料之中的，如政府的财政政策、货币政策或其他经济政策（假设这些政策是公开执行的）。还有一些因素则是介于两者之间的情况，如仅仅被部分地觉察到的外贸逆差或顺差，外汇行情的波动等，其中被察觉到的部分属于意料之中的因素，还没有被觉察到的部分算是意料外的因素。总之，AD 曲线位置的改变以可以受到两类因素的影响，即意料中的因素和意料外的因素的影响。

现在，假设 AD 曲线位置的改变全然是由于意料中的因素造成的，那么，ES 和 AD 的经济模型是如何决定价格水平 P 和产量 y 的呢？这一问题的答案可以使用图 11-5 加以说明。

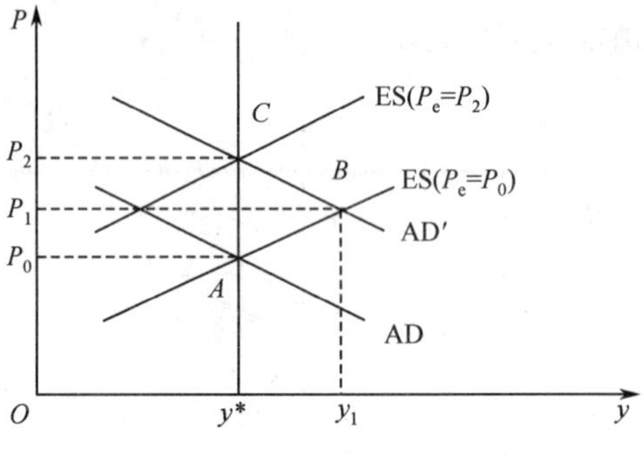

图 11-5　意料之中的原因造成的后果

在图中，假定经济社会在开始时处于 A 点，即处于 y*垂直线、ES 和 AD 这三条线相交之点，又假设意料之中的因素使 AD 的位置移动到 AD′，那么，由此而决定的 P 和 y 各为多少？

图表明：ES 和 AD′相交于 B 点，相当于 B 点的价格水平和产量顺次为 P_1 和 y_1，从表面上看 P_1 和 y_1 可能是问题的答案。

但是，新古典学派认为，答案不会是 B 点的 P_1 和 y_1。因为 B 点的答案违反理性预期的假设。理性预期假设表明：对于经济变量的理性预期的数值必须等于根据经济理论而推算出来，即与使用的经济理论和模型相一致的数值。如果 B 点代表问题的答案，那么，根据经济模型（ES＝AD′的交点）而推算出来的 P 必然是 P_1，此时的预期的 P（即 P_e）必然为 P_0。因为，在 ES 与 y^* 垂直线的交点，预期的 P 必然等于实际 P，从而，$P_e=P_0$。因此，在这里，预期的 P 和根据经济模型而推算出来的 P 并不相等，从而，B 点所意味的 P^e 不是理性预期的 P，既然理性预期学派假设每个参与经济活动的人的预期都是理性的。所以 B 点不能存在，从而答案也就不是 P_1 和 y_1 了。

理性预期学派的答案在哪里？AD′是意料之中的原因所造成的，即在有效地利用一切信息的情况下，AD′的位置已众所周知，但图上的哪一点能使预期的 P 和根据模型而推算出来的 P 相等呢？很显然，图上的 C 点可以使二者相等，因为 C 点是根据 P_e 等于 P_2 而得到另一条 ES 线、y^*线和 A'D'这三条线的交点。以 C 是 ES 线与 AD′线的交点而论，P_2 是根据经济模型而推算出来的 P；以 C 是 ES 和 y^*交点而论，则 $P_e=P_2$。因此，三线相交于一点就是说预期的 P 和根据模型而推算出来的 P 相等。此时的预期是理性的预期，从而 C 点代表问题的答案。C 点所标志的价格和产量分别为 P_2 和 y^*。把 C 点和原来的 A 点相比，价格已从 P_0 上升到 P_2，而产量却不变，仍然为 y^*，因此，由于意料之中的原因而造成的总需求的变动只能使价格水平上升或下降，并不能导致整个经济社会的就业量或产量的变动。

新古典学派的上述结论具有明显的政策含意：既然一切公开执行的包括财政和货币政策在内的经济政策，都属于意料之中的因素，那么，经济政策只能改变价格水平的高低，不会造成就业量或产量的增加或减少，即凯恩斯主义所主张的通过宏观经济政策来改变就业量的说法是错误的。

虽然由于意料之中的因素而造成的 AD 的变动不能改变 y 的数值，但是新古典学派认为，意料之外的因素所造成的 AD 的变动却可以导致 y 的变动。该学派认为，资本主义经济波动的唯一原因恰恰在于意料之外的因素。这一想法可以通过图 11-6 加以说明。

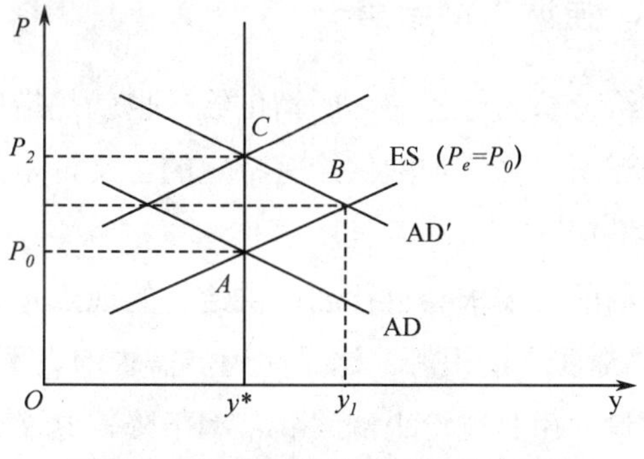

图 11-6　意料之外的原因造成的后果

在图 11-6 中，经济社会在开始时仍然处于 *A* 点，但是，AD 移到 AD′的原因却是由于信息不能事先知道的意料外的因素造成的。因此，AD 已经移动到 AD′的位置，但参与经济活动的人并不能觉察到这一事实，他们还以为 AD 仍然处于原有的位置，在这种情况下，他们对价格的理性预期只能是 P_0。因为，如果 AD 没有移动，预期的 P 就是 P_0，而根据经济模型推算出来的 P 也是 P_0。这就是说，即使存在着理性预期，价格水平和产量却可以由于意料之外的原因而发生波动，在此例中，它们顺次波动到 P_0 和 y_1 的数值。可以看到，理性预期一方面维护了传统西方经济学的总供给曲线，另一方面又以意料之外的因素的影响来解释资本主义经济活动的变化。

对于意料之外的因素所造成的价格和产量的波动，理性预期学派认为，国家是不能运用经济政策来使之稳定的。由于意料之外的因素无法事先得知，所以参加经济活动的人，包括国家的经济管理人员在内，事先也都不知道这些因素的存在，更谈不到理解这些因素的作用。因此，即使经济政策是有效的，国家的经济管理人员也无从执行这些政策。理性预期学派的最终结论是，在任何情况下，宏观经济政策都是无效的。

第三节 供给学派

供给学派主要分两支，一是以拉菲尔（A. Laffer）、孟德尔（R. Mundell）、万尼斯基（J. Wanniski）等为代表的“极端供给学派”，一是以费尔德斯坦（M. S. Feldsfein）为代表的“温和的供给学派”。一般把“极端供给学派”作为正统的供给学派，我们主要介绍的是这一派的观点。

一、恢复“萨伊定律”，强调“供给第一”

供给学派是以重视供给分析为标榜的。所谓供给，也就是指生产，所以供给学派又被称为生产学派。但供给学派所主张增加的供给有特定的含义，是指听任市场机制充分发挥调节作用条件下的供给的增加。

供给学派认为，凯恩斯的“需求会自行创造供给”的观点是错误的，凯恩斯所主张的“需求管理政策”是造成“滞胀”的根源。这是因为，需求增大不一定造成实际产量增长，很可能只是单纯增加货币量，引起物价上涨，储蓄率下降，这又必然引起利息率上升，影响投资的增长和设备更新、技术变革的延缓。只要需求的扩大超过实际生产的增长，通货膨胀就不可避免。在这种情况下，生产必然出停滞或下降，从而造成滞胀的局面。

因此，供给学派认为凯恩斯把促进经济增长的措施归结为刺激需求是根本错误的。相反，供给学派认为促进经济增长的着眼点，应是刺激国民收入核算方程式中的生产（供给）方面，强调“供给第一”，因而他们提出要“回到萨伊定律那里去”。在他们看来，萨伊定律即“供给能够创造自身的需求”是真理。萨伊定律之所以正确，是因为供给是需求的唯一可靠的源泉，没有供给就没有需求，没有出售产品的收入，也就没有可以用来购买商品的支出。只要依据萨伊定律，通货膨胀与失业并发症就会自然趋于消失。供给学派论述道：由于供给自行创造需求，所以只要国家不干预私人经济活动，让市场机制充分发挥作用，产品就不会过剩，失业就不会存在。至于通货膨胀，那是由于投资大于储蓄造成的。在市场机制充分发挥作用的条件下，利息率的升降会使储蓄全部转化为投资，从而抑制对资本品的过度需求。政府采取的人为刺激需求的政策，是对利息率变化和私人经济活动的干预，会导致储蓄与投资不能相适应。所以，只要依据萨伊定律去做，制定一系列的“供给管理政策”，来刺激储蓄，储蓄自动转化为投资，投资增加就能提高劳动生产率和增加生产量，从而促进经济的增长，这样，一个没有通货膨胀的充分就业均衡就会出现。这个学派之所以称为供给学派，正是由于他们的这种与凯恩斯主义相对立的、着眼于供给的观点。供给学派所主张的经济政策，也都是以这一理论观点为依据的。

二、降低税率能刺激供给，促进经济增长和抑制通货膨胀

在供给学派看来，刺激经济主体进行活动的因素包括政府税收、规章条例、政府支出、货币措施等，其中征税是最重要因素。因为经济主体进行活动的最终诱因是获得报酬或利润，但最关心的并非报酬或利润总额，而是除去各种纳税和政府限制所造成的费用以后的报酬或利润净额。因此，税率即计算课税对象对每一单位应征税额比率的高低，特别是边际税率，也就是对工资、利润、利息、租金等增加部分所征税率的高低，更是一个至关重要的刺激因素。这是因为经济主体是否增加活动，主要是由增加活动所增加的净收入是否合算来决定的。

供给学派猛烈抨击凯恩斯主义的高税率财政政策，特别是攻击累进税率的高税率，认为高税率会严重挫伤企业经营积极性，使储蓄减少，从而利息率上升，而高利率必然使投资萎缩，导致生产增长缓慢，削弱商品在国际市场上的竞争力，造成国际收支赤字扩大，加剧通货膨胀。高利率是美国滞胀病的根源。

为了使美国经济从困境中挣脱出来，供给学派认为应对美国经济机制做出正确的分析。当时美国的根本问题不是需求不足，而是供给不足。供给不足的原因则是储蓄不足引起投资不足，储蓄与投资不足又是由于高利率造成的。只有大幅度减税以增加个人可支配收入和企业利润，促进储蓄和投资，刺激工作与经营的积极性，提高劳动生产率，才能增加为市场生产的商品量，即增加供给。

减税所以能增加供给，美国南加利福尼亚大学教授拉菲尔对此做了较为详尽的阐述。其论点大致如下：每个人的时间可以进行两种选择，一是可以用于市场就业，生产市场商品，得到市场工资，然后用工资来购买其他人生产的市场商品；二是可以用于非市场就业，例如自己修理自己的汽车，或者以闲暇消磨时间，这种就业得不到工资，而其产品则为生产者直接消费。问题在于个人或资本家如果在市场生产或非市场生产（及闲暇）之间分配他的劳动时间。拉菲尔承袭“经济人”的概念和边际分析方法来说明这个问题。假定个人追求的最大效用，因此必然要使分配在两种活动中的时间所产生的边际价值相等，也就是说，个人从用于市场劳动产品最后一分钟所得到的收入中获得的满足，要等于市场活动的最后一分钟所产生的满足。这种满足就是时间的边际价值。如果两边的边际价值不相等，他就要把更多的时间分配到有着较高边际价值的劳动活动中去，以增加自己的满足程度。当个人将他的时间分配得使其在以上两种活动中的边际价值都相等时，鼓励因素的任何变化都可能突然使两种活动中的一种变得更加有价值，从而影响市场就业量和市场商品量。鼓励因素中拉菲尔强调的是税率的变动所产生的影响。

供给学派认为，减税不仅不会加剧通货膨胀，而且即使存在着“货币充斥而商品匮乏”的通货膨胀也会自然消失。这是因为减税能刺激储蓄、增加投资，从而刺激供给，促进经济增长，增加总产量。供给学派还认为，减税与“收入均等化”之间存在着一种彼此促进的关系。因为通过减税不仅可以增加产量，扩大就业，还可以使劳动者的工作热情增加，即愿意增加劳动的供给，这就会提高穷人的生活水平。因此，减税可以使富人更富，但也同样能使穷人增加收入，所以减税无碍于收入均等化。供给学派虽然承认减税刺激经济活动，促进生产增长的作用需要一段时间才能发挥出来，即存在“时差”，但是坚信“时差”不会很长。一旦经济活动扩大后，政府增加的税收将超过减税开始时缩减的税收。供给学派还认为减税的影响是多方面的，有些影响需要较长时间才能表现出来，也有些影响是迅速和直接的，如降低税率可使商品和劳务成本可能很快减少，从而增加企业的盈利。同时，因人们愿意工作而迅速增加收入，使储蓄很快增加。这样，减税将会较快地使经济获得某种新的活力，而不必等待一段时间之后才收到减税的好处。

总之，供给学派认为持久地降低税率，能刺激人们储蓄，提高储蓄率，从而增加商品和劳务的供给。从长期来考察，由于商品和劳务的增加，将会开辟新的税源，使税收总额随总产量的增加而增加，财政将会保持收支平衡，一切经济活动都将正常地、顺利地进行，所以减税政策就是长期的经济稳定政策。

三、反对国家干预，主张市场调节

供给学派非常重视“企业家精神”在发展生产中的作用，把充分发挥企业家精神看做促进经济增长的重要因素。他们认为，让企业自由地进行经营，生产才能够收到最佳效果。政府给予过多的、不适当的管理限制，则会阻碍企业经营的创造性，影响生产增长。

供给学派认为，战后美国的政府制定的许多关于价格、工资、雇用、环境保护、安全生产、商品检验、贸易及证券交易等法令条例和规章制度，首先，加重了企业的负担，增加了商品的成本。他们估算，全国商品和劳务的成本每年由此增加 1 千亿美元。其次，企业为了应付许多非生产支出就不得不压缩发展研究支出和更新设备的投资，从而造成生产率增长缓慢，商品在国际市场上的竞争能力严重下降，国际收支逆差越来越大。吉尔德指出，美国汽车工业为了执行环保局关于减少空气污染的规定，不得不研究排气净化技术，没能像日本、西德那样致力于研究节油的发动机，以致技术落后，市场旁落。此外，过多的规章制度阻碍企业家的风险投资，企业家不愿开拓新的生产、技术领域，使生产停滞，通货膨胀加剧。比如，价格限制阻碍美国国内石油、天然气的开采和生产，证券交易的管理降低了资本积累等。因此，供给学派反对政府过多干预，主张放宽或取消这些限制，恢复企业自由经营，以激发生产经营的积极性。甚至有的经济学家提出，只有在消除对企业的众多限制的前提下，减税对企业家的经营积极性的刺激作用才能发挥出来。

供给学派反对国家调节，认为价格管理、失业救济、规定最低工资水平等，是危机时期工资与物价高而不降的原因；国家调节经济的措施，也使工人对失业抱无所谓态度，劳动热情不高。因此，国民经济发展得不到自由竞争的调节，“滞胀”病症也得不到治理。供给学派主张应该充分发挥市场机制自行调节作用，让就业率、利息率、劳动工资率随经济的变化而变动，这样，储蓄、投资、物价等也可以在市场竞争中逐步得到调节，且趋于增长和均衡。

20 世纪 30 年代大危机的爆发和“古典”理论的破产，促使凯恩斯极力主张“国家调节”，而供给学派反驳说，即使 30 年代经济危机，也不是由于“需求”不足，而是由于供给方面受到严重干扰，像各国之间的关税战、货币供给过紧等造成的。至于经济中的滞胀，更是“国家干预”破坏市场机制、过度膨胀“需求”和损害“供给”造成的。从中可以看到，供给学派从根本上否定了“国家调节”经济的必要性。

四、削减政府开支，主张财政平衡

供给学派认为，大幅度减税的直接后果是政府支出的减少，因此，减税而不削减政府开支，那就会扩大财政赤字。所以，供给学派要求大幅度削减政府支出，特别是政府支出中巨大的军事开支和社会福利开支。在当时美苏军备竞赛严峻的形势下，军费开支不仅不能削减，反而有增加的趋势。于是，削减社会福利开支，就成了供给学派财政政策的主要目标。

供给学派指责说，战后美国政府的所谓“转移性支付项目”，如食品券、失业救济、医疗津贴、子女抚养津贴、劳动保险等，是为了把美国标榜为“福利国家”的一种装饰，实际上弊病无穷，不仅对生产起着严重的抑制作用，而且早已进入效果递减的境界。吉尔德说：失业保险制度，鼓励人们失业；丧失劳动能力的保险，使患轻病者装作患重病，暂时性残废装作永久性残废；抚养儿童家庭补助造成更多的无父亲的家庭；社会保险制度会削减个人储蓄，社会福利会抑制人们工作积极性，滋长穷人的依赖心理。这样一来，政府实施社会计划，不仅不能减轻反而会加重和扩大贫困乃至使贫困永久化。其中的社会福利计划的实施，是造成巨额财政赤字的主要原因。费尔德斯坦说：“1982 年的非军事开支（主要是社会福利开支）占国民生产总值的 17.9%，而 1970 年的只占 12.3%，如果 1982 年仍然保持该项支出的水平，当年就不会有赤字”。为了弥补这些财政赤字，如果直接增加货币供应量，就会加剧通货膨胀；如果发行公债，向私人信贷市场举借巨款就会排挤私人投资，从而引起经济萎缩，并使利息率保持高水平，影响和加重政府支付公债利息负担。

因此，供给学派主张尽量削减社会福利计划支出，包括降低保险津贴和福利救济金额，严格限制领受条件。政府只举办救济老年贫困、赤贫等必要的福利设施，停办那些多余的福利项目。

五、实施限制性货币政策，恢复金本位制

在货币理论问题上，供给学派与货币学派的论点基本相同。两者都认为物价变动纯粹是货币现象，货币数量超过经济活动的需要导致了物价上涨。因而他们都主张实施限制性

货币政策，并认为货币政策对于经济发展起着重要作用。但在如何实施这一政策上，供给学派内部也存在着分歧。罗伯茨（P.C.Roberts）等一些人主张实行同货币主义经济学家相同的政策，即控制货币供应量的增长，使之与经济增长相适应，认为只要把货币年增长率控制在4%～6%范围内，就不致超过经济活动的需要而引起物价上涨。拉菲尔、万尼斯基、雷诺兹（A. Reynolds）等人则提出必须恢复金本位制，才能有效地控制货币供应量。因此可以说，他们所信奉的货币主义已不同于正统的货币主义，而是独树一帜的货币主义了。

拉菲尔、雷诺兹等人认为，在当前的美国货币信用制度下，控制货币数量是无法做到的。因为银行、个人和企业都在创造各种各样新的货币信用证来充当货币，连货币数量指标的定义都无法规定，更不用说进行货币控制了。雷诺兹曾说，联邦储备委员会企图控制的只是包括支票和定期存款的货币供应量 M_2，这就促使没有包括在 M_2 中的其他货币类别（如货币市场基金和短期回收票证等）极其迅速地增长，所以，虽然按狭义统计的货币供应量增长率下降了，可实际的货币数量并不能紧缩下来。他们也认为，联邦储备委员会往往任意地、无所根据地确定货币增长率目标，甚至有时是在政治压力下来管理货币的。因此，他们主张恢复金本位制，指出恢复金本位制能使联邦储备委员会控制货币数量有所依据，可以限制委员会管理货币的权力。同时认为，只有使美元重新恢复金本位制，才能消除人们的看涨心理，就会增强人们对美元的信心，保证物价稳定，利率下降。物价稳定和低利率，又是减税政策并能刺激储蓄、投资、促进经济增长的必要条件。

至于恢复什么形式的金本位制，怎样把目前的管理纸币改为金本位，并没有提出一致的方案。恢复金本位制主要倡导者莱尔曼（L.Lehrman）主张恢复美国1933年以前那样的金本位制，即美元价值由法律规定一定的含金量，政府铸造金币发行流通，所有纸币和银行存款都可以随便兑换金币。因为正式实施金本位制需要经过一段准备时间，这可由政府提前两年宣布恢复金本位，届时人们看涨心理已消失，再由政府召集金融机构的主要官员和国会负责人士共同研究，根据市场情况来确定美元的黄金数量，最后再由国会制定成法律。

第四节　新凯恩斯主义的基本观点

面对新古典经济学的责难和挑战，一批仍然信奉凯恩斯主义基本思路的西方学者也随着新古典学派的成长而形成了目前的新凯恩斯主义的派别，代表性的人物包括斯蒂格利茨、曼昆、泰勒等人。这一学派的特点有三个。

一、对新古典学派观点的肯定和吸收

新凯恩斯主义者认为，新古典学派的部分观点是能够加以肯定的，从而应该被吸收过来。他们所肯定和吸收的观点大致有下列两个。

（1）理性预期。新凯恩斯主义者虽然并不认为人们最终能够准确地预期到现实的情况，但是，他们也认为，为了自己的利益，人们会尽量收集信息，使他们的预测能够趋于正确；收集的信息不但涉及过去，而且牵涉到未来的事态。

（2）微观基础。新凯恩斯主义者同意，宏观经济理论必须符合微观经济学的假设条件，特别是个人利益最大化的假设条件。这就是说，宏观经济理论必须有微观经济学的基础。

二、对原有的凯恩斯主义观点的坚持

在部分地吸收新古典学派的观点的同时，新凯恩斯主义者也坚持了一些凯恩斯主义原有的论点。被坚持的论点约有 6 个。

（1）坚持工资和价格的黏性。工资和价格的黏性在凯恩斯主义中占有特殊地位，它是导致经济波动的一个重要原因。新凯恩斯主义者认为，虽然从理论上说，工资和价格应灵活地涨落，以便保持供求的均衡，但是，实际的观察表明二者并不随时随地变动，从而二者的黏性是客观存在的事实。

（2）市场的“非出清”或“不出清”状态。新凯恩斯主义者认为，正是由于工资和价格的黏性，所以，市场的供求量未必经常相等，即处于和新古典学派的假设相反的“非出清”或“不出清”状态。不论存在的原因为何，新凯恩斯学派认为，不出清状态也是客观存在的事实。

（3）卢卡斯批判不适用于“斟酌使用”的政策。新凯恩斯主义认为，这一批判的有效性仅限于政策的巨大变动时的情况。也就是说，只有当政策的性质或幅度做出重大变动时，经济模型的参数（如价格调整方程中的 π_e 和 h）才做出较显著的变动，从而卢卡斯批判才能生效。然而，“斟酌使用”的政策往往代表政策的微小的变动，如利率变动 0.2 个百分点（即年率的变动为 0.002）。处于这种政策的轻微变动的情况下，参数变动的大小微不足道，以致可以忽视不计。因此，不能根据卢卡斯的批判而对“斟酌使用”的政策加以全盘否定。

（4）反对“李嘉图等价论”。李嘉图曾推测，在某些条件下，政府无论用债券还是用税收筹资，其效果是等价或相同的。这就是“李嘉图等价定理”。从表面上看，以税收筹资和以债券筹资并不相同：政府的税收减少了一个人的财富，而出售相当于税收额的债券给一个人，然后在以后同利息一起偿还，这似乎没有改变这个人的财富。但是，政府的任何债券发行均体现着将来的偿还义务，从而在将来偿还时导致未来更高的税收。如果人们意识到这一点，就会把相当于未来额外税收的一部分财富积蓄起来，结果，人们可支配的财富数量与征税时的一样。尽管李嘉图认为自己的这一推测未必与现实完全符合，但理性预期学派的巴罗非常赞同这一推测，认为按理性预期行事的人们正是如此行事的。但是，新凯恩斯主义者认为，这一看法值得质疑，其原因在于：第一，普通的人，即使具有理性，也未必像巴罗所说的那样有远见，会考虑到增发公债而引起的将来赋税的增加。第二，人的生命是有限的，而偿债的时期可能在生命结束之后，即使普通的人想到偿债问题，利己的人并不关心这一点。巴罗所提到的“对后代人的关心正如对自己一样”是否能成立还有待于事实的验证。

（5）“挤出效应”的影响受一定条件的限制。为此，新凯恩斯主义者提出了两个限制条件。第一，“挤出效应”只有当LM处于垂直状态时，才完全发生作用，即政府的投资会把私人投资完全挤掉。然而，LM 的垂直状态仅仅是一个特殊状态，只有国民收入达到充分就业以后才可能如此。这里的问题是：当充分就业已经实现后，政府的投资已经没有必要。第二，在达到充分就业以前，虽然政府投资可以部分地排挤掉私人投资，但是，如果此时政府用适当的扩大银根的政策加以配合，则利息率未必会上升很多，从而，排挤掉私人投资的数量很少，甚至为零。

（6）经济萧条对自然率具有永久性作用。永久性作用是西方经济学新近出现的一个名词，它的意思是：经济萧条状态的长期的存在可以对自然率的数值造成永久性的作用。例如，在长时期的萧条状态中，失业的劳动者会荒疏掉他已经掌握的熟练技术，从而使他成为一个不适合于雇用的劳动者。又例如，长期的萧条可以使失业者丧失寻找工作的勇气，或者使他习惯于懒散的生活，因之而失寻找工作的动力。凡此种种都会加大自然失业率的数值。永久性作用的政府含义是很明显的。由于它不但会导致暂时性的失业，而且还会扩大长期失业大军的比例，所以，国家更有必要来推行治疗萧条状态的政策。

三、新凯恩斯主义的稳定化政策

新凯恩斯主义在政策主张方面所持有的观点是，由于价格和工资的黏性，经济在遭受到总需求冲击后（如导致经济衰退），从一个非充分就业的均衡状态回复到充分就业的均衡状态，是一个缓慢的过程，因此用政策来刺激总需求是必要的，不能等待工资和价格向下的压力带来经济恢复，因为这是一个长期的痛苦的过程，如图 11-7 所示。

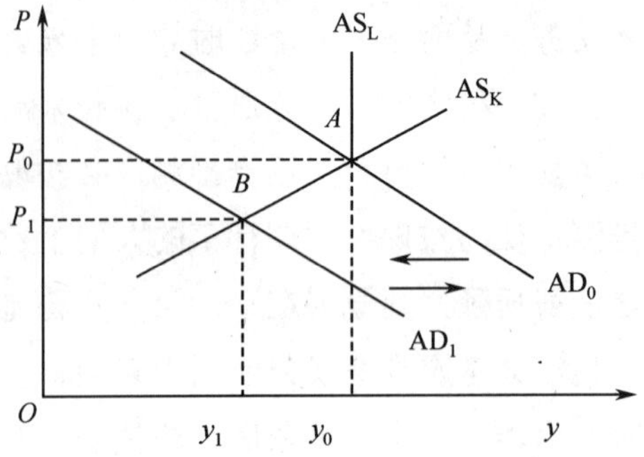

图 11-7　新凯恩斯主义的稳定化政策

假定经济最初处于由总需求曲线 AD_0 和总供给曲线 AS_K 的交点 A 所确定的充分就业状态，这时的收入和价格水平分别为 y_0 和 P_0。在为期一年的劳动合同被签订后的某一天，由于经济遭受总需求冲击，使总需求曲线移动到 AD_1，这时，实际收入下降到 y_1、价格水平下降到 P_1。这时，政府有两种选择：一是使该经济停留在价格水平为 P_1、收入水平为 y_1 的萧条状态（至少短期如此），二是政府采取旨在刺激需求的政策。新凯恩斯主义主张第二种方案。按照这一方案，总需求曲线会从 AD_1 回复到原来的 AD_0 的位置，从而经济又回复到原来充分就业的状态上。由于直到这一年的年末，尽管厂商和工人都有理性预期，但原有的劳动合同没有到期，这样，就没有新的劳动合同签订，这意味着 AS_K 曲线并没有变动，从而上述稳定化政策是必要的。

除了迅速恢复充分就业的必要性以外，新凯恩斯主义者认为，斟酌使用的政策还有另一个必要性，即当外部冲击到来时，这种政策可以抵消外部冲击，使总需求保持在充分就业的水平。这就是说，在图中，使总需求曲线不从 AD_0 移动到 AD_1。例如，当出口下降时，可以采用扩大内需的政策来补充出口量的下降。

第五节　宏观经济学的共识

从新古典宏观经济学和新凯恩斯主义经济学的各自观点中，可以看到，目前西方宏观经济学中的分歧还是比较多的，但宏观经济学中的各个学派仍然存在共识。

第一，在长期，一国生产物品和劳务的能力决定着该国居民的生活水平。首先，GDP

是衡量一国经济福利的一项重要指标。实际 GDP 衡量了该国满足其居民需要和愿望的能力。从一定程度上讲，宏观经济学最重要的问题是什么决定了 GDP 的水平和 GDP 的增长。其次，在长期，GDP 依赖于劳动、资本和技术在内的生产要素。当生产要素增加和技术水平提高时，GDP 增长。

第二，在短期，总需求能够影响一国生产的物品和劳务的数量。虽然经济社会生产物品和劳务的能力是长期中决定 GDP 的基础，但在短期内，GDP 也依赖于经济的总需求，进而所有影响总需求的变量的变化能够引起经济波动。更高的消费者信心、较大的预算赤字和较快的货币增长都可能增加产量和就业，从而减少失业。

第三，预期在决定经济的行为方面发挥着重要作用。居民和企业如何对政策的变化做出的反应决定了经济变化的规模，甚至有时还决定着经济变动的方向。

第四，在长期，总产出最终会回复到其自然水平上，这一产出水平取决于自然失业率、资本存量和技术的状态。

无论新古典宏观经济学，还是新凯恩斯主义经济学都承认，经济的长期总供给曲线是一条位于潜在产量水平上的垂直线。

课后习题

一、名词解释

自然率假说、理性预期

二、简答题

1．简述理性预期学派的假设。

2．简述供给学派的观点。

3．简述新凯恩斯主义的基本观点。

4．简述宏观经济学的共识。

参考文献

[1] 高鸿业. 西方经济学・宏观部分[M]. 第 5 版. 北京：中国人民大学出版社，2011.
[2] 丁冰. 现代西方经济学说[M]. 北京：中国经济出版社，2002.
[3] 斯蒂格利茨. 经济学[M]. 第 2 版. 北京：中国人民大学出版社，2001.
[4] 尹伯成. 现代西方经济学习题指南・宏观经济学[M]. 上海：复旦大学出版社，2009.
[5] 杨长江，石红波. 宏观经济学[M]. 上海：复旦大学出版社，2004.
[6] 斯蒂・格利茨. 经济学[M]. 下册. 黄险峰，张帆，译. 北京：中国人民大学出版社，2010.
[7] 斯蒂・格利茨. 经济学小品和案例[M]. 王则柯，等，译. 北京：中国人民大学出版社，1998.
[8] 黎诣远. 西方经济学：宏观经济学[M]. 北京：高等教育出版社，2007.
[9] 迈克尔・迪屈奇. 交易成本经济学[M]. 王铁生，译. 北京：经济科学出版社，1999.
[10] 鲁友章. 经济学说史[M]. 上下册. 北京：人民出版社，2000.
[11] 袁志刚. 宏观经济学[M]. 上海：上海人民出版社，2001.
[12] 宋承宪. 现代西方经济学[M]. 上海：复旦大学出版社，1993.
[13] 陈彩虹. 经济人的理性[M]. 上海：三联书店出版社，1999.
[14] 保罗・克鲁格曼，罗宾・韦尔斯. 宏观经济学[M]. 赵英军译. 北京：中国人民大学出版社，2009.
[15] 理查德・布隆克. 质疑市场经济[M]. 林季红，译. 南京：江苏人民出版社，2000.
[16] 蒋殿青. 高级微观经济学[M]. 北京：经济科学出版社，2000.
[17] 青木昌彦. 经济体制的比较制度分析[M]. 魏加宁，等，译. 北京：中国发展出版社，1999.
[18] 张治觉. 经济理论 20 年[M]. 长沙：湖南人民出版社，1999.
[19] 高希均. 经济学的世界[M]. 上册. 上海：三联书店出版社，2000.
[20] 高希均. 经济学的世界[M]. 下册. 上海：三联书店出版社，2000.
[21] 杰弗里・萨克斯. 全球视角的宏观经济学[M]. 费方域，译. 上海：三联出版社，2003.
[22] 吴敬琏. 论竞争性市场体制[M]. 广州：广东经济出版社，1998.
[23] 卫兴华. 市场功能与政府功能组合论[M]. 北京：经济科学出版社，1999.

反侵权盗版声明